大学预科课程教学活动设计

主　编　托　娅
副主编　王丽丽　王学严　刘成群　刘志鹏　张耀忠

北京邮电大学出版社
www.buptpress.com

内 容 简 介

《大学预科课程教学活动设计》内容涉及少数民族预科课程教学活动设计的理论依据、原则以及案例,涵盖的课程包括中国文化史、计算机基础、预科大学物理、英语精读和英语听说。

教学团队依据预科教育培养目标以及课程大纲,借鉴 OKR(目标与关键成果)工作理念,从教学目标、教学策略、教学方式、教学资源、教学环境设置等维度,对预科主干课程进行教学活动设计。教学活动设计坚持教书和育人相统一,挖掘学科和课程中所蕴含的人文精神和科学精神,引导学生提升思辨能力、培养学习策略、激发学习动机、内化和深化学科素养,实现认知、情感和态度以及知识与技能多维度全面发展。

图书在版编目(CIP)数据

大学预科课程教学活动设计 / 托娅主编. -- 北京:北京邮电大学出版社,2023.6
ISBN 978-7-5635-6922-9

Ⅰ. ①大… Ⅱ. ①托… Ⅲ. ①高等学校－课程－教学研究 Ⅳ. ①G642.3

中国国家版本馆 CIP 数据核字(2023)第 099712 号

策划编辑:刘纳新　姚顺　责任编辑:姚顺　谢亚茹　责任校对:张会良　封面设计:七星博纳

出版发行:北京邮电大学出版社
社　　址:北京市海淀区西土城路 10 号
邮政编码:100876
发 行 部:电话:010-62282185　传真:010-62283578
E-mail:publish@bupt.edu.cn
经　　销:各地新华书店
印　　刷:北京虎彩文化传播有限公司
开　　本:787 mm×1 092 mm　1/16
印　　张:14.75
字　　数:386 千字
版　　次:2023 年 6 月第 1 版
印　　次:2023 年 6 月第 1 次印刷

ISBN 978-7-5635-6922-9　　　　　　　　　　　　　　　　定价:46.00 元

· 如有印装质量问题,请与北京邮电大学出版社发行部联系 ·

前　言

少数民族预科教育是党和国家为加速发展少数民族地区现代化建设，提高少数民族文化水平，培养更多少数民族各类专门人才而制定的教育政策。

北京邮电大学作为国家少数民族预科培养院校，自2004年首次招生以来已累计为全国四十余所高校培养了近两万名少数民族预科生，他们来自三十多个少数民族、二十余个省市自治区。完成学业后，很多学生回到家乡，肩负起维护国家统一、促进民族团结、振兴民族经济、构建和谐社会、弘扬民族文化、传承民族文明以及促进对外文化交流的重任，成为我国少数民族地区建设的骨干力量。

北京邮电大学在少数民族预科教育教学工作中取得了很好的社会效益，得到了社会各届的高度评价。在教学探索和教学改革方面，预科教育教学团队始终努力开拓，不断创新，构建了成熟的少数民族预科教育课程体系和教学模式，在教学改革、教材建设、教学研究、教学管理以及评估考核等方面做了很多探索和创新实践，取得了令人满意的成果，获得了少数民族学生的广泛认同和好评，也在预科同行院校中起到了引领作用，得到了相关领导职能部门的肯定和高度评价。

本书是北京市教育委员会组织的中央在京高校人才培养共建项目课题"北京市属高校少数民族预科学生培养教育管理体系建设"的研究成果，内容涉及北京邮电大学少数民族预科课程教学设计和教学活动设计的相关理论、设计原则以及5门主干课程的教学活动设计案例。

教学设计能力是教师上好每一门课必须具备的素养，教师的课堂教学表现往往取决于其在课前是否对教学进行过精心设计。而教学设计归根到底是对教学过程中每一个教学环节的教学活动的设计。对于教师而言，真正的落脚点是设计好有理念、有方法、有特色的教学活动。教学活动设计是一种创造性工作，能直接反映课堂教学质量以及教师的教学水平和能力。

预科教育教学团队借鉴OKR（目标与关键成果）理念开展教学创新探索与实践，本着聚焦目标、关注路径、团队协作、开放共享、反思总结、多元评价等原则，对教学活动的目标、内容、组织、策略、呈现方式等进行精心设计，致力于打造富有创意的高质量教学活动。同时，我们希望通过精心设计的教学活动，引导学生树立正确的三观，增强文化自信；引导学生提高学习兴趣，激发学习动机，开展自主学习和探究学习，培养学习策略，高效理解和掌握学习内容；引导学生开阔眼界，提高思辨能力和解决问题的能力。

本书基于已通过有关部门审核的本科预科教育通用教材，依据本科预科培养目标，在教育学理论指导下，根据少数民族预科教学特点和预科学生的知识水平，遵循系统性、科学性、启发性、趣味性、拓展性和教育性等原则，从教学目标、教学策略、教学方式、教学资源、教学活动、教学环境设置等维度，对预科主干课程进行教学活动设计，涉及的课程包括中国文化史、计算机基础、预科大学物理、英语精读和英语听说课程。

  团队成员群策群力，力图使教学活动设计充分体现以人为本、因材施教的多元化和个性化教学活动设计理念：从教学活动形式的维度，设计出问答类、启发类、讨论类、检测类、演示类、实验类、练习类、表演类等教学活动；从教学策略的维度，将活动设计为主题导入型、情景创设型、问题探究型、故事讲授型、技能演练型、实验展示型、习题讲解型、知识复习型等形式；从技术实现载体的维度，将教学活动设计为PPT式、音/视频式和文本式。

  本书由预科教育教学经验丰富的骨干教师编写，其中托娅负责全书的策划、修订和统稿工作，并承担了第一章、第五章、第六章的编写任务；刘成群承担了第二章的编写任务；王学严承担了第三章的编写任务；刘志鹏承担了第四章的编写任务；王丽丽承担了第七章的编写任务；张耀忠承担了第八章的编写任务。各章内容分别是各位作者的教学研究成果，他们对所编写的内容拥有相应的权利并承担相应的责任。

  本书不是一本探讨教学设计理论的书，而是一本基于预科主干课程的教学单元内容、由一线教师分享教学活动设计理念和教学活动案例的实用性参考书，既可作为全国预科教学领域教师的教学资源参考书对课程单元教学起到提速、增效的作用，也可以作为预科学生开展自主学习和拓展性学习的参考书籍。

  我们愿意和其他院校从事少数民族教育的老师们分享我们的教学成果，希望我们的成果能够为预科教育教学探索提供有益的借鉴。

编 者

2022 年 11 月于北京

目 录

第一章 序言 1

  第一节 教学活动设计概述 1

    一、教学设计 1

    二、教学活动设计 1

    三、教学活动设计应遵循的原则 2

  第二节 教学活动设计对预科教育教师的素质要求 6

    一、政治素质 6

    二、道德素质 6

    三、文化素质 7

    四、专业素质 8

  第三节 教学探索与创新——OKR理念下的教学活动设计 ... 9

    一、OKR的核心理念、实现路径以及设计原则 9

    二、OKR理念下的教学活动设计探索与实践 9

    三、OKR理念下的教学活动反馈与评价 11

    四、教学活动OKR设计的理论支撑 12

    五、教学活动OKR设计的创新之处 13

  本章参考文献 14

第二章 "中国文化史"课程教学活动设计 16

  第一节 先秦文化 17

    一、内容概要 17

    二、教学活动OKR设计 17

    三、教学实施 17

  第二节 两汉文化 20

    一、内容概要 20

    二、教学活动OKR设计 21

    三、教学实施 21

  第三节 魏晋文化 23

    一、内容概要 23

二、教学活动 OKR 设计 …………………………………………………… 24
　　三、教学实施 ……………………………………………………………… 24
第四节　隋唐文化 …………………………………………………………………… 26
　　一、内容概要 ……………………………………………………………… 26
　　二、教学活动 OKR 设计 …………………………………………………… 26
　　三、教学实施 ……………………………………………………………… 27
第五节　宋元文化 …………………………………………………………………… 28
　　一、内容概要 ……………………………………………………………… 28
　　二、教学活动 OKR 设计 …………………………………………………… 29
　　三、教学实施 ……………………………………………………………… 29
第六节　明清文化 …………………………………………………………………… 31
　　一、内容概要 ……………………………………………………………… 31
　　二、教学活动 OKR 设计 …………………………………………………… 31
　　三、教学实施 ……………………………………………………………… 31
本章参考文献 ………………………………………………………………………… 33

第三章　"计算机基础"课程教学活动设计 ………………………………………… 35

第一节　信息、信息技术与信息社会 ……………………………………………… 36
　　一、内容概要 ……………………………………………………………… 36
　　二、教学活动 OKR 设计 …………………………………………………… 36
　　三、教学实施 ……………………………………………………………… 36
第二节　计算机基础知识 …………………………………………………………… 42
　　一、内容概要 ……………………………………………………………… 42
　　二、教学活动 OKR 设计 …………………………………………………… 43
　　三、教学实施 ……………………………………………………………… 43
第三节　Windows 10 操作系统 ……………………………………………………… 47
　　一、内容概要 ……………………………………………………………… 47
　　二、教学活动 OKR 设计 …………………………………………………… 47
　　三、教学实施 ……………………………………………………………… 47
第四节　计算机网络 ………………………………………………………………… 53
　　一、内容概要 ……………………………………………………………… 53
　　二、教学活动 OKR 设计 …………………………………………………… 54
　　三、教学实施 ……………………………………………………………… 54
第五节　Office 系列套件 …………………………………………………………… 63
　　一、内容概要 ……………………………………………………………… 63
　　二、教学活动 OKR 设计 …………………………………………………… 64
　　三、教学实施 ……………………………………………………………… 64

第六节　信息检索 ·· 67
　　　　一、内容概要 ·· 67
　　　　二、教学活动 OKR 设计 ··· 67
　　　　三、教学实施 ·· 67
　　本章参考文献 ·· 71

第四章　"预科大学物理"课程教学活动设计 ······································· 72

　　第一节　绪论：关于物理学习 ··· 73
　　　　一、内容概要 ·· 73
　　　　二、教学活动 OKR 设计 ··· 73
　　　　三、教学实施 ·· 73
　　第二节　质点运动学 ·· 76
　　　　一、内容概要 ·· 76
　　　　二、教学活动 OKR 设计 ··· 76
　　　　三、教学实施 ·· 76
　　第三节　牛顿运动定律 ·· 80
　　　　一、内容概要 ·· 80
　　　　二、教学活动 OKR 设计 ··· 80
　　　　三、教学实施 ·· 80
　　第四节　动量守恒与角动量守恒 ·· 84
　　　　一、内容概要 ·· 84
　　　　二、教学活动 OKR 设计 ··· 84
　　　　三、教学实施 ·· 85
　　第五节　功与机械能守恒 ·· 88
　　　　一、内容概要 ·· 88
　　　　二、教学活动 OKR 设计 ··· 89
　　　　三、教学实施 ·· 89
　　第六节　真空中的静电场 ·· 93
　　　　一、内容概要 ·· 93
　　　　二、教学活动 OKR 设计 ··· 93
　　　　三、教学实施 ·· 94
　　本章参考文献 ·· 100

第五章　"英语精读"(Ⅰ)课程教学活动设计 ······································· 101

　　第一节　外语学习 ·· 102
　　　　一、内容概要 ·· 102
　　　　二、教学活动 OKR 设计 ··· 102

三、教学实施 …………………………………………………………………… 102

第二节　科技与发明 ……………………………………………………………… 105
　　一、内容概要 …………………………………………………………………… 105
　　二、教学活动 OKR 设计 ……………………………………………………… 106
　　三、教学实施 …………………………………………………………………… 106

第三节　自然灾害与防灾减灾 …………………………………………………… 109
　　一、内容概要 …………………………………………………………………… 109
　　二、教学活动 OKR 设计 ……………………………………………………… 110
　　三、教学实施 …………………………………………………………………… 110

第四节　文学故事 ………………………………………………………………… 114
　　一、内容概要 …………………………………………………………………… 114
　　二、教学活动 OKR 设计 ……………………………………………………… 114
　　三、教学实施 …………………………………………………………………… 115

第五节　环境保护 ………………………………………………………………… 117
　　一、内容概要 …………………………………………………………………… 117
　　二、教学活动 OKR 设计 ……………………………………………………… 118
　　三、教学实施 …………………………………………………………………… 118

第六节　文学与电影 ……………………………………………………………… 122
　　一、内容概要 …………………………………………………………………… 122
　　二、教学活动 OKR 设计 ……………………………………………………… 123
　　三、教学实施 …………………………………………………………………… 123

第七节　教育与个人命运 ………………………………………………………… 131
　　一、内容概要 …………………………………………………………………… 131
　　二、教学活动 OKR 设计 ……………………………………………………… 132
　　三、教学实施 …………………………………………………………………… 132

第八节　奥运会与体育精神 ……………………………………………………… 136
　　一、内容概要 …………………………………………………………………… 136
　　二、教学活动 OKR 设计 ……………………………………………………… 137
　　三、教学实施 …………………………………………………………………… 137

第六章　"英语精读"（Ⅱ）课程教学活动设计 …………………………………… 144

第一节　健康与长寿 ……………………………………………………………… 145
　　一、内容概要 …………………………………………………………………… 145
　　二、教学活动 OKR 设计 ……………………………………………………… 145
　　三、教学实施 …………………………………………………………………… 145

第二节　传统节日与文化 ………………………………………………………… 149
　　一、内容概要 …………………………………………………………………… 149

二、教学活动 OKR 设计 …………………………………………………………… 149
　　三、教学实施 ……………………………………………………………………… 150

第三节　男女平等 ……………………………………………………………………… 154
　　一、内容概要 ……………………………………………………………………… 154
　　二、教学活动 OKR 设计 …………………………………………………………… 154
　　三、教学实施 ……………………………………………………………………… 155

第四节　饮食文化 ……………………………………………………………………… 159
　　一、内容概要 ……………………………………………………………………… 159
　　二、教学活动 OKR 设计 …………………………………………………………… 159
　　三、教学实施 ……………………………………………………………………… 159

第五节　文化保护与传承 ……………………………………………………………… 164
　　一、内容概要 ……………………………………………………………………… 164
　　二、教学活动 OKR 设计 …………………………………………………………… 164
　　三、教学实施 ……………………………………………………………………… 164

第六节　敬老爱老 ……………………………………………………………………… 169
　　一、内容概要 ……………………………………………………………………… 169
　　二、教学活动 OKR 设计 …………………………………………………………… 169
　　三、教学实施 ……………………………………………………………………… 170

第七节　尊重文化差异 ………………………………………………………………… 177
　　一、内容概要 ……………………………………………………………………… 177
　　二、教学活动 OKR 设计 …………………………………………………………… 177
　　三、教学实施 ……………………………………………………………………… 178

第八节　模范人物及事迹 ……………………………………………………………… 181
　　一、内容概要 ……………………………………………………………………… 181
　　二、教学活动 OKR 设计 …………………………………………………………… 182
　　三、教学实施 ……………………………………………………………………… 182

第七章　"英语听说"（Ⅰ）课程教学活动设计 ………………………………………… 188

第一节　家庭 …………………………………………………………………………… 189
　　一、内容概要 ……………………………………………………………………… 189
　　二、教学活动 OKR 设计 …………………………………………………………… 189
　　三、教学实施 ……………………………………………………………………… 189

第二节　友谊 …………………………………………………………………………… 191
　　一、内容概要 ……………………………………………………………………… 191
　　二、教学活动 OKR 设计 …………………………………………………………… 191
　　三、教学实施 ……………………………………………………………………… 191

第三节　食物 …………………………………………………………………………… 193

一、内容概要……………………………………………………………………… 193
　　二、教学活动 OKR 设计…………………………………………………………… 194
　　三、教学实施……………………………………………………………………… 194
　第四节　爱好与兴趣……………………………………………………………… 197
　　一、内容概要……………………………………………………………………… 197
　　二、教学活动 OKR 设计…………………………………………………………… 197
　　三、教学实施……………………………………………………………………… 197
　第五节　职业……………………………………………………………………… 199
　　一、内容概要……………………………………………………………………… 199
　　二、教学活动 OKR 设计…………………………………………………………… 199
　　三、教学实施……………………………………………………………………… 200

第八章　"英语听说"(Ⅱ)课程教学活动设计……………………………………… 204
　第一节　礼仪礼节………………………………………………………………… 205
　　一、内容概要……………………………………………………………………… 205
　　二、教学活动 OKR 设计…………………………………………………………… 205
　　三、教学实施……………………………………………………………………… 205
　第二节　动植物…………………………………………………………………… 208
　　一、内容概要……………………………………………………………………… 208
　　二、教学活动 OKR 设计…………………………………………………………… 209
　　三、教学实施……………………………………………………………………… 209
　第三节　幽默……………………………………………………………………… 213
　　一、内容概要……………………………………………………………………… 213
　　二、教学活动 OKR 设计…………………………………………………………… 214
　　三、教学实施……………………………………………………………………… 214
　第四节　事故与灾难……………………………………………………………… 217
　　一、内容概要……………………………………………………………………… 217
　　二、教学活动 OKR 设计…………………………………………………………… 218
　　三、教学实施……………………………………………………………………… 218
　第五节　旅游……………………………………………………………………… 221
　　一、内容概要……………………………………………………………………… 221
　　二、教学活动 OKR 设计…………………………………………………………… 222
　　三、教学实施……………………………………………………………………… 222

第一章 序　言

第一节 教学活动设计概述

一、教学设计

学者们对教学设计有多种理解和界定。例如，加涅在《教学设计原理》中指出："教学设计是一个系统化规划教学系统的过程。教学系统本身是对资源和程序作出有利于学习的安排。任何组织机构，如果其目的旨在开发人的才能均可以被包括在教学系统中。"又如，帕顿在《什么是教学设计》一文中指出："教学设计是设计科学大家庭的一员，设计科学各成员的共同特征是用科学原理及应用来满足人的需要。因此，教学设计是对学业业绩问题（performance problems）的解决措施进行策划的过程。"

一般认为，教学设计以学习理论、教学理论、传播理论为基础，应用系统科学的理论和方法，根据课程大纲以及学习者的需求，确定合适的教学方案的设想和计划，将教学诸要素进行有序安排，一般包括教学目标、教学内容、教学方法、教学策略、教学步骤以及教学评价等环节。也就是说，教学设计是为了实现教学目标，对教什么、如何教进行设计的过程。

进行教学设计前需要从以下几个维度进行认真分析：学习需求分析、学习内容分析、学习者分析、教学环境分析。只有通过认真的分析和研究，才能对教学目标、教学资源、教学方法、教学策略、教学媒体或资源进行合理的设计。

教学设计能力和课堂教学能力是教师上好每一门课必须具备的素养，因为教学设计是课堂教学的基础，是为教学实施过程提供指导、规范和评价的依据。教师的课堂教学表现往往取决于其在课前是否对教学进行过精心设计。

教学设计归根到底是对教学过程中每一个教学环节中教学活动的设计。对于教师而言，真正的落脚点是设计好一个个有理念、有方法，有特色的教学活动。

二、教学活动设计

所谓教学活动，就是教师在一定教学环境中通过合适的教学内容和恰当的教学方法对学生进行教学，从而达到教学目的的过程。

教学目的是教学活动设计的出发点，也是其落脚点。在教学目的和教学内容确定后，教师通过学习者分析对教学活动涉及的内容、环节、方法、策略和环境进行设计。

教学活动设计是一种创造性工作，能够直接反映课堂教学质量和教师的教学水平。

（一）教学活动的分类

1) 从教学形式的维度，可以将教学活动分为讲授类、问答类、启发类、讨论类、检测类、演示类、实验类、练习类、表演类等。

2) 从教学策略的维度，可以将教学活动分为主题导入型、情景创设型、问题探究型、故事讲授型、技能演练型、实验展示型、习题讲解型、知识复习型等。

3) 从技术实现载体的维度，可以将教学活动分为 PPT 式、音/视频式和文本式。

教师常常会采用问题引导、启发诱导、情景设置、任务驱动、内容讲授、操作演示、测试检查等途径，对每一次教学活动的目标、内容、组织、策略、呈现方式等方面进行精心设计。

（二）教学活动设计的意义和作用

优秀而富有创意的教学活动能够吸引学生注意力，激发学习兴趣，引导学生自主探究学习、培养学习策略、高效掌握和理解学习内容，帮助学生开阔眼界、提升思辨能力和解决问题的能力、树立正确的三观。

教学活动应建立在教学活动设计的基础上，好的教学活动可以作为优质配套教学和学习资源，起到巩固知识、拓展能力和提升素养的功效，为单元教学提速增效。

三、教学活动设计应遵循的原则

以下是北京邮电大学预科教育教学团队在多年的教学实践过程中探索、积累、创新、总结出的一些教学活动设计原则，在此与同行分享。

（一）科学性原则

教学活动设计必须遵循学科规律、顺应教学规律、符合课程标准和教学大纲要求，适应学生认知水平、学习习惯和学习能力等学情。知识、技能、素质三维目标设计要明确、具体，具有切合性和可操作性。教学策略应符合现代教学规律和教学原则，体现教学的主导性和主体性。活动内容要清晰、具体，便于实施。活动目标要体现对学生在知识、能力、思想、创造性、思维等方面的发展要求，重视启发思考、活跃思维、锻炼能力。教学结构组合需具有优化、优质和高效的特征。教学内容需精心组织，容量恰当，重点突出。

教学活动设计应具有较强的系统性、逻辑性和有序性，方式方法应多样，教学活动环节安排应紧凑合理、重点突出、点面结合、深浅适度，教具及现代化教学手段运用应恰当，教学媒体的使用应做到适时、适量、适度、高效。

（二）聚焦性原则

教学活动不同于课件讲解和课堂教学，其设计应具有很强的聚焦性。活动设计能使教师在较短时间内，用最恰当的教学方法和策略，帮助学生在最短的时间内掌握学习内容。因此，应把提高和深化学生对某个知识内容的掌握作为活动设计的首要目标，尽量把活动聚焦到一个或两个知识点和技能点之内，切忌包含过多的内容。

教学活动设计要短小精悍。若时间太长，容易让学生疲倦，难以集中精力；若知识点太多，容易分散学生注意力，反而忽略了重点内容。

一般，一个教学活动应只涉及一两个知识点，活动导入应直奔主题，教学活动目标应鲜明、重点突出、案例典型、语言精练。通过活动，让学生专注于某个知识点或问题，聚焦、理解相关的概念原理，掌握方法，进而学会触类旁通、举一反三。

（三）启发性原则

教学活动应该在激发学生认知需要的情景中进行，从而引起学生认知结构上的不平衡，激发学生的认知冲突，制造学生心理上的悬念，唤起学生的求知欲望，进而启发学生积极思考，引导学生主动获取新知识，而不是机械地将知识灌输给学生；不是简单地让学生接受现成的结论,而是引导学生通过分析、对比、推理、判断等思维过程,探求问题的答案或结论,在知识的形成过程和制作过程中实现知识的转化和提升。

教学活动的目标应该是给学生指出方向,而不是直接将答案揭示给学生。也就是说,教学活动的目的应该是引导学生去探究,引领学生从已有的知识和能力入手,认真思考,最终找到解决问题的和探究问题的方法。

例如,采用巧设问题的方法导入的教学活动设计,可以着重培养学生沟通交流、团队协作或独立思考的能力,制造"山重水复疑无路"的悬念,并引导鼓励学生探索,从而获得"柳暗花明又一村"的欣喜感和成就感。

(四) 精细化原则

教学活动设计应追求精细化,针对某个知识点或教学环节进行精准细致的设计。例如,对于课堂上活动执行过程中可能出现的各种课堂现象,或学生多元化的学习结果、反馈回应,甚至质疑,教师在进行教学活动设计时都应当精准预判,提出应对方案,并提前将活动涉及的知识点和技能点以精准、精炼、严谨、科学的语言或多元化的教学途径传授给学生。

(五) 温故知新原则

通常,学科知识之间有较强的关联性和系统性,新知识往往是前期知识的延伸、发展和升华。因此,教学活动的设计应以承上启下的方式引入新内容和新知识,能够盘活学生已有的知识存量,将巩固基础知识与传授新知识、培养应用能力有机结合。在复习旧知识的过程中引入新知识,既可以强化加深对已学知识的理解和掌握,又可以激发学习新知识的兴趣和动力。引导学生对旧知识进行复习巩固,使学生们温故知新,不仅可以有效避免因为新旧知识脱节而产生知识过渡阶段的学习障碍,还可以将新旧知识形成知识链,助力学生的理解和掌握。

总之,在教学活动的设计过程中,教师要理清知识线索,明确新旧知识关联性,把握教学重点、难点和关键点,设计出具有创造性的教学活动。

(六) 拓展性原则

虽然发生在课堂内的教学活动在整个教学过程中是非常重要的组成部分,但其并不是全部。所以,教学活动设计应始于课前,终于课后,拓展至课外。教学活动设计既包含课前的自主学习活动和任务,也包含用以巩固或拓展知识和技能的课后学习资源和任务,因此教师应当通过适当、适度和适量的课外活动设计巩固学习成果,优化教学活动设计。

拓展性的另一层意义在于,教学活动设计虽然以大纲和教材为本,不能随心所欲,但又不能仅局限于课本。教材是有限的,而对教材的开发利用是无限的。教师应善于对课本内容进行加工提炼,挖掘升华教材中蕴藏的内涵和思想性,如人文精神、科学精神、三观教育等,将拓宽视野、启迪智慧、传递真善美作为教学活动设计的重要考量因素,因地制宜地增加、更新、完善、充实教材的内容,真正体现:教师的任务是教人,而非仅仅教书,教师是教材的主人,而不是课本的奴隶。同样的教材,可以教出不一样的精彩。

想要达到这个目的,教师在教学活动中要有再创作的能力和意识,善于触类旁通,举一反三,让学生的思想、知识、技能有延伸的空间;同时,设计活动内容时要关注学生的思想感情、充分考虑学生的生活经历、认知能力以及他们普遍关注的问题。活动内容应当是深刻、多视角的,途径应当是开放多元的,活动任务应能够助力学生对所学知识进行巩固拓展,促进学生对知识内容的内化和深化。

（七）适应性原则

按照维果茨基的"最近发展区"概念，教学就是把"最近发展区"转化为"现有水平"的过程。教学活动设计应围绕处于"最近发展区"水平的知识，符合学生已有的知识基础、经验以及现有的认知结构；设计的任务和活动应是学生通过努力可以完成的，难易适中，既不能毫无挑战性，让学生觉得唾手可得，也不能难度过大，让学生望而却步，产生畏惧心理。

在难度的把握上，教师要注意以下四个方面的问题：一是对高难度和深奥的内容，要善于深入浅出，循循善诱，耐心解说引导；二是对较浅显的内容，要深入挖掘，不要停留在表面，而要揭示其内涵，从不同角度以及在与其他知识的联系中拓展和延伸内容；三是复习旧知识时不能简单重复，要以灵活多样的方法加强知识的系统性和综合性，通过思维导图等形式，使学生厘清新旧知识的关联性和逻辑关系，从而在原有基础上获得提升和进步；四是要了解和预判学生的接受能力，从不同地区学生以及不同年龄阶段身心发展的特点出发，充分考虑学生现有的知识水平、态度、文化背景等，分阶段、分层次、有重点、有针对性地设计教学活动内容。

此外，教学活动设计应保持适当的密度和适当的容量，安排足够的内容以满足学生的求知欲。如果教学活动组织松散、拖沓，密度和难度偏低，则会使学生注意力涣散，抑制学生的思维活动，影响学习积极性。

教学活动也可以设定不同的难度以满足学生的个性化学习需求，使不同学习能力和理解能力的学生都能从中获得启发，积极思考，最终实现知识的内化。

（八）教育性原则

教学的育人功能一直被赋予很高的地位，被认为是素质教育的重要组成部分。教学活动内容设计应饱含思想性和教育性，能让学生感同身受、得到思想上的熏陶，能使学生树立正确的三观，激发学生内在的真善美情怀，提升文明社会所需的素质和修养，如社会公德、职业道德、责任心、担当意识、合作精神、律己守法、团结互助、顽强奋斗、自我完善等。

（九）主体性原则

教学活动设计应突出体现学生的主体地位，适合学生的理解水平。活动组织应有助于激发学生的学习热情和学习潜能，整体目标指向学生，充分关注学情，在每一环节中均有明确、具体、符合学生自身能力和知识水平的学习任务；活动设计与活动组织应合理高效，过渡自然，步骤清晰，易于操作。例如，可以设计自主、合作、探究等学习方式，使学生通过阅读、交流、表达、操作、实验、观察、思考、案例探究、成果展示等活动，发现知识，获取能力，完成认知、建构、激励和创新。教学活动设计应有利于学生自主、合作、探究学习，有助于培养分析问题和解决问题的能力，有利于学生主体性的发挥。

（十）交互性原则

教学活动设计中要体现交互性和参与性，交互性的重要实现途径就是注重设计各种提问环节。教师在教学活动过程中要善于提问，启发思维，同时要善于引导学生提问，培养学生知学善问的习惯。可以说，交互不仅是教学的重要过程，也是学生提升学习效率的有效途径。

提问的方式可分为引导式、分析式、推理式、归纳式、卷入式、连环式、挖掘式和评价式等。在内容方面，提出的问题包括理解类、释疑类、思考类、感受类、辩理类、常识类、关联类和创新类等。在时段选择上，可以采用课前问、课中问、课后问。课前问的问题往往是热身、介绍、导入和卷入；课中问的问题应有助于知识的消化、理解，以及师生和生生之间的互动交流；课后问的问题应用于总结、归纳结论或引发进一步的学习思考。

设计的互动式教学活动应当是有价值、有意义和值得探究的,通过互动不断启发、问答、反馈等双向交流,逐步推进教学,让学生带着疑问学习,始终保持着好奇心和积极性,顺着问题的思路一步一步解决问题,最终掌握解决问题的方法。

(十一) 趣味性原则

子曰:"知之者不如好之者,好之者不如乐之者"。教学活动应该是一个体验愉悦、解惑释疑的过程,而不是单一连续地照本宣科的讲授过程。教学活动设计要有助于激发学生的求知欲和好奇心,深入浅出,寓教于乐,营造轻松愉悦的气氛,从而维持他们的学习热情。设计教学活动时可以加入一些丰富有趣的内容和生动活泼的语言情境,设计的活动要能提升学生的学习兴趣,有助于培养学生的发散思维,激发学生的学习动机。教学活动的展示应善于运用现代信息技术,通过多媒体创设情景,使学生通过图文、声像、影像达到一种身临其境的效果,从而增强教学的表现力和趣味性。此外,也可以通过角色扮演活动的设计,体现"寓教于乐"的教学理念。

(十二) 开放性原则

教学活动中的教学资源需超越课堂和学校范畴,从社会、生活、家庭、学生等方面拓展教学资源,使其具有生活性、现实性和时代性。开放的教学资源有以下几种。

1) 文本材料:如纸质教材、参考书、学术期刊、杂志报纸等。

2) 电子、网上资料:互联网提供了丰富的教学资源可供教学活动设计使用,如慕课、线上学习平台、电视节目资源、手机教育教学公众号、线上课程等。

3) 学生资源:来自不同地区、不同民族和不同文化背景的学生从各自的家庭、生活经历、成长环境和地域文化中带来了丰富的教学资源,应鼓励和引导学生共同参与教学活动资源的建设。

4) 社会资源:新闻时事、国内外热点事件、传统节日、纪念日、历史人物等都是教学活动设计的重要资源。

教学活动任务或问题的设计还应具有开放性:鼓励任务完成及问题分析及解决方法的多样化;鼓励不同能力和水平的学生从不同角度、不同的侧面、不同层次、不同范围得出自己的结论;鼓励学生大胆探索,认识规律,提升反思能力,加深对课业的理解,提高分析问题和解决问题的能力,促进学生思维的迁移。

(十三) 生活化原则

教学活动设计应注重联系实际和时代特点,活动素材的选择应贴近生活,选择与时代主题相呼应的内容,要了解学生的所喜所好,选取贴近学生真实生活的主题和素材进行设计,让学生在自己熟悉的情景中开展学习往往能够拉近师生间的距离,并达到良好的教学效果。例如,网络热门话题相关联的题材可以作为活动内容的载体,这样的活动更有体验感、趣味性和启发性,也能更有效激发学生的学习热情和精力投入,使教学活动生活化。

(十四) 时代性原则

教师要跟上现代科学技术和经济社会文化的发展,教学活动设计的内容、方法以及呈现手段都需要与时俱进。教学活动设计的时代性主要体现在以下几个方面:一是面向信息时代,注意培养学生搜寻、吸取、处理和利用信息的能力;二是面向当代社会,教学活动引入当代社会需要的各种知识和技能;三是面向自我发展,注重培养当代学生的自信、自律、自我认识,培养合作精神、竞争意识以及开放宽容的态度等。

第二节　教学活动设计对预科教育教师的素质要求

作为从事民族教育的教师，我们肩负着为党育人、为国育才的使命，承担着为少数民族地区培养社会主义建设者和接班人的重任。因此，我们更加需要提高站位、以知促行，切实增强"教书育人，立德树人"的政治自觉、思想自觉和行动自觉。

那么，开展教学活动设计和教学活动组织的探索和实践，需要民族教育领域的教师具备哪些素质和能力呢？

在第30个教师节前夕，习近平总书记在考察北京师范大学时发表重要讲话，他勉励广大教师做有理想信念、有道德情操、有扎实学识、有仁爱之心的"四有"好老师。

在第32个教师节前夕，习近平总书记在考察北京八一学校时指出，"广大教师要做学生锤炼品格的引路人，做学生学习知识的引路人，做学生创新思维的引路人，做学生奉献祖国的引路人"。

总书记还说，教师要做到"四个相统一"："坚持教书和育人相统一，坚持言传和身教相统一，坚持潜心问道和关注社会相统一，坚持学术自由和学术规范相统一"。

习近平总书记在全国高校思政工作会议上指示："教师不能只做传授书本知识的教书匠，而要成为塑造学生品格、品行、品位的'大先生'。"

习近平总书记的讲话从理想信念、思想品德、专业素质和敬业奉献等方面对广大教育工作者提出了期望和要求，同时也高度而精炼地概括了教师应具备的素质。

综上所述，少数民族教育领域的教师应具备的核心素质主要体现在四个方面：政治素质、道德素质、文化素质和专业素质。

一、政治素质

对教师的政治素质要求源于教师的神圣职责，即培养忠于祖国、忠于党和人民、热爱祖国、热爱人民、报效国家、服务人民、奉献社会的青年一代。民族教育战线的老师必须是坚定的爱国者，要有深沉的家国情怀、强烈的爱国主义情操和为党的教育事业献身的精神，能够在教学过程中结合教学内容，潜移默化地将正确的世界观、人生观和价值观传授给学生，即：自身要树立崇高的理想，敬业奉献，既擅长教书，又善于育人。

二、道德素质

教师的道德素质，即师德修养，本身就蕴含着巨大的教育价值。著名教育家陶行知先生曾说："学高为师，德高为范。"作为人民教师，不仅要具有广博的专业知识和技能，更要有高尚的师德修养。师德修养主要包括以下几层含义。

（一）高尚的思想品德

教师应是学生的行为榜样和道德楷模。正直、诚信、宽容、善良的性格，积极向上的价值观和人生态度都是教师品德的基础。具有崇高人品和修养的老师往往在学生中享有较高的威望，并能产生巨大的向心力。教师如果没有崇高的品德，那么即使专业知识和能力再高，也不可能成为优秀的人民教师。

教师要注重用自己的言行引导学生，用自己的处世态度影响学生，用自己的人格魅力激励学生，正所谓春风化雨、润物无声。

(二) 对学生的仁爱之心

爱是一切教育的起点,关爱每个学生是教师必须具备的品质。习近平总书记说:"好老师要用爱培育爱、激发爱、传播爱,通过真情、真心、真诚拉近同学生的距离,滋润学生的心田,使自己成为学生的好朋友和贴心人"。陶行知先生说:"爱是一种伟大的力量,没有爱就没有教育;真教育是心心相印的活动,唯独从心里发出来,才能打动心的深处。"

教师的爱心对学生的影响往往是巨大而深远的,而且常常是持续终身。我们面对的少数民族学生,特别是那些第一次远离家乡到异地求学的学生,因为新的学习环境与他们的成长环境之间存在着语言、文化、饮食、气候、生活习惯、教育基础等方面的差异,他们可能会产生孤独、不安、迷惘等心理不适感、陌生感和压力感,教师要及时给予他们帮扶和关爱,让他们体会到人文关怀和集体的温暖。

这里,分享几点我们预科教育教学团队的做法:对来自基础教育薄弱的边疆地区学困学生,通过成立学生帮扶小组、研究生助教辅导班以及教师个别辅导等形式,全力助推学生顺利完成学业;重视并关注学生的心理健康状况,随时掌握学生的思想动态,通过学年筛查,对个别思想上、情绪上、心理上有不稳定因素的学生,认真做好教育和疏导工作,用心呵护学生的心理健康。

(三) 严谨治学、爱岗敬业的职业精神

正所谓榜样的力量是无穷的,教师的一言一行会对学生情感的陶冶、意志品质的形成、行为习惯的养成产生潜移默化的影响。毫无疑问,教师的言传和身教对学生成长、成才具有极大的感召力和影响力,例如,忠于职守、乐于奉献、爱岗敬业的教师才能培养出具有社会责任感的学生,严谨治学的教师才能成为学生学习和生活的楷模。

习近平总书记说:"好老师要具有'捧着一颗心来,不带半根草去'的奉献精神,自觉坚守精神家园、坚守人格底线,带头弘扬社会主义道德和中华传统美德,以自己的模范行为影响和带动学生。"教师要切实落实立德树人根本任务,树立崇高的职业理想,坚持以德立身、以德立学、以德施教、以德育德。

三、文化素质

从事民族教育的教师必须具备良好的文化修养、跨文化意识及能力,能将铸牢中华民族共同体意识的教育贯穿教学始终,自觉传承优秀的中华传统文化、革命文化和社会主义先进文化,将增强学生的文化自信作为一种自觉行为。

民族教育领域的教师应具备的文化素养主要体现在以下四个方面。

(一) 具备文化知识的储备和传播能力

民族教育领域的教师应熟悉并了解中华民族大家庭的文化知识,能够借助丰富的知识储备和沟通技能解释各种文化现象,并善于通过不同的媒介和场合传播中华文化知识,自觉发挥文化涵养的师德、师风功能。

(二) 注重培养学生开放包容的文化态度

教师应积极创设多文化交流的环境,鼓励不同文化背景的学生分享各自的文化,努力促进各民族学生的相互理解,将"各美其美、美人之美、美美与共、天下大同"的相处理念传递给学生,引导教育学生用平等、包容、尊重和欣赏的态度对待不同民族的文化。

（三）对不同文化背景学生的平等态度

作为从事少数民族教育的教育工作者，我们要时刻牢记：我们的责任是教育好班级内所有学生；在课堂教学活动中，要给予每个学生同等的参与和表现机会，公平地评价学生的学习过程和学业成绩，万不可因学生来自不同的民族或地区而持有不同的标准；我们要经常审视和反省自己对不同文化背景学生的言行及态度，坚决摒弃偏见和歧视，要公平、公正、友善地对待所有学生。

（四）保持对文化差异的敏感性

从事少数民族教育的教师要正视不同民族学生的文化差异，对学生表现出来的文化态度保持敏感；在教学活动内容设计以及教学资源选用方面一定要避免使用可能会引发误解、造成错误认识的材料，避免在教学活动中使用有偏见或有误导性的言语和内容；严格把关审核，适时补充优秀的文化素材，将文化教育与教书育人深度融合。例如，在英语教学中，通过输入中华文化内容，引导少数民族预科学生认识、了解和珍视中华民族绚丽多彩的多民族文化，教育他们要抱着宽容的态度对待异域文化，要塑造开放的文化心态，培养学好英语、讲好中国故事的责任感和知识技能，增强民族自信心和自豪感，帮助他们树立跨文化传播意识，提升跨文化传播能力。

四、专业素质

习近平总书记说："扎实的知识功底、过硬的教学能力、勤勉的教学态度、科学的教学方法是老师的基本素质。"这番话将教师应具备的专业素质做了非常精辟的概括和总结。

（一）扎实的知识功底

因为教学活动涉及一系列有关教育学、心理学和哲学等理论方面的问题，这就要求教师思维要新、视野要广，不仅应具备精深的学科知识，还应具备广博的科学和人文知识，与时俱进，熟练掌握现代教育理论，站在知识发展的前沿，提升自身的教书育人能力，充分发挥知识育人的价值。

（二）过硬的教学能力

这主要体现在教师善于通过课堂教学活动以及课外活动等显性和隐性教育途径，开发和创设多元开放的学习环境，培养学生的自我学习、自我发现、自我管理能力和自主创新精神，帮助学生拓宽视野、培养优秀品格，为他们的终身学习和发展打下良好的基础。

（三）勤勉的教学态度

这要求教师不仅要认真探讨教学活动设计方法，运用自己掌握的知识探究和解决教学中遇到的各种问题，而且要对教育教学经验有深刻反思的能力，自觉提升投身教学活动的积极性、创新性和主动性，同时要坚定传道授业解惑的使命感、责任感和荣誉感，在教育活动组织过程中展现自己在学习、处世、生活、育人等方面的态度和智慧，注重科学精神和人文精神的传播。

（四）科学的教学方法

这意味着教师要深入了解新时代大学生的特点和知识需求，掌握学生的兴趣点和兴奋点，提升教学活动的针对性、有效性和吸引力，以深刻的学理、活泼的形式带给学生良好的学习体验，加强师生互动，创设学生在教学环节的参与机会，发挥学生的主体作用。只有这样才能不断提高教育教学质量,更好地履行育人的职责。

综上所述,从事少数民族预科教育的人民教师要通过行动研究、教学反思等形式,自觉从政治、品德、文化和专业素质四个方面全面提升淬炼自己,要注重挖掘和研究教学活动中蕴含的知识、技能、情感态度等教育元素,加大信息技术在教学活动中的运用,加强网络教学资源与课程内容的有机融合,探索线上、线下混合式教学模式,让教学活动的成效真正入脑、入心。

习近平总书记说:"一个人遇到好老师是人生的幸运,一个学校拥有好老师是学校的光荣,一个民族源源不断涌现出一批又一批好老师则是民族的希望。"

作为民族教育战线的教师,我们在工作中更要努力具备"学高为师"的能力,达到"德高为范"的境界。

第三节 教学探索与创新——OKR理念下的教学活动设计

一、OKR的核心理念、实现路径以及设计原则

OKR是一套明确目标、跟踪目标并评价目标完成情况的管理工具和工作方法,已被广泛应用于组织机构的管理和工作业绩的评估。其中,O(Objective,目标)是指对组织战略的细化拆解,即阶段性需要实现的目标;KR(Key Results,关键结果/路径)则是指实现目标的关键路径,通过设定KR,明确目标达成的关键路径及结果。

(一) OKR的核心理念及实现路径

设计OKR前,需理解其核心管理理念,并明确实现目标需要的路径和结果的呈现形式。

1) 目标聚焦性:将目标管理从组织聚集到团队,再聚集到个体;设计、制定OKR时,团队对标组织,成员对标团队,实现目标聚焦。

2) 沟通交流性:团队的每个成员都要制定OKR,并通过特定平台进行开放式分享。

3) 挑战创新性:鼓励挑战和创新,团队成员需走出舒适区才能实现目标。

4) 灵活调节性:通过定期复盘和总结,时时跟进、梳理、更新和调整OKR。

5) 专注过程管理和评价:过程管理和评价用来统一目标,聚焦过程,一般不作为考核标准。

(二) OKR的设定原则

设定OKR时一般遵循SMART原则〔S=Specific(明确性)、M=Measurable(可衡量性)、A=Attainable(可实现性)、R=Relevant(相关性)、T=Time-bound(时限性)〕,以利于团队和个体更加明确目标,高效工作。基于SMART原则的目标设定也为日后管理者对团队和个体的工作评价提供了依据,从而使评价更加规范化、透明化,有助于引导并激励团队和个体向着设定的目标努力。

二、OKR理念下的教学活动设计探索与实践

(一) 教学活动OKR的设计流程

实施和推进OKR理念下的教学活动设计,首先要组建教学团队,团队组建既可以学科组或教研中心为单位,也可以年级组或专业课型为单位;其次要设定目标和关键成果的周期时段,周期时段可根据教学工作内容灵活设定,即可以月、季或讲授内容和模块的完成节点为一

个周期。我们将周期设定为每学期两次,以期中考试为界。依据 OKR 管理和工作方法设定的流程,教学团队每个周期的工作流程由以下六个阶段组成。

第一阶段:制定团队教学活动 OKR

路径:依据上级发布的战略目标制定,团队成员集体研讨、分析和论证,共同协商制定团队教学活动 OKR。

第二阶段:制定个人专业教学活动 OKR

路径:依据专业课程内容,对标团队 OKR,每个团队成员制定个性化的个人专业教学活动 OKR。

第三阶段:展示共享

路径:依托选定的平台,所有成员开放式地展示、共享各自的教学活动 OKR。

第四阶段:实施推进

路径:各个成员依据各自的教学活动 OKR,将计划付诸教学活动和实践。

第五阶段:反思总结

路径:各个成员在执行计划的过程中,时时盘点、反思和总结,及时调整并完善教学活动 OKR。

第六阶段:反馈评价

路径:按照既定的目标和关键结果,团队对成员的工作进行复盘,给予评价和意见反馈。部门负责人、学科带头人、团队成员和学生均作为评价主体,目的是实现教学活动 OKR 教学设计的优化和提升。

上述流程和路径完全符合并顺应质量管理的理念和方法——PDCA 循环,其中 PDCA 即 Plan(计划)、Do(执行)、Check(检查)和 Act(处理),如表 1-1 所示。

表 1-1　PDCA 在 OKR 中的应用

名称	P(计划)	D(执行)	C(检查)	A(处理)
步骤	制定 OKR OKR 的上下对齐	执行 OKR 计划 OKR 的过程跟踪	OKR 周期性检查 反思、调整、完善	OKR 复盘 总结、优化

在质量管理活动中,要求将各项工作按照计划制定、计划实施、检查实施效果的顺序执行,然后将成功的做法纳入标准,不成功的做法留到下一循环解决。这一工作方法是质量管理的基本方法,也是组织管理各项工作的一般规律,同样适用于教育教学管理。

(二) OKR 理念下的教学活动目标

借鉴 OKR 的核心理念,教学团队致力于提升课程功效,努力实现以下教学活动目标。

1) 目标聚焦性:制定教学活动目标时,团队对标教学大纲,成员对标团队,实现教学活动目标的一致性和聚焦性。

2) 自我驱动性:激励成员发挥主观能动性,摆脱被动接受任务和指示的思维模式。

3) 交互共享性:成员均通过指定的平台开放式地共享和交流个性化教学设计和自评报告。

4) 探索创新性:鼓励团队成员的探究和创新实践,以期高质量地完成教学活动的设计和实施。

5) 敏捷延展性:要求团队成员通过跟进、反思和总结,随时梳理、调整和更新教学活动目标的实施路径和成果。

6)评价过程性：突出过程导向的管理和评价，引导教学活动设计聚焦过程。

(三) OKR 理念下的教学活动设计方案

教学团队经过集体研讨、沟通、分析和论证，共同制定了教学团队的教学活动 OKR 设计方案。随后，团队成员对标团队 OKR 教学设计，制定了个人课程教学单元 OKR 教学计划。这里分享教学团队的教学活动 OKR 设计方案。

1) 目标

基于课程大纲，坚持守正创新，将课程内容与核心素养培养深度融合，坚持教书和育人相统一，挖掘学科和课程中蕴含的人文精神和科学精神，融入具有时代特征的创新精神、奉献精神和担当意识等的价值观念，培养学生的家国情怀、国际视野和文化自信，使他们树立正确的三观；提升学生的思辨能力和解决问题的能力，培养学习策略、激发学习动机、树立自律意识、内化和深化学科素养，实现学生认知、情感、态度以及知识与技能多维度的发展。

2) 关键结果/路径

(1) 所授课程中每个教学单元的教学活动设计应不少于 3 项，并与专业课内容进行有机融合。

(2) 合理运用讲授法、任务教学法、调研法、案例分析、翻转课堂等方式，通过显性课程和隐性课程，努力实现途径和资源利用的多元化和创新性，充分体现以人为本、因材施教的多元化和个性化教学活动设计理念。具体而言，从教学活动形式的维度，设计出问答类、启发类、讨论类、检测类、演示类、实验类、练习类、表演类等教学活动；从教学策略的维度，将活动设计为主题导入型、情景创设型、问题探究型、故事讲授型、技能演练型、实验展示型、习题讲解型、知识复习型等形式；从技术实现载体的维度，将教学活动设计为 PPT 式、音/视频式和文本式。

(3) 每个教学单元的教学活动 OKR 设计内容和形式要有清晰记录。

(4) 在学期中和学期末分别开展阶段性评估，每位成员需完成 OKR 教学活动反思性自评、团队评价及学生评价报告各一份。

三、OKR 理念下的教学活动反馈与评价

管理学主张，反馈和评价要准确把握以下五个基本要素：评价内容、评价主体、评价周期、评价方法以及评价结果的运用。OKR 理念的教学活动反馈和评价也从这五个维度进行设计和实施。

(一) 评价内容

评价从过程和结果两个维度进行考量。一是过程评价，包括 OKR 计划制定的合理性、与专业知识的融合程度、目标的挑战性、执行过程的态度和方法、时间和精力投入等因素。二是结果评价：一方面要依据个人 OKR 产出的结果与团队目标的契合度和贡献度做出评价，另一方面要由学生从教学活动设计的科学性、知识性、教育性、拓展性、主体性、交互性、启发性、适应性、趣味性，以及学生的获得感和满意度等维度进行评价。

(二) 评价主体

评价主体的选择应遵守"评价主体知情原则"和"多元主体原则"，这两项原则可以使评价结果相互印证、相互补充，提高评价的准确性和公平性。评价主体包括内部人员和外部人员：内部评价者为学院和部门的教学负责人、教学团队成员；外部评价者为非本部门的同行专家和

利益相关者，包括学生、团队外同行专家、学校教学督导老师等。

（三）评价周期

评价周期设置要适度合理，既不能太长，也不能太短。如果评价周期太长，则容易出现明显的"近因效应"，也就是评价主体会根据评价对象的近期表现判断其整个周期的表现，这样会导致评价结果的失真。而评价周期过短可能会导致两方面的问题：一是有些工作业绩还未完成，或者成效还没有显现出来；二是过度频繁的评价会导致工作量过大，给评价主体和评价对象都增添不必要的负担。

通过我们的实践和摸索，初步设定的教学活动OKR评价周期是每学期两次，分别设定在期中考试后和期末考试后。这样设置周期有两点好处：一是使教学活动与专业课教学的阶段性总结和评价同步进行，有利于检验二者深度有机融合的效果，提升后续教学活动设计的质量；二是不会给老师们添加额外的工作量。

（四）评价方法

正确选用评价方法对公平、客观、公正的评价结果至关重要。

评价方法一般可分为三大类——描述法、量表法和比较法——三种方法各有长短，不分伯仲。我们的OKR过程性评价主要采用描述法（包括工作计划记录、关键教学活动记录、指导学生记录、教师自我反思记录和自我评价记录等），结果评价则既能通过评价量表的形式完成，也能通过座谈、研讨和交流形成的总结或反馈报告的方式完成，体现评价方式的开放性。

以排序为主要特质的比较法目前未被采纳，因为我们遵循OKR的评价理念：聚焦过程，激发、激励和重视贡献，淡化评价的考核功能，发挥其激励作用。

（五）评价结果的应用

如果评价结果得不到应用，则会导致管理的"空转"，造成"评与不评一个样，评好与评差一个样"，最终导致评价对象失去激情和动力，不愿再花费时间和精力改进、提高工作业绩。虽然教学活动OKR设计中的评价结果还未与教师切身利益相关的激励机制挂钩，但其产生了显著的精神激励和情感激励效果，切实增强了教师推进教学活动的责任感、荣誉感和价值感。

四、教学活动OKR设计的理论支撑

（一）建构主义学习理论

建构主义理论认为学习过程是学习者主动建构知识的过程。学习是通过与外界的互动，利用自己原有的知识和经验，主动产生信息意义的过程。换言之，学习不是简单、被动地接受信息的过程，而是学习者以自己的方式建构对知识的理解的过程。建构主义强调人的主观能动性和社会性的相互作用，认为合作和讨论有助于个体对各种观点和见解加以组织、梳理和反思，促进学习者之间的了解，从而使个体形成更加丰富的认知理解，提升自身的知识建构能力。

在教学活动OKR设计中，通过团队引导和成员间协作，教师逐渐掌握、建构和内化相关知识和技能，继而对教学活动有更全面和更深刻的认识，最终实现专业素养自我构建能力的提升和发展。

（二）心理需求层次理论

心理学家马洛斯认为需求是行为的驱动力，人类的需求由低到高分为五个层次：生理需求、安全需求、社交需求、尊重需求和自我实现需求。其中，社交需求、尊重需求和自我实现需求是高层次的精神需求,而精神需求往往是通过满足感和成就感实现的。

教学活动 OKR 设计的自主性、创新性、透明性、交互性和共享性有助于强化教师的内部驱动,使相关教师获得满足感和成就感,从而实现自我激励;通过满足教师的社交、尊重和自我实现需求,切实调动了教师的参与积极性和创新意识。这种精神激励持续时间长、内驱力强大,助力团队成员自觉自愿地展示更好的自己,努力使个人能力和成就赢得认可和尊重,从而实现自我价值的提升。

(三) 工作特性模型理论

心理学家奥德海姆和哈克曼创立了工作特性模型(Job Characteristics Model,JCM)。他们认为工作设计应具有五个特征:技能多样性、任务完整性、任务重要性、工作自主性和工作反馈。其中,"技能多样性""任务完整性"和"任务重要性"影响成员对工作意义的看法;"工作自主性"可激励成员承担责任,增强卷入程度;"工作反馈"可使成员直接、明确地了解自己的工作绩效。五个维度的合理设计有助于提高工作成效。

OKR 理念指导下的教学活动设计很大程度上体现了这五个特征。

1) 技能多样性:教学活动 OKR 设计需要教师在政治素养、道德素养、专业素养和文化素养等方面具有多元化的知识和技能。

2) 任务完整性:教学活动 OKR 设计实现了每位教师对团队以及课程教学单元从设计、实施,到反思和评估的全程参与。

3) 任务重要性:开展教学活动的必要性已是教育界的共识,其重要性不言而喻,开展教学活动也得到教学团队成员的广泛认同、理解和支持。在广泛开展教学活动的背景下,教师参与教学活动的主体意识和责任感均明显提升。

4) 工作自主性:教学活动 OKR 设计倡导并鼓励教师在对标团队目标的基础上探索创新,进行个性化教学活动设计,在教学目标设定和教学实施等环节赋予教师充分的自主发挥空间,有效调动了教师参与的热情和意愿,使他们切实获得了尊重感、满足感和自我价值感。

5) 工作反馈:OKR 理念下的教学活动设计将反馈和评估作为工作的重要环节,从评价内容、评价主体、评价周期、评价方法以及评价结果的应用方面进行了严谨的流程设计,聚焦和关注过程性评价,努力体现评价的督导功能和激励作用。

五、教学活动 OKR 设计的创新之处

OKR 理念下的教学活动设计中探索与实践的创新点主要体现在以下几个方面:

(1) 团队教学活动 OKR 设计具有导向性,立足长远,守正创新,引领团队团结协作,保持目标一致;

(2) 个人专业教学活动 OKR 设计作为一种自我承诺,不仅有利于调动教师开展教学活动的主观能动性,有效提高个人参与创新的意识,而且有利于提高教师对开展教学活动设计重要性的认识;

(3) 公开透明的 OKR 分享有助于提升个体对目标的承诺程度和卷入程度,而且为成员之间的相互借鉴、相互启发和相互激励搭建了平台,也为日后的管理和评价提供了有力的依据;

(4) 通过对齐目标,关注实施路径,教师更容易明确和识别工作优先项,聚焦目标,集中精力,高效执行;

(5) 通过复盘、反思和总结,教师会以更积极的态度和更多的投入对教学活动设计过程中出现的不足和存在的问题进行应对和拆解,促进了教师专业素质的提升;

（6）通过关注过程性评价，体现评价的督导职能和激励作用，能够更好地践行和体现教学评价的客观性、全面性和公平性。

OKR管理理念和工作方法已广泛应用于国内外组织机构的管理和业绩评估，但其在教学活动设计方面的应用是一次全新的尝试和探索，希望我们教学团队的探索能够为预科教育教学活动的设计和开展提供有益的借鉴和科学的研究视角。

本章参考文献

[1] BANDURA A. Self-Efficacy：Toward a Unifying Theory of Behavioral Change[J]. Advances in Behaviour Research and Therapy，1978，1(4)：139-161.

[2] Brown, H D. Teaching by Principles：An Interactive Approach to Language Pedagogy[M]. London：Prentice Hall Regents，1994.

[3] RICHARDS J C，NUNAN D. 第二语言教师教育[M]. 北京：外语教学与研究出版社，2000.

[4] JAMES A B. An Introduction to Multicultural Education[M]. Boston：Allyn & Bacon，1978.

[5] JAMES A B. Race，Culture，and Education：The Selected Works of James A Banks[M]. London：Routledge，2006.

[6] JAMES A B，CHERRY A M B. Multicultural Education：Issues and Perspectives[M]. Hoboken：John Wiley & Sons, Inc.，2006.

[7] JOY M R. ESL/EFL英语课堂上的学习风格[M]. 北京：外语教学与研究出版社，2003.

[8] MARION W，ROBERT L B. 语言教师心理学——社会建构主义模式[M]. 张红，王新，译. 北京：外语教学与研究出版社，2011.

[9] 厄尔. 语言教学教程：实践与理论[M]. 北京：外语教学与研究出版社，2000.

[10] POSNER G，RUDNITSKY A. Course Design：A Guide to Curriculum Development for Teachers[M]. 4th Ed. London：Longman Press，1994.

[11] 何荣杰，张艳明. 课堂教学设计[M]. 北京：北京邮电大学出版社，2014.

[12] 胡小勇. 设计好微课[M]. 北京：机械工业出版社，2017.

[13] 教育部网站. 教育部关于印发《高等学校课程思政建设指导纲要》的通知. (2020-05-28)[2022-10-11]. http://www.gov.cn/zhengce/zhengceku/2020-06/06/content_5517606.htm.

[14] 克里斯蒂安娜. OKR工作法[M]. 北京：中信出版社，2017.

[15] 莱因贝格. 动机心理学[M]. 王晚蕾，译. 上海：上海社会科学院出版社，2012.

[16] 李成标，吴先金，杨显贵. 集成绩效评价理论与方法研究[M]. 北京：科学出版社，2013.

[17] 李洪玉. 学习能力发展心理学[M]. 合肥：安徽教育出版社，2004.

[18] 雷树福. 教研活动概论[M]. 北京：北京大学出版社[M]. 北京：2009.

[19] 联合国教科文组织国际教育发展委员会. 学会生存——教育世界的今天和明天[M]. 北京：教育学出版社，2021.

[20] 加涅，韦杰，戈勒斯. 教学设计原理[M]. 5版. 王小明，庞维国，陈保华，译. 上海：华东师范大学出版社，2018.

[21] 马斯洛. 动机与人格[M]. 3版. 许金声，等译. 北京：中国人民大学出版社，2013.

[22] 皮连生,王小明,胡谊.教学设计[M].北京:高等教育出版社,2009.
[23] 沈德立.非智力因素的理论与实践[M].北京:教育科学出版社,1997.
[24] 万明钢.多元文化视野价值观与民族认同研究[M].北京:民族出版社,2006.
[25] 文秋芳.英语学习者动机、观念、策略的变化规律与特点[J].外语教学与研究,2001(2):105-110+160.
[26] 燕国材.非智力因素与学习[M].上海:上海教育出版社,2006.
[27] 习主席:教师不能只做传授书本知识的教书匠,而要成为塑造学生品格、的"大先生"![EB/OL].(2019-09-11)[2022-10-11].https://www.sohu.com/a/340382149_306691.
[28] 夏纪梅 冯芃芃.现代外语教学理念与行动[M].北京:高等教育出版社,2006.
[29] 谢幼如,柯清超,尹睿.教学设计原理与方法[M].北京:高等教育出版社,2016.
[30] 徐明聪.陶行知创造教育思想[M].合肥:合肥工业大学出版社,2009.
[31] 杨开城.以学习活动为中心的教学设计实训指南[M].北京:电子工业出版社,2016.
[32] 姚琼.每个人的OKR[M].北京:中信出版社,2020.

第二章 "中国文化史"课程教学活动设计

【课程目标】

作为少数民族本科预科的重要课程,按照大纲要求,中国文化史致力于中华优秀传统文化的学习与掌握。通过学习中国文化史,学生能够掌握中国历史上思想文化发展的基本线索,了解各个历史时期思想文化发展的特点以及各个思想流派及代表人物的哲学思想,从而清晰地界定不同的学派,正确地表述不同学派的思想异同,建立起较为完备的知识体系,并全面提升少数民族同学的汉语运用能力、作品赏析能力以及对美的领悟能力。

中华优秀传统文化在几千年的发展过程中形成的核心思想、传统美德、人文精神依然在深刻地影响着现代社会。本课程在讲述过程中,积极发掘中华民族的"根"与"魂",从而更加深刻地塑造学生正确的人生观、价值观和世界观。学生在学习过程中,会认识到中华文化的灿烂与博大,认识到优秀的中华传统文化积淀着中华民族最深沉的精神追求,是"中华民族的基因"和"中华民族的精神命脉",是中华民族生生不息、发展壮大的丰厚滋养,也是中华民族的突出优势和最深厚的文化软实力,从而增强文化自信。在少数民族本科预科学生中普及中国文化史教育,对少数民族同学树立中华民族多元一体格局的思想、铸牢中华民族共同体意识有十分重要的意义。

【课程使用教材】

《中国文化史》(第二版),冯天瑜,杨华,任放编著,高等教育出版社,2019.

第一节 先秦文化

一、内容概要

本节讲述三个层面的内容，一是"中国文化的发祥"，二是"青铜时代"，三是"元典时代文化的多元走向"。本节详细讲述"春秋战国之际的文化变革""士的崛起与私学出现""百家争鸣与元典创制""出土简帛与先秦学术""尊君重民的政治伦理""先秦时期的区域文化"等模块。在这些内容中，儒、墨、道、法等先秦思想是讲述的重点，本节对儒家、墨家、道家、法家等学派的起源、观念、代表人物做重点介绍，并引出修身齐家、家国同构、和合文化以及天人合一等灿烂思想。

二、教学活动OKR设计

先秦文化		
目标(O)		关键成果(KR)
1) 掌握儒家修身齐家和家国同构的文化特点； 2) 理解道家"无为"对建立社会主义市场经济的启示； 3) 认识墨家"兼爱"的平等意义； 4) 认识法治的价值； 5) 感受"天人合一"的文化精神	课前	1) 要求学生查阅资料，了解孔子、老子、墨子、韩非子的生平； 2) 要求学生查阅资料，先行学习儒、墨、道、法各家的基本观点，并做总结汇报
	课中	头脑风暴，观点分享： 1) 什么是家国同构？儒家的"修、齐、治、平"思想对"家国同构"的形成起到了怎样的作用？ 2) 分享老子的"无为"和"自然"思想对西方经济学的影响。 3) 墨家的"兼爱"和儒家的"复礼""归仁"之间的异同，谈谈"德治"的意义。 4) 就韩非子的法治思想，谈谈依法治国的重大意义
	课后	总结儒、墨、道、法各家的文化特点，回答为什么说"天人合一"是中华哲学共同的文化精神

三、教学实施

▶▶活动1

教学内容	要求学生查阅资料，了解孔子、老子、墨子、韩非子的生平。要对上述各位思想家的人生阶段有具体的了解，梳理其思想的形成过程；引导学生对孔子、老子、墨子、韩非子生平资料的来源进行辨析和判别
教学目标	提升查找文献资料的能力，培养对中华优秀传统文化的热爱
教学途径	课前查阅资料，自主学习

参考资料

推荐书目

(1) 钱穆《孔子传》；

(2) 陈鼓应，白奚《老子传》；

(3) 邢兆良《墨子评传》；

(4) 施觉怀《韩非评传》。

活动 2

教学内容	通过观看慕课资源,让学生先行学习儒家、墨家、道家、法家等各学派的基本观点,并做总结汇报
教学目标	利用网上的学习资源,拓展文化知识,弘扬中华优秀传统文化
教学途径	通过班级微信群分享视频学习资源

参考资料

MOOC 资源

(1)《论语》导读,复旦大学张汝伦教授主讲；

(2) 道德经,厦门大学谢清果教授主讲；

(3) 先秦诸子思想,浙江大学何善蒙教授主讲。

来源:中国大学 MOOC

活动 3

教学内容	什么是家国同构？儒家的哪些思想对"家国同构"的形成起到了重要作用
教学目标	深入挖掘中华优秀传统文化中有助于铸牢中华民族共同体意识的思想,用以构筑中华民族共同的精神家园
教学途径	课堂讲解,话题讨论,头脑风暴

参考资料

1) 子曰:"小子何莫学夫诗？诗,可以兴,可以观,可以群,可以怨。迩之事父,远之事君,多识于鸟兽草木之名。"

来源:《论语·阳货》

2) 仲尼居,曾子侍。子曰:"先王有至德要道,以顺天下,民用和睦,上下无怨。汝知之乎？"曾子避席曰:"参不敏,何足以知之？"子曰:"夫孝,德之本也,教之所由生也。复坐,吾语汝。身体发肤,受之父母,不敢毁伤,孝之始也。立身行道,扬名于后世,以显父母,孝之终也。夫孝,始于事亲,中于事君,终于立身。《大雅》云:'无念尔祖,聿修厥德。'"

来源:《孝经·开宗明义》

3) 大学之道,在明明德,在亲民,在止于至善。知止而后有定,定而后能静,静而后能安,安而后能虑,虑而后能得。物有本末,事有终始。知所先后,则近道矣。古之欲明明德于天下者,先治其国。欲治其国者,先齐其家。欲齐其家者,先修其身。欲修其身者,先正其心。欲正其心者,先诚其意。欲诚其意者,先致其知。致知在格物。物格而后知至,知至而后意诚,意诚而后心正,心正而后身修,身修而后家齐,家齐而后国治,国治而后天下平。

来源:《礼记·大学》

活动 4

教学内容	分享老子的"无为"和"自然"思想对西方经济学的影响
教学目标	建立文化自信,增强民族自信心和自豪感
教学途径	课堂讲解,话题讨论,头脑风暴

参考资料

1) 不尚贤,使民不争；不贵难得之货,使民不为盗；不见可欲,使民心不乱。是以圣人之治,虚其心,实其腹,弱其志,强其骨,常使民无知无欲,使夫知者不敢为也。为无为,则无不治。

来源:《老子》第三章

2) 道常无为而无不为。侯王若能守之,万物将自化。化而欲作,吾将镇之以无名之朴。镇之以无名之朴,夫将不欲。不欲以静,天下将自正。

来源:《老子》第三十七章

3) 以正治国,以奇用兵,以无事取天下。吾何以知其然哉?以此:天下多忌讳,而民弥贫;人多利器,国家滋昏;人多伎巧,奇物滋起;法令滋彰,盗贼多有。故圣人云:"我无为,而民自化;我好静,而民自正;我无事,而民自富;我无欲,而民自朴。"

来源:《老子》第五十七章

▶▶▶ 活动5

教学内容	墨家的"兼爱"和儒家的"复礼""归仁"之间的异同;谈谈"德治"的意义
教学目标	加强个人道德修养,理解以德治国的内涵和意义
教学途径	话题讨论,讲演汇报

参考资料

1) 故兼者,圣王之道也,王公大人之所以安也,万民衣食之所以足也,故君子莫若审兼而务行之。为人君必惠,为人臣必忠;为人父必慈,为人子必孝;为人兄必友,为人弟必悌。故君子莫欲为惠君、忠臣、慈父、孝子、友兄、悌弟,当若兼之不可不行也。此圣王之道,而万民之大利也。

来源:《墨子·兼爱下》

2) 颜渊问仁。子曰:"克己复礼为仁。一日克己复礼,天下归仁焉!"

来源:《论语·颜渊》

3) 子曰:"为政以德,譬如北辰,居其所而众星共之。"

来源:《论语·为政》

4) 王如施仁政于民,省刑罚,薄税敛,深耕易耨,壮者以暇日修其孝悌忠信,入以事其父兄,出以事其长上。可使制梃以挞秦楚之坚甲利兵矣。

来源:《孟子·梁惠王上》

▶▶▶ 活动6

教学内容	就韩非子的法治思想,谈谈依法治国的重大意义
教学目标	理解依法治国的内涵和意义,做遵纪守法好公民
教学途径	课堂讲解,话题讨论,头脑风暴

参考资料

1) 故以法治国,举措而已矣。法不阿贵,绳不挠曲。法之所加,智者弗能辞,勇者弗敢争。刑过不避大臣,赏善不遗匹夫。故矫上之失,诘下之邪,治乱决缪,绌羡齐非,一民之轨,莫如法。厉官威民,退淫殆,止诈伪,莫如刑。刑重,则不敢以贵易贱;法审,则上尊而不侵。上尊而不侵,则主强而守要,故先王贵之而传之。人主释法用私,则上下不别矣。

来源:《韩非子·有度》

2) 夫立法令者,以废私也。法令行而私道废矣。私者,所以乱法也。

来源:《韩非子·诡使》

3) 法所以制事,事所以名功也。法有立而有难,权其难而事成,则立之;事成而有害,权其害而功多,则为之。无难之法,无害之功,天下无有也。

来源:《韩非子·八说》

活动7

教学内容	总结儒、墨、道、法各家的文化特点,回答为什么说"天人合一"是中华哲学共同的文化精神
教学目标	理解中国哲学文化最基本的特征,增强文化自信
教学途径	课后作业通过云平台完成提交,随后教师进行手工批阅

参考资料

1) 古人认为,自然运行是十分规律的,体现出一种秩序的感觉。如《逸周书·武顺》说:"天道尚左,日月西移;地道尚右,水道东流。"又如《周易·系辞下》说:"寒往则暑来,暑往则寒来,寒暑相推,而岁成焉。"与天道自然相比,人类社会何以如此无秩序呢?为什么充满混乱与纷争呢?天道自然如此有秩序,人类社会就应该效法,也就是说,"天道"对于人的社会具有绝对的垂范作用。正所谓:"人法地,地法天,天法道,道法自然"。

2) 道常无名,朴虽小,天下莫能臣。侯王若能守之,万物将自宾。

来源:《老子》第三十二章

3) 为政以德,譬如北辰,居其所而众星共之。

来源:《论语·为政》

4) 独与天地精神往来,而不傲倪于万物;不谴是非,以与世俗处。

来源:《庄子·天下》

5) 尽其心者,知其性也。知其性,则知天矣。存其心,养其性,所以事天也。

来源:《庄子·尽心上》

6) 一阴一阳之谓道,继之者善也,成之者性也。

来源:《周易·系辞上》

7) 易与天地准,故能弥纶天地之道。仰以观于天文,俯以察于地理,是故知幽明之故。原始反终,故知死生之说。精气为物,游魂为变,是故知鬼神之情状。与天地相似,故不违。知周乎万物而道济天下,故不过。旁行而不流,乐天知命,故不忧。安土敦乎仁,故能爱。范围天地之化而不过,曲成万物而不遗,通乎昼夜之道而知,故神无方而易无体。

来源:《周易·系辞上》

第二节 两汉文化

一、内容概要

本节讲述六个层面的内容:一是"大一统帝国文化模式",二是"汉文化对秦、楚文化的继承",三是"秦汉帝国的国家意识形态",四是"经学与经今古文之争",五是"帝国文化的固守与外拓",六是"文史创作和科技成就"。本节聚焦大一统模式层面,包括大一统的疆域、大一统的政治、大一统的思想和大一统的文化,主要研究这种大一统模式在多元一体的中华民族共同体形成过程中起到的作用。

二、教学活动 OKR 设计

两汉文化		
目标(O)		关键成果(KR)
1) 掌握大一统模式的特点； 2) 认识中华文化善于整合统一的特点； 3) 学习国家意识形态的相关知识； 4) 理解大一统模式在中华民族共同体形成过程中起到的作用	课前	1) 要求学生查阅资料，了解汉武帝、董仲舒、司马迁的生平； 2) 要求学生查阅资料，先行了解今文经派和古文经派的基本观点和学术特点，然后进行演讲汇报
	课中	头脑风暴，观点分享： 1) 大一统模式在政治、经济、思想文化层面都有怎样的特点； 2) 什么是国家意识形态，说说你对国家意识形态的理解； 3) 归纳汉代各民族交往、交流、交融的情况
	课后	回答大一统模式在中华民族共同体形成过程中所起到的作用

三、教学实施

活动1

教学内容	要求学生查阅资料，了解汉武帝、董仲舒、司马迁的生平，并对上述各历史人物所起的历史作用进行思考
教学目标	提升查找文献资料和自主学习的能力
教学途径	课前查阅资料，自主学习

参考资料

推荐书目

(1) 孔令垄《汉武帝的外儒内法》；

(2) 马勇《帝国设计师：董仲舒传》；

(3) 李长之《司马迁传——司马迁之人格与风格》。

活动2

教学内容	通过研读学术书籍，让学生先行学习今文经派和古文经派的基本观点和学术特点
教学目标	了解学术书籍，接触学术研究方法
教学途径	通过班级微信群分享电子书籍，然后进行演讲汇报

参考资料

推荐书目

(1) 钱穆《两汉经学今古文平议》；

(2) 马宗霍《中国经学史》。

活动 3

教学内容	大一统模式在政治、经济、思想文化层面都有怎样的特点
教学目标	了解中华文化的深层内涵,认识自我,提升文化自信
教学途径	课堂讲解,话题讨论,头脑风暴

参考资料

1) 元年者何？君之始年也。春者何？岁之始也。王者孰谓？谓文王也。曷为先言"王"而后言"正月?"王正月也。何言乎王正月？大一统也。

来源:《公羊传·春王正月》

2) 分天下以为三十六郡,郡置守、尉、监。更名民曰"黔首"。大酺。收天下兵,聚之咸阳,销以为钟镰,金人十二,重各千石,置廷宫中。一法度衡石丈尺。车同轨。书同文字。地东至海暨朝鲜,西至临洮、羌中,南至北向户,北据河为塞,并阴山至辽东。

来源:《史记·秦始皇本纪》

3) 臣谨案《春秋》谓一元之意。一者,万物之所从始也;元者,辞之所谓本也。谓一为元者,视大始而欲正本也。《春秋》深探其本,而反自贵者始。故为人君者,正心以正朝廷,正朝廷以正百官,正百官以正万民,正万民以正四方。四方正,远近莫敢不壹于正而亡有邪气奸其间者。是以阴阳调而风雨时,群生和而万民殖,五谷孰而草木茂,天地之间,被润泽而大丰美,四海之内,闻盛德而皆徕臣,诸福之物,可致之祥,莫不毕至,而王道终矣。

来源:《汉书·董仲舒传》

活动 4

教学内容	什么是国家意识形态,说说你对国家意识形态的理解
教学目标	增强对国家意识形态的认知,把坚定"四个自信"作为建设社会主义意识形态的关键
教学途径	课堂讲解,话题讨论,合作探究

参考资料

1) 道家使人精神专一,动合无形,赡足万物。其为术也,因阴阳之大顺,采儒墨之善,撮名法之要,与时迁移,应物变化。立俗施事,无所不宜。指约而易操,事少而功多。

来源:司马谈《论六家要旨》

2)《春秋》大一统者,天地之常经,古今之通谊也。今师异道,人异论,百家殊方,指意不同,是以上亡以持一统。法制数变,下不知所守。臣愚以为诸不在六艺之科孔子之术者,皆绝其道,勿使并进。邪辟之说灭息,然后统纪可一而法度可明,民知所从矣。

来源:《汉书·董仲舒传》

3) 牢牢掌握意识形态工作领导权。意识形态决定文化前进方向和发展道路。必须推进马克思主义中国化、时代化、大众化,建设具有强大凝聚力和引领力的社会主义意识形态,使全体人民在理想信念、价值理念、道德观念上紧紧团结在一起。要加强理论武装,推动新时代中国特色社会主义思想深入人心。深化马克思主义理论研究和建设,加快构建中国特色哲学社会科学,加强中国特色新型智库建设。坚持正确舆论导向,高度重视传播手段建设和创新,提高新闻舆论传播力、引导力、影响力、公信力。加强互联网内容建设,建立网络综合治理体系,营造清朗的网络空间。落实意识形态工作责任制,加强阵地建设和管理,注意区分政治原则问题、思想认识问题、学术观点问题,旗帜鲜明反对和抵制各种错误观点。

来源:党的十九大报告

▶▶活动5

教学内容	归纳汉代各民族交往、交流、交融的情况
教学目标	加强对中华民族共同体形成过程的理解，铸牢中华民族共同体意识
教学途径	课堂讲解，话题讨论，头脑风暴

参考资料

1) 太史公曰：孔氏著《春秋》，隐、桓之间则章，至定、哀之际则微，为其切当世之文而罔褒，忌讳之辞也。世俗之言匈奴者，患其徼一时之权，而务谄纳其说，以便偏指，不参彼己；将率席中国广大，气奋，人主因以决策，是以建功不深。尧虽贤，兴事业不成，得禹而九州宁。且欲兴圣统，唯在择任将相哉！唯在择任将相哉！

来源：《史记·匈奴列传》

2) 和亲是指两个不同民族或同一种族的两个不同政权的首领之间出于"为我所用"的目的所进行的联姻，尽管双方和亲的最初动机不全一致，但总的来看，都是为了避战言和，保持长久的和好。

来源：崔明德.中国古代民族关系研究二题.中央民族大学学报,1995,02:41-46.

3) 推荐书目：崔明德《两汉民族关系思想史》。

▶▶活动6

教学内容	回答大一统模式在中华民族共同体形成过程中所起到的作用
教学目标	铸牢中华民族共同体意识
教学途径	课后作业通过云平台完成提交，随后教师进行手工批阅

参考资料

1) 国家统一，使多元文化整合的速度加强，而整合后的一统文化，具有强大的凝聚力和向心力，又反过来增进政治一统，秦汉400余年间，这二者互相推助，形成互补机制，其效应是：统一被认为是合理的、正常的，分裂被认为是违理的、反常的。秦汉文化造成的这一定势，惠及此后2000年的中国历史。

来源：冯天瑜，杨华，任放《中国文化史》

2) 汉代以更始改制的方式，完善了秦代创立的大一统帝国文化模式，其后2000多年，每历改朝换代，统治者大都循此故辙，实行文化改制，然后推行全国，实现"六合同风，九州共贯"的政治大一统和文化大一统。

来源：冯天瑜，杨华，任放《中国文化史》

第三节 魏晋文化

一、内容概要

本节讲述三个层面，一是"魏晋之际的文化变革"，二是"玄学与魏晋风度"，三是"胡、汉文化的融合互补"。本节聚焦社会大动荡时期中华文化超逸的审美特色，同时关注分裂时代不断增长的整合因素，如南北文化的整合，各民族之间的交往、交流与交融，具体感受中华民族共同体强大的生命力和凝聚力。

二、教学活动 OKR 设计

魏晋文化		
目标(O)		关键成果(KR)
1)掌握古代中国独特的审美追求; 2)了解战乱给各族人民带来的苦难; 3)深刻理解魏晋南北朝时期的民族交流、交往、交融对中华民族共同体形成的重要意义	课前	1)要求学生查阅资料,了解嵇康、陶渊明、拓跋宏的生平; 2)要求学生查阅资料,先行了解玄学的基本观点和学术特点
	课中	头脑风暴,观点分享: 1)魏晋风度表现出了怎样的审美特点; 2)查找反映魏晋南北时代战乱给人民造成苦难的史料,并进行深度解析
	课后	回答魏孝文帝拓跋宏改革在中华民族共同体形成过程中起到的作用

三、教学实施

▶活动 1

教学内容	要求学生查阅资料,了解嵇康、陶渊明、拓跋宏的生平,并对上述各历史人物所起的历史作用进行思考
教学目标	提升查找文献资料和自主学习的能力
教学途径	课前查阅资料,自主学习

参考资料

推荐书目

(1) 王晓毅《嵇康传》;

(2) 钱志熙《陶渊明传》;

(3) 程维荣《拓跋宏评传》。

▶活动 2

教学内容	要求学生查阅资料,先行了解玄学的基本观点和学术特点,然后进行重点讲解
教学目标	了解学术书籍,接触学术研究方法
教学途径	通过班级微信群分享电子书籍,重点讲解

参考资料

推荐书目

(1) 罗宗强《玄学与魏晋士人心态》;

(2) 余敦康《魏晋玄学史》。

▶活动 3

教学内容	魏晋风度表现出了怎样的审美特点
教学目标	了解古代中国独特的审美特点,认识自我,提升文化自信
教学途径	课堂讲解,话题讨论,头脑风暴

参考资料

1）嵇康身长七尺八寸，风姿特秀。见者叹曰："萧萧肃肃，爽朗清举。"或云："肃肃如松下风，高而徐引。"山公曰："嵇叔夜之为人也，岩岩若孤松之独立；其醉也，傀俄若玉山之将崩。"

来源：《世说新语·容止》

2）王子猷居山阴，夜大雪，眠觉，开室命酌酒，四望皎然。因起彷徨，咏左思招隐诗。忽忆戴安道。时戴在剡，即便夜乘小舟就之。经宿方至，造门不前而返。人问其故，王曰："吾本乘兴而行，兴尽而返，何必见戴？"

来源：《世说新语·任诞》

3）王子猷出都，尚在渚下。旧闻桓子野善吹笛，而不相识。遇桓于岸上过，王在船中，客有识之者云："是桓子野。"王便令人与相闻，云："闻君善吹笛，试为我一奏。"桓时已贵显，素闻王名，即便回下车，踞胡床，为作三调。弄毕，便上车去。客主不交一言。

来源：《世说新语·任诞》

活动 4

教学内容	查找反映魏晋南北时代战乱给人民造成苦难的史料，并进行深度解析
教学目标	理解稳定是压倒一切的大局，理解中国为什么不能乱
教学途径	课堂讲解，话题讨论，直观演示

参考资料

1）关东有义士，兴兵讨群凶。初期会盟津，乃心在咸阳。军合力不齐，踌躇而雁行。势利使人争，嗣还自相戕。淮南弟称号，刻玺于北方。铠甲生虮虱，万姓以死亡。白骨露于野，千里无鸡鸣。生民百遗一，念之断人肠。

来源：曹操《蒿里行》

2）西京乱无象，豺虎方遘患。复弃中国去，委身适荆蛮。亲戚对我悲，朋友相追攀。出门无所见，白骨蔽平原。路有饥妇人，抱子弃草间。顾闻号泣声，挥涕独不还。"未知身死处，何能两相完？"驱马弃之去，不忍听此言。南登霸陵岸，回首望长安，悟彼下泉人，喟然伤心肝。

来源：王粲《七哀诗》

3）及惠帝之后，政教陵夷，至于永嘉，丧乱弥甚。雍州以东，人多饥乏，更相鬻卖，奔迸流移，不可胜数。幽、并、司、冀、秦、雍六州大蝗，草木及牛马毛皆尽。又大疾疫，兼以饥馑，百姓又为寇贼所杀，流尸满河，白骨蔽野。

来源：《晋书·食货志》

4）正光已前，时惟全盛，户口之数，比夫晋之太康，倍而已矣。孝昌之际，乱离尤甚。恒代而北，尽为丘墟；崤潼已西，烟火断绝；齐方全赵，死如乱麻。于是生民耗减，且将大半。

来源：《魏书·地形志》

活动 5

教学内容	回答魏孝文帝拓跋宏改革在中华民族共同体形成过程中起到的作用
教学目标	加强对中华民族共同体形成过程的理解，铸牢中华民族共同体意识
教学途径	课后作业通过云平台完成提交，随后教师进行手工批阅

参考资料

1）魏主曰："国家兴自北土，徙居平城，虽富有四海，文轨未一。此间用武之地，非可文治，移风易俗,信甚为难。崤函帝圣,河洛王里,因兹大举,光宅中原。"

来源:《魏书·任城王元澄传》

2) 孝文帝曰:"今欲断诸北语,一从正音。其年三十已上,习性已久,容不可猝革,三十已下,见在朝廷之人,语音不听仍旧。若有故为,当加降黜,各宜深戒"。

来源:《资治通鉴》

3) 后魏代居朔野,声教之所不及,且其习夫土俗,遵彼要荒,孝文卓尔不群,迁都山解辫发而袭冕旒,袪毡裘而被龙衮,衣冠号令,华夏同风,自非命代之才,岂能至此? 比夫武灵胡服,不亦优乎!

来源:虞世南《帝王论略》

4) 古今帝王以才学著者,曹魏父子、萧梁父子为最,然皆生自中土,绩学少年。惟魏孝文帝,生本北俗,五岁即登帝位,此岂有师儒之训,执经请业,如经生家所为,乃其聪睿凤成,有不可以常理论者……可见帝深于文学,才藻天成,有不能自讳者,虽亦才人习气,然聪睿固不可及已。其急于迁洛,欲变国俗,而习华风,盖发于性灵而不自止也。

来源:赵翼《廿二史札记》

第四节 隋唐文化

一、内容概要

本节讲述四个层面的内容,一是"南、北文化的差异与整合",二是"佛教华化与三教共弘",三是"隋唐盛世与东西方文化交流",四是"文史自觉"。本节聚焦隋唐时代的盛世气象,挖掘盛世文化的精气神。隋唐时代学术思想最重要的特点就是"佛教华化与三教共弘",本节借助宗教的讲述贯彻党中央"两个不得"和"五个严禁"的基本精神。同时,隋唐时代是各民族交往、交流、交融的时代,因此不但要讲明南北文化的整合,而且要梳理各民族之间的交往、交流与交融,让学生具体感受中华民族共同体的强大生命力和凝聚力。

二、教学活动OKR设计

隋唐文化		
目标(O)	关键成果(KR)	
1) 准确把握隋唐文化的盛世气象; 2) 认真学习"两个不得"和"五个严禁"的宗教政策; 3) 深刻理解隋唐时代的民族政策对中华民族共同体形成的重要意义	课前	1) 要求学生查阅资料,了解唐太宗李世民、玄奘、杜甫等历史人物的生平; 2) 要求学生查阅资料,从不同层面把握盛唐气象,并进行直观演示
	课中	头脑风暴,观点分享: 1) 什么是"三教共弘"; 2) 科举制度在历史上起到了怎样的作用
	课后	回答隋唐时代哪些民族政策促进了中华民族共同体的形成

三、教学实施

▶活动 1

教学内容	要求学生查阅资料,了解唐太宗李世民、玄奘、杜甫等历史人物的生平,并对上述各历史人物所起的历史作用进行思考
教学目标	提升查找文献资料和自主学习的能力
教学途径	课前查阅资料,自主学习

参考资料

推荐书目

(1) 胡如雷《李世民传》;
(2) 傅新毅《玄奘评传》;
(3) 陈贻焮《杜甫评传》。

▶活动 2

教学内容	要求学生查阅资料,从不同层面把握盛唐气象,并进行直观演示
教学目标	从书法、绘画、诗歌等角度理解盛唐气象,增强审美能力
教学途径	通过班级微信群分享电子书籍,学生进行PPT演示

参考资料

推荐书目

(1) 王林《颜真卿书法全集》;
(2) 陈绶祥《隋唐绘画史》;
(3) 葛晓音《诗国高潮与盛唐文化》。

▶活动 3

教学内容	什么是"三教共弘"
教学目标	学习宗教基础知识,把握传统文化中宗教的特点,做到"两个不得"和"五个严禁"
教学途径	课堂讲解,话题讨论,头脑风暴

参考资料

1) 程元曰:"三教何如?"子曰:"政恶多门久矣。"曰:"废之何如?"子曰:"非尔所及也。真君、建德之事,适足推波助澜,纵风止燎尔。"子读《洪范说议》。曰:"三教于是乎可一矣。"

来源:王通《中说》

2) 蜀山刘尊师,上清品人也,兄学儒,弟奉佛,乃画三圣,同在此堂,焕乎有意哉?达观之一致也。

来源:张说《益州太清观精思院天尊赞(并序)》

3) 贞观之治的基本治国方略以儒家思想为指导,是儒家治理之道的典型体现。唐太宗的三教政策是其治理之道的有机组成部分。学界一般认为,唐初三教政策是儒、释、道三足鼎立,这种说法稍嫌笼统。事实上,唐太宗取了重儒、崇道、尊佛的总体政策,具体即重儒以寻求道统的合法性,确立治国理政的主体;崇道以寻求血统的正统性,为提升皇权合法性的基础;尊佛以重建精神信仰,以为归化民心的工具。在确立儒学官学正统地位和国家民族主体信仰地位的前提下,逐渐形成了以儒为主,以佛、道补充和辅助,儒、佛、道三教并行,三元和合的思想格局。

来源:韩星.初唐儒家话语下的三教关系.社会科学,2017,12:110-115.

> **活动 4**

教学内容	科举制度在历史上起到了怎样的作用
教学目标	理解传统社会的制度创新,理解创新是中华文明生生不息的动力源泉
教学途径	课堂讲解,话题讨论,头脑风暴

参考资料

1) 唐制,取士之科,多因隋旧,然其大要有三。由学馆者曰生徒,由州县者曰乡贡,皆升于有司而进退之。其科之目,有秀才,有明经,有俊士,有进士,有明法,有明字,有明算,有一史,有三史,有开元礼,有道举,有童子。而明经之别,有五经,有三经,有二经,有学究一经,有三礼,有三传,有史科。此岁举之常选也。其天子自诏者曰制举,所以待非常之才焉。

来源:《新唐书·选举志》

2) 此制(科举制)用意,在用一个客观的考试标准,来不断挑选社会上优秀分子,使之参与国家的政治。此制的另一优点,在使应试者怀牒自举,公开竞选,可以免去汉代察举制必经地方政权之选择。在此制度下,可以根本消融社会阶级之存在。可以促进全社会文化之向上。可以培植全国人民对政治之兴味而提高其爱国心。可以团结全国各地域于一个中央之统治。

来源:钱穆《国史大纲》

3) 至于有唐,一以考试为准绳,而后平民有参与政治之机会,阶级观念,赖以破除焉。

来源:邓嗣禹《中国考试制度史》

> **活动 5**

教学内容	回答隋唐哪些民族政策促进了中华民族共同体的形成
教学目标	加强对中华民族共同体形成过程的理解,铸牢中华民族共同体意识
教学途径	课后作业通过云平台完成提交,随后教师进行手工批阅

参考资料

1) (唐太宗曰)"自古皆贵中华,贱夷狄,朕独爱之如一,故其种落皆依朕如父母。"

来源:《资治通鉴》

2) 国朝一家天下,华夷如一。

来源:李华《寿州刺史厅壁记》

3) 太宗曰:"朕置瑶池都督,以隶安西都护。蕃汉之兵,如何处置?"靖曰:"天之生人,本无蕃汉之别。然地远荒漠,必以射猎为生,由此常习战斗。若我恩信抚之,衣食周之,则皆汉人矣。"

来源:《唐李问对》

第五节 宋元文化

一、内容概要

本节讲述八个层面的内容,一是"渗透禅机的新儒学——理学",二是"文化的雅化",三是"俗文化的展开",四是"文官政治的确立",五是"文化中心的南移",六是"辽、夏、金、元:征服与被征服的二律背反",七是"帝国体制下的中西文化交流",八是"领先世界的科技成就"。本节深入讲解宋代辉煌的文化成就以及元代在推动中华民族共同体形成过程中所起到的独特作用。

二、教学活动 OKR 设计

宋元文化			
目标(O)	关键成果(KR)		
1) 多角度把握宋代文化的繁荣状况； 2) 认识宋元时代科技的先进成就； 3) 深入了解辽、夏、金、元时代的民族交流、交往、交融对中华民族共同体形成的重要意义	课前	1) 要求学生查阅资料，了解朱熹、苏轼、关汉卿的生平； 2) 要求学生查阅资料，归纳理学的基本观点和学术特点，然后进行重点讲解	
	课中	头脑风暴，观点分享： 1) 在中国政治史上，为什么会发生征服与被征服的二律背反； 2) 查找反映宋元时代先进科技的资料，并进行深度解析	
	课后	回答元朝大一统对中华民族共同体形成的重要意义	

三、教学实施

活动 1

教学内容	要求学生查阅资料，了解苏轼、朱熹、关汉卿的生平，并对上述各历史人物所起的历史作用进行思考
教学目标	提升查找文献资料和自主学习的能力
教学途径	课前查阅资料，自主学习

参考资料

推荐书目

(1) 束景南《朱子大传》；
(2) 王水照，崔铭《苏轼传》；
(3) 乔忠延《感天动地：关汉卿传》。

活动 2

教学内容	要求学生查阅资料，先行了解理学的基本观点和学术特点，然后进行重点讲解
教学目标	了解学术书籍，接触学术研究方法
教学途径	通过班级微信群分享电子书籍，重点讲解

参考资料

推荐书目

(1) 侯外庐《宋明理学史》；
(2) 陈来《宋明理学》。

活动 3

教学内容	在中国政治史上，为什么会发生征服与被征服的二律背反
教学目标	了解马克思主义民族学理论，分析中国文化现象
教学途径	课堂讲解，话题讨论，头脑风暴

参考资料

1) 野蛮的征服者总是被那些他们所征服的民族的较高文明所征服，这是一条永恒的历史规律。

来源：马克思《不列颠在印度统治的未来结果》

2)金初未有文字。世祖以来,渐立条教。太祖既兴,得辽旧人用之,使介往复,其言已文。太宗继统,乃行选举之法,及伐宋,取汴经籍图,宋士多归之。熙宗款谒先圣,北面如弟子礼。世宗、章宗之世,儒风丕变,庠序日盛,士由科第位至宰辅者接踵。当时儒者虽无专门名家之学,然而朝廷典策、邻国书命,粲然有可观者矣。金用武得国,无以异于辽,而一代制作能自树立唐、宋之间,有非辽世所及,以文而不以武也。

来源:《金史·文艺上》

3)古今立国规模,虽各不同。然其大要,在得民心。而考之前代,北方奄有中夏,必行汉法,乃可长久。故魏、辽、金能用汉法,历年最多。其他不能用汉法者,皆乱亡相继。史册具载,昭昭可见也。

来源:许衡《鲁斋遗书》

活动4

教学内容	查找反映宋元时代先进科技的资料,并进行深度解析
教学目标	增强文化自信,培育大国工匠精神
教学途径	课堂讲解,话题讨论,直观演示

参考资料

1)方家以磁石磨针锋,则能指南,然常微偏东,不全南也。水浮多荡摇,指爪及碗唇上皆可为之,运转尤速,但坚滑易坠,不若缕悬为最善。其法:取新纩中独茧缕,以芥子许蜡缀于针腰,无风处悬之,则针常指南。其中有磨而指北者。予家指南、北者皆有之。磁石之指南犹柏之指西,莫可原其理。

来源:沈括《梦溪笔谈》

2)庆历中,有布衣毕昇,又为活板。其法:用胶泥刻字,薄如钱唇,每字为一印,火烧令坚。先设一铁板,其上以松脂、蜡和纸灰之类冒之。欲印,则以一铁范置铁板上,乃密布字印,满铁范为一板,持就火炀之;药稍熔,则以一平板按其面,则字平如砥。若止印三二本,未为简易;若印数十百千本,则极为神速。常作二铁板,一板印刷,一板已自布字,此印者才毕,则第二板已具,更互用之,瞬息可就。每一字皆有数印,如"之""也"等字,每字有二十余印,以备一板内有重复者。不用,则以纸帖之,每韵为一帖,木格贮之。有奇字素无备者,旋刻之,以草火烧,瞬息可成。不以木为之者,文理有疏密,沾水则高下不平,兼与药相粘,不可取;不若燔土,用讫再火令药熔,以手拂之,其印自落,殊不沾污。

来源:沈括《梦溪笔谈》

3)帝以国朝承用金《大明历》,岁久浸疏,欲厘正之,知恂精于算术,遂以命之。恂荐许衡能明历之理,诏驿召赴阙,命领改历事,官属悉听恂辟置。恂与衡及杨恭懿、郭守敬等,遍考历书四十余家,昼夜测验,创立新法,参以古制,推算极为精密,详在《守敬传》。十六年,授嘉议大夫、太史令。十七年,历成,赐名《授时历》,以其年冬颁行天下。

来源:《元史·王恂传》

活动5

教学内容	回答元朝大一统对中华民族共同体形成的重要意义
教学目标	加强对中华民族共同体形成过程的理解,铸牢中华民族共同体意识
教学途径	课后作业通过云平台完成提交,随后教师进行手工批阅

参考资料

1)厥后能统一者,秦、汉、晋、隋、唐而已。西至乎玉关,东至于辽水,北至于幽陵,南至于交趾。得纵者失横,有此者无彼。大哉天朝,万古一时。渌江成血,唐不能师,今我吏之;辽阳高丽,银城如铁,宋不能窥,今我臣之。回鹘河西,汉立铜柱,马无南蹄,今我置府;交占云黎,秦筑长城,土止北陲,今我故境。……上周乎乾,下括乎坤,故能独高万古,而号曰"大元"。

来源:黄文仲《大都赋》

2) 汉拓地虽远,而攻取有正谲,叛服有通塞,况师异道,人异论,百家殊方,指意不同,无以持一统,议者病之。唐腹心地为异域而不能一者,动数十年。若夫宋之画于白沟,金之局于中土,又无以议为也。我元四极之远,载籍之所未闻,振古之所未属者,莫不涣其群而混于一。则是古之一统,皆名浮于实;而我则实协于名矣!

来源:许有壬《大元大一统志·序》

3) 波斯老贾度流沙,夜听驼铃识路赊。采玉河边青石子,收来东国易桑麻。

来源:马祖常《河湟书事二首》

第六节 明清文化

一、内容概要

本节讲述五个层面的内容,一是"古典文化的集成",二是"理学的嬗变",三是"启蒙新声",四是"市井口味与小说丰收",五是"经世实学"。本节聚焦明清文化对现代社会的形塑作用,关注帝制晚期文化中萌生的进步价值观,同时放眼各族之间的交往、交流与交融,总括中华民族共同体进一步巩固时代的文化特点。

二、教学活动OKR设计

明清文化		
目标(O)		关键成果(KR)
1) 理解明清文化集成与新变的双重性; 2) 践行"知行合一"的思想和"天下兴亡,匹夫有责"的担当精神; 3) 深入了解清代的大一统政策对中华民族共同体形成的重要意义	课前	1) 要求学生查阅资料,了解王阳明、顾炎武、曹雪芹的生平; 2) 要求学生查阅资料,归纳清代朴学的基本观点和学术特点,然后进行重点讲解
	课中	头脑风暴,观点分享: 1) 什么是"知行合一"; 2) 为什么说"天下兴亡、匹夫有责"
	课后	回答清代大一统在中华民族共同体形成过程中起到的作用

三、教学实施

▶活动1

教学内容	要求学生查阅资料,了解王阳明、顾炎武、曹雪芹的生平,并对上述各历史人物所起的历史作用进行思考
教学目标	提升查找文献资料和自主学习的能力
教学途径	课前查阅资料,自主学习

参考资料

推荐书目

（1）束景南《阳明大传》；

（2）陈祖武《顾炎武评传》；

（3）周汝昌《曹雪芹传》。

活动 2

教学内容	要求学生查阅资料，先行了解朴学的基本观点和学术特点，然后重点讲解
教学目标	了解学术书籍，接触学术研究方法
教学途径	通过班级微信群分享电子书籍，讲解与互动相结合

参考资料

推荐书目

（1）孙钦善《清代考据学》；

（2）漆永祥《乾嘉考据学研究》。

活动 3

教学内容	什么是"知行合一"
教学目标	践行"知行合一"，增进自我修养，在"认识、实践、再认识、再实践"的过程中不断增强本领
教学途径	课堂讲解，话题讨论，头脑风暴

参考资料

1) 只说一个知，已自有行在；只说一个行，已自有知在。古人所以既说一个知，又说一个行者，只为世间有一种人，懵懵懂懂地任意去做，全不解思惟省察也，只是个冥行妄作，所以必说个知，方才行得是……某今说个知行合一，正是对病的药。

来源：王守仁《传习录》

2) 牢记空谈误国、实干兴邦的道理，坚持知行合一、真抓实干，做实干家。

来源：2019年3月1日习近平总书记在2019年春季学期中央党校（国家行政学院）中青年干部培训班上的讲话

3) 我喜欢文学、历史，为了用好一个成语，经常翻阅很多词典，一物不知深以为耻。插队时，身边学生有些家学渊源，大家常在一起谈论。有些人在谈论具体问题时引用典故和案例，可以做到信手拈来。这使我认识到，学术、知识不能只是在嘴上，要联系实际，做到知行合一、格物致知、学以致用。所以，我后来看书很注意联系实际。

来源：2018年5月2日习近平总书记在北京大学师生座谈会上的讲话

活动 4

教学内容	为什么说"天下兴亡，匹夫有责"
教学目标	理解"有多大担当才能干多大事业，尽多大责任才会有多大成就"的担当精神
教学途径	课堂讲解，话题讨论，深入剖析

参考资料

1) 有亡国，有亡天下。亡国与亡天下奚辨？曰：易姓改号，谓之亡国；仁义充塞，而至于率兽食人，人将相食，谓之亡天下。是故知保天下，然后知保其国。保国者，其君其臣肉食者谋之；保天下者，匹夫之贱与有责焉耳矣。

来源：顾炎武《日知录》

2) 温室里长不出参天大树，懈怠者干不成宏图伟业。广大党员、干部要在经风雨、见世面中长才干、壮筋骨,练就担当作为的硬脊梁、铁肩膀、真本事,敢字为先、干字当头,勇于担当、善于作为,在有效应对重大挑战、抵御重大风险、克服重大阻力、解决重大矛盾中冲锋在前、建功立业。

来源:2020年1月8日习近平总书记在"不忘初心、牢记使命"主题教育总结大会上的讲话

3)干事担事,是干部的职责所在,也是价值所在。党把干部放在各个岗位上是要大家担当干事,而不是做官享福。改革发展稳定工作那么多,要做好工作都要担当作为。担当和作为是一体的,不作为就是不担当,有作为就要有担当。做事总是有风险的。正因为有风险,才需要担当。凡是有利于党和人民的事,我们就要事不避难、义不逃责,大胆地干、坚决地干。

来源:2021年9月1日习近平总书记在2021年秋季学期中央党校(国家行政学院)中青年干部培训班开班式上的讲话

活动5

教学内容	回答清代大一统在中华民族共同体形成过程中起到的作用
教学目标	加强对中华民族共同体形成过程的理解,铸牢中华民族共同体意识
教学途径	课后作业通过云平台完成提交,随后教师进行手工批阅

参考资料

1)惟上天眷顾我大清,全付所覆,海隅日出罔不率俾,列祖列宗德丰泽溥,威铄惠滂,禹迹所奄,蕃息殷阜。瀛壖炎徼,大漠蛮陬,咸隶版图,置郡筑邑。声教风驰,藩服星拱,禀朔内附,六合一家。

来源:乾隆《大清一统志·序》

2)清前期西南边疆的民族政策随着全国与西南边疆的局势而不断发生变化。由于顺康雍乾四朝在西南边疆实施了合理的民族政策,使得西南疆域日益巩固,西南边疆民族对清朝政府和中国的认同日益增强,西南边疆与内地的一体化程度日益加深。但在嘉道时期官场严重腐败,民族政策守旧,以及西方列强入侵,西南边疆民族对清朝政府的认同大为降低,最终爆发了太平天国运动与云南回民起义。虽然西南边疆动荡不安,但各民族对中国的认同根深蒂固,中华民族共同体意识已经初步形成,与内地已是牢不可分的命运共同体,因此清朝晚期国难当头,西南边疆各民族能够团结一致,保疆固围,可以说是与历代王朝尤其是清朝中前期在西南边疆实施的民族政策分不开的。

来源:马亚辉.从清代西南边疆的民族政策看中华民族共同体意识的铸牢.广西民族研究,2019,147(03):15-22.

3)清代是我国统一多民族国家的重要强化期,清朝统治者为了有效建立和维护国家"大一统"格局,在集中国历朝民族政策之大成的基础上,制定并实施了一整套民族政策。清前中期,从政治、文化、社会、疆域等方面构建了国家"大一统"认同路径群;清后期,面对"数千年未有之变局",清朝统治者逐步调整其民族政策,通过加强边疆管理、移民开发和开展国民教育来努力维护国家"大一统"格局。清朝民族政策的实施,使中国各民族间结成了政治共同体、文化共同体、社会共同体、命运共同体,促进了人们对统一多民族国家的认同。

来源:余梓东,杨龙贺.清朝民族政策对国家"大一统"认同路径构建论析.满族研究,2021,144(03):32-39.

本章参考文献

[1] 陈鼓应,白奚.老子评传[M].南京:南京大学出版社,2007.
[2] 陈贻焮.杜甫评传[M].北京:生活·读书·新知三联书店,2022.
[3] 陈来.宋明理学[M].北京:北京大学出版社,2020.

[4]　陈祖武.顾炎武评传[M].北京:中国社会出版社,2010.
[5]　陈绶祥.隋唐绘画史[M].北京:人民美术出版社,2000.
[6]　程维荣.拓跋宏评传[M].南京:南京大学出版社,1998.
[7]　崔明德.两汉民族关系:思想史[M].北京:人民出版社,2007.
[8]　傅新毅.玄奘评传[M].南京:南京大学出版社,2006.
[9]　葛晓音.诗国高潮与盛唐文化[M].北京:北京大学出版社,1998.
[10]　侯外庐.宋明理学史[M].北京:人民出版社,1997.
[11]　胡如雷.李世民传[M].北京:中华书局,1984.
[12]　孔令堃.汉武帝的外儒内法[M].南京:江苏凤凰文艺出版社,2021.
[13]　李长之.司马迁传:司马迁之人格与风格[M].天津:百花文艺出版社,2020.
[14]　罗宗强.玄学与魏晋士人心态[M].北京:中华书局,2019.
[15]　马宗霍.中国经学史[M].北京:商务印书馆,1998.
[16]　马勇.帝国设计师:董仲舒传[M].北京:东方出版社,2015.
[17]　漆永祥.乾嘉考据学研究[M].北京:北京大学出版社,2020.
[18]　钱穆.孔子传[M].北京:生活·读书·新知三联书店,2005.
[19]　钱穆.两汉经学今古文平议[M].北京:商务印书馆,2015.
[20]　钱志熙.陶渊明传[M].北京:中华书局,2012.
[21]　乔忠延.关汉卿传:感天动地[M].北京:作家出版社,2014.
[22]　施觉怀.韩非评传[M].南京:南京大学出版社,2011.
[23]　束景南.朱子大传[M].北京:商务印书馆,2003.
[24]　束景南.阳明大传:"心"的救赎之路[M].上海:复旦出版社,2019.
[25]　孙钦善.清代考据学[M].北京:中华书局,2018.
[26]　王晓毅.嵇康传[M].上海:上海古籍出版社,2022.
[27]　王水照,崔铭.苏轼传[M].北京:人民文学出版社,2019.
[28]　颜真卿.颜真卿书法全集[M].天津:人民美术出版社,2009.
[29]　周汝昌.曹雪芹传[M].武汉:长江文艺出版社,2019.

第三章 "计算机基础"课程教学活动设计

【课程目标】

随着信息技术的飞速发展和快速应用,掌握一定的计算机基础知识和操作方法是信息时代背景下每个公民必备的基本素质,信息素养教育是中国人才强国战略中一个不可或缺的要素,同时关系到我国的国际竞争力。

本课程通过机房授课、边讲边练、讲练结合,使学生掌握信息技术基本概念、计算机基础原理、Windows 10 操作系统的使用方法、计算机网络理论及应用、办公软件 Word 的基本使用方法,增加其计算机基础理论储备,提高其计算机操作能力,为学生进入本科阶段学习相关课程奠定基础,使其适应信息时代的基本要求。

在课程知识教学和实践能力培养的同时,注重立德树人,帮助学生形成正确的价值观,树立维护信息社会正常网络秩序的责任感和自觉性,增强网络安全意识和网络信息辨识能力。

【课程使用教材】

《计算机基础预科教程》,樊玲,王学严,刘丽娜,曹聪主编,北京邮电大学出版社,2021.

第一节　信息、信息技术与信息社会

一、内容概要

本节是"计算机基础"课程的开篇章节。在开始主体内容教学之前,引导学生辨析信息和信息技术的概念及内容,明确计算机技术在信息技术中的位置和作用,增强科技强国意识,理解信息时代掌握一定的计算机基础知识对每个公民的意义,掌握应对海量信息冲击的能力,培养维护信息社会正常秩序的责任意识。

二、教学活动 OKR 设计

信息、信息技术与信息社会		
目标(O)		关键成果(KR)
1) 辨析概念:信息的概念、信息技术的概念和包含的内容、计算机技术与信息技术的关系; 2) 了解信息前沿技术,增强科技强国的意识; 3) 培养应对信息社会的能力,学会在海量信息中辨认有害信息,提高筛选有益信息的能力,维护正常的网络秩序	课前	布置任务: 1) 要求学生查阅文献资料,了解信息前沿科技、我国有哪些重大自主科研成果、还存在着哪些短板("卡脖子"问题); 2) 思考置身于信息社会,应当具备哪些基本信息素养和能力
	课中	1) 课堂授课: 本部分内容以理论授课为主。主要内容为信息的概念,与信息相关的概念(如消息、信号、媒体、情报等)的辨析,信息的二进制表示形式等;信息技术的概念,信息技术包含的内容;信息社会的内涵,现代人应具备哪些信息处理能力。 2) 小组讨论、观点分享、头脑风暴: (1) 谈谈你所熟悉的信息技术内容; (2) 谈谈中国的信息科技发展史; (3) 谈谈信息社会对人们的生活有什么影响,信息社会下人们应具备什么样的信息素养,以及如何甄别有益信息和应对有害信息
	课后	1) 回答计算机采用二进制的优势,进行进制间转换练习; 2) 撰写总结报告:以如何顺应未来信息社会发展为主题,给出个人观点

三、教学实施

▶▶活动 1

教学内容	课前布置任务:要求学生查阅多方面文献资料,了解信息技术在经济、社会发展中扮演的角色,了解中国信息技术的发展历史,认识信息科技对国家发展的重要意义,了解我国在信息科技领域取得的显著成绩以及存在的短板,思考应该如何克服困难、增强我国科技竞争力
教学目标	培养爱国情怀和民族自豪感,提升信息素养,增强勇于克服困难、勇攀科学高峰的信心,树立自主学习意识
教学途径	课前查阅资料,自主学习

参考资料

1) 报纸报道

网络强国建设要重视核心信息技术的战略突破

研究编制核心信息技术发展路线图,以引导资源投入和市场发展

特约评论员 贾开

习近平同志在十九大报告中明确指出,创新是引领发展的第一动力,是建设现代化经济体系的战略支撑。要瞄准世界科技前沿,强化基础研究,实现前瞻性基础研究、引领性原创成果重大突破。加强应用基础研究,拓展实施国家重大科技项目,突出关键共性技术、前沿引领技术、现代工程技术、颠覆性技术创新,为建设科技强国、质量强国、航天强国、网络强国、交通强国、数字中国、智慧社会提供有力支撑。这一指示落实到工信领域,则正如苗圩部长在十九大新闻中心第二次集体采访中所谈到的那样,具体体现为加快建设"制造强国"和"网络强国"这两个方面。

2015年5月,国务院正式印发《中国制造2025》,由此成为指导我国实施"制造强国"战略的十年行动纲领。相比之下,虽然落实"网络强国"战略的具体措施同样常见于若干文件之中,但到目前为止尚未形成综合性的顶层规划或国家战略性文件。近日,关于"工信部正积极研究编制核心信息技术发展路线图"的消息则有望在此方面做出突破。

2016年召开的"网络安全和信息化工作座谈会"上,习近平同志就明确提到了"尽快在核心技术上取得突破"。他提醒到,虽然我国互联网发展取得了显著成就,但同世界先进水平相比,同建设网络强国战略目标相比,我们在很多方面还有不小差距。"其中最大的差距在核心技术上。"

核心技术是发展的"命门",受制于人便将丧失发展的主动权。以半导体产业为例,虽然近年来我国在集成电路产业密集出台了多项支持措施,且专门成立了国家集成电路产业投资基金以加大产业投资、整合力度,但中国集成电路进口额依然连续4年超过2 000亿美元,与原油并列为最大进口产品。在承认产业培育需要一定周期这一客观规律的同时,我们不得不面对半导体产业"大而不强"的现实窘境。

值得注意的是,在新中国成立后的发展史上,我国的核心信息技术并非一直都落后于发达国家。清华大学早在1956年就成立了半导体专业,而中科院在集成电路、微型计算机等领域的研究成果也接近世界领先水平。但在随后的发展进程中,受限于历史条件的约束以及国家政策重心的变迁,我国在核心信息技术领域方面的研发和成果转化工作逐渐慢了下来。进入21世纪以后,虽然以"核高基重大专项"为代表的国家支持政策有力地推动了核心信息技术的发展,并形成了包括"龙芯"高性能通用CPU、"麒麟"服务器操作系统、"天河一号"超级计算机等在内的诸多突破性成果,但仍然未能从根本上改变核心信息技术的相对落后局面。究其原因,综合性的顶层规划的缺失,相关支持政策缺乏连续性、系统性,技术研发与市场应用未能形成合力,都对我国在核心信息技术领域尽快实现突破造成了不利影响。

正是在这一背景下,自十八大之后直到十九大,我国陆续出台了相关政策,坚定支持核心信息技术的相关研发与成果转化工作。习近平在"网络安全和信息化工作座谈会"上更是明确提出了实现核心信息技术突破的四条路径,要求"正确处理开放和自主的关系、集中力量办大事、积极推动核心技术成果转化、推动强强联合和协同攻关"。由此,中央决策层在战略规划和策略实施这两个层面都对核心信息技术的突破工作做出了部署,而工信部积极研究编制发展路线图则应被视为在此战略方针下的具体举措。

来源:贾开.网络强国建设要重视核心信息技术的战略突破.21世纪经济报道,2017-10-23(005).

2) 信息与电子领域2035技术预见清单(图3-1)

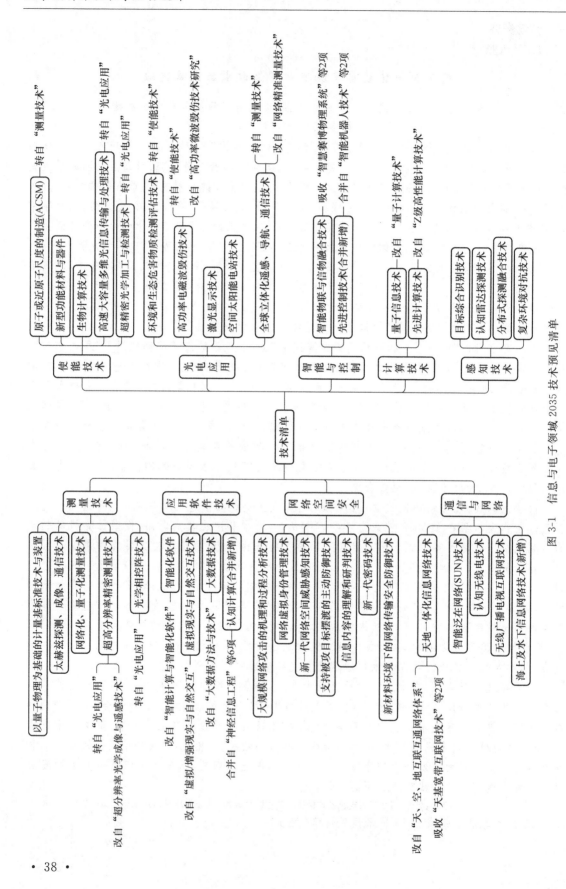

图 3-1 信息与电子领域 2035 技术预见清单

来源:安达,李梦男,许守任,陶利,梁智昊.中国工程科技信息与电子领域2035技术预见研究.
中国工程科学,2017,19(01):50-56.

活动 2

教学内容	通过丰富多样的多媒体教学形式,科学安排教学内容,向学生讲授以下理论知识: 1) 引用中国古代包含"信息"的诗句,在体会中国传统文化美的同时,促进对"信息"概念的发展脉络的认识; 2) 通过比较分析法,辨析信息及与之相关概念的区别,包括消息、信号、数据、媒体、情报等; 3) 采用形象教学法,通过信息技术与人体功能器官的对比,加深学生对信息技术所包含的内容和功能的理解; 4) 讲授二进制对电子设备的意义,演练多种进制之间的换算,并举出某计算机信息的二进制表示例子
教学目标	在学习相关信息及信息技术知识的同时,体会并欣赏传统文化的魅力
教学途径	形象教学法

参考资料

1) 关于信息的古诗词节选

(1) 塞外音书无信息,道傍车马起尘埃。

来源:杜牧《寄远》

诗词大意:道路旁车马卷起了尘土,可是我所盼望的塞外的音信还是没有传来。

(2) 梦断美人沉信息,目穿长路倚楼台。

来源:李中《暮春怀故人》

诗词大意:我的知己没有一点消息,连做梦也梦不见他们。每天倚坐楼台之上,远望着楼外漫长的路,希冀有朋友到来。

2) 信息技术包含了多方面内容,在讲解信息技术内容组成的同时,通过信息技术包含内容和人体功能器官的功能对比(图 3-2),帮助学生更形象地理解信息技术包含的内容,以及信息技术各组成部分所起到的作用。

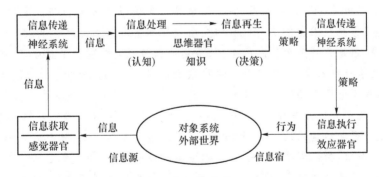

图 3-2 信息技术包含内容与人体器官的功能对比

3) 以一个"香蕉"图片在电子设备中的显示为例,形象地向学生展示各种信息在电子设备中均是二进制数的表现形式(图 3-3)。

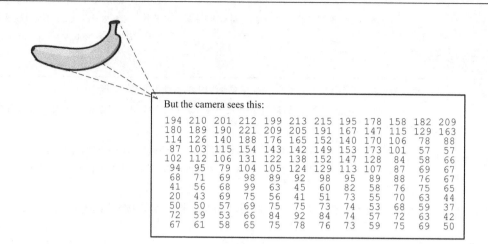

图 3-3 信息在电子设备中均是二进制数的表现形式举例

> **活动 3**

教学内容	课中授课:走进信息社会。 1) 教师讲解什么是信息社会,引出信息社会给人类社会带来的正面促进作用和安全隐患; 2) 引导学生以"信息社会的利与弊"为主题,开展课堂讨论
教学目标	客观认识信息技术对人类社会产生的正、负两方面影响;思考应如何加强信息社会制度建设,以达到扬长避短的目标
教学途径	课堂话题讨论,头脑风暴,教师讲授

参考资料

1) 什么是信息社会

信息社会也称信息化社会,是脱离工业化社会以后信息起主要作用的社会。所谓信息社会,是以电子信息技术为基础、以信息资源为基本发展资源、以信息服务性产业为基本社会产业、以数字化和网络化为基本社会交往方式的新型社会。

"信息化"的概念在 20 世纪 60 年代初提出。一般认为,信息化是指信息技术和信息产业在经济和社会发展中的作用日益加强,并发挥主导作用的动态发展过程。它以信息产业在国民经济中的比重、信息技术在传统产业中的应用程度和信息基础设施建设水平为主要标志。

从内容上看,信息化可分为信息的生产、应用和保障三大方面。信息生产,即信息产业化,要求发展一系列信息技术及产业,涉及信息和数据的采集、处理、存储技术,包括通信设备、计算机、软件和消费类电子产品制造等领域。信息应用,即产业和社会领域的信息化,主要表现在利用信息技术改造和提升农业、制造业、服务业等传统产业,大大提高各种物质和能量资源的利用效率,促使产业结构的调整、转换和升级,促进人类生活方式、社会体系和社会文化发生深刻变革。信息保障,指保障信息传输的基础设施和安全机制,使人类能够可持续地提升获取信息的能力,包括基础设施建设、信息安全保障机制、信息科技创新体系、信息传播途径和信息能力教育等。

来源:百度百科

2) 信息技术给人类社会带来的"利"与"弊"

(1) 信息技术给社会带来的"利"

① 信息技术改变了人类的交流范围、途径和生活方式。信息网络的建设,使得人类之间

的交流打破了时间、地域的界限,世界各地的人们可以通过信息网络便捷地沟通交流,偌大的地球变成了"地球村";便捷了人类获取知识的途径,实现了"秀才不出门,便知天下事"的理想,并且信息呈现的方式越来越多媒体化。各个使用终端或使用者都被组织到统一的网络中,国际电联提出口号"一个世界,一个网络"。在信息社会里,人们交流的途径和手段越来越多样化,如电子邮件、即时通信(微信、QQ等)、固定电话和移动电话等。借助于信息技术,人类的生活、消费和娱乐方式发生了重要改变,如网约车、网络购物和电子支付、虚拟现实游戏等。

② 信息技术实现了劳动的自动化。劳动是人类谋求生存和发展的主要手段,是人类生活的重要组成部分,也是人类社会的基本内容。人类最初的劳动方式是手工劳动,蒸汽机的发明使得手工劳动被机械化劳动大规模代替,在信息社会中,劳动向自动化方式转变。也就是劳动过程采用自动化控制和自动化生产,全部由机器进行,不需要人工参与。自动化生产建立于自动化技术的发展基础上,自动化技术与信息技术密切相关。以计算机技术为核心的信息技术的发展,带动了自动化控制和自动化生产的发展和实现,如工业自动化、农业自动化、办公自动化、家庭生活辅助自动化等,给人类社会生活带来了巨大变革。

(2) 信息技术给社会带来的"弊"

① 人与人之间、国与国之间的数字鸿沟问题。数字鸿沟(digital divide)指的是一个在那些拥有信息时代的工具的人以及那些未曾拥有者之间存在的鸿沟。数字鸿沟体现了当代信息技术领域中存在的差距。信息技术的发展可能使人类社会加速分化,信息高速公路会因消费能力和文化素质的差别,带来新的贫富差距。国与国之间也会因为掌握的信息技术和达到的信息化水平的差异,使得本已形成的国与国之间的贫富差距呈现出扩大的趋势。

② 人际关系淡化。信息技术的发展便利了人们的生产和生活方式,却加大了人与人之间的距离。由于信息社会中人与人基本上都是通过人机对话或是以机器为中间媒介的,人与人直接交流沟通的机会在减少,这就加剧了人际关系的疏离。

③ 信息安全问题。人类发明了计算机和网络,又制造了一些计算机病毒。计算机病毒会破坏计算机的正常工作,并对用户的隐私数据甚至财富产生极大的威胁。同时,信息技术的发展也带来了更加隐匿的犯罪,如基于网络的诈骗手段对公民的人身、财产安全带来了巨大的威胁。

活动4

教学内容	课后小论文:以"信息技术之我见"或"信息社会之我见"为题目,写一篇综述性小论文,形成对信息技术的正确认识和对信息社会的正确观点
教学目标	全面树立科学的信息观念,强化提升自我信息利用能力和信息素养的意识,提高问题分析和观点论证的能力
教学途径	课后作业:论文写作

参考资料
范文

信息技术发展之我见

闲来无事,翻出了大学时代珍藏的一些物品,偶然发现一纸箱信,数数竟有 200 多封,旁边放着我收集的邮票,有风景的、人物的、建筑的,等等,非常漂亮。看着这些,自然回想起我的大学生活,丰富多彩,令人怀念。可是从何时起我不再翘首以盼收到朋友们的来信,不再为收集到一枚漂亮的邮票而兴奋不已。细想起来,这一切都源于信息技术的飞速发展,是日益便捷的通信方式结束了我们的书信时代。

短短十几年,恍如隔世,信息技术的发展催生了一批新的、更加快捷的通信方式,使我们的生活发生了很大的变化。清晰地记得,我不再频繁使用"书信"和朋友们联系始于非典肆虐的特定情况下,为了能及时知道朋友们的近况,开始使用固定电话 IC、IP 卡,虽然对于当时的我来说,这种通信方式属于高消费,但是由于方便,它还是挤占了"书信"的空间。后来我买了寻呼机,可是由于它的局限性,两年后寻呼机便退出了历史的舞台。这个时候,"书信"也真正地衰落了,几乎没什么人再用书信联系了。基于对便利性(一定范围内的移动)和经济性的折中选择,之后我开始使用小灵通,它也可以收发短信,能满足我对通信速度、费用、有效性和便利性等方面的要求。一直到大学毕业,它都是我最得力的通信工具。当然,这个时候网络早已盛行,我们可以使用 QQ、MSN、E-mail 等通信方式,但当时电脑对于我们来说属于奢侈品,我们只能去学校机房上网,很不方便,于是,网上通信理所当然没能成为主流。

工作之后,随着生活水平的提高,我买了第一部手机,可以听音乐、拍照、发彩信等,这种通信方式更加的时尚化、个性化和人性化,家庭中使用固定电话的也越来越少。同时,网络的使用越来越广泛,网上办公、网上购物、远程培训等都成为很普遍的通信方式,尤其是飞信、微博等让我们体验到"永远在线"和进行多媒体信息交流快捷、高效和方便的乐趣。信息技术的发展速度超乎人们的想象,近几年又出现了智能手机,我理解的智能手机,不仅可以打电话、发短信,还可以聊天、看新闻、看电影、玩游戏、使用办公软件等,我们随时随地都可以使用无线网络来交流、娱乐、办公等。信息技术早已将以前简单的通信方式升华为一种生活方式。

信息技术的发展在改变我们日常生活各个方面的同时,也使我们的教育教学活动发生了翻天覆地的变化。我上高中以前,教师授课时只有黑板,每天教师和学生都生活在粉笔灰中,教师每节课的工作量很大;上了高中,出现了实物投影仪,教师可以在上课前把要讲的内容写好,在上课时用投影仪放给学生看,这种工具虽然减少了教师上课时的工作量,但缺点是屏幕上的字不清晰,而且教师每节课要换好多张幻灯片,有些烦琐;上了大学,出现了多媒体教室,多媒体集声音、文字、图像为一体,在教学中具有直观性、动态性、交互性和针对性等特点,节约了时间和空间,大大提高了课堂效率。教师如果能充分发挥交互式电子白板的辅助教学优势,将更有利于实现课堂教学方式的变革和自身专业化的成长。

星移斗转,时过境迁,但我的这些亲身经历使我意识到信息、知识已经成为社会中的基本资源,信息产业成为社会中的核心产业,信息技术逐步渗透到了社会生活的方方面面。信息技术的发展影响着整个社会,它不仅大大提高了社会生产力的发展速度,而且使我们视野变得更加开阔,沟通更加便捷,使人类进入知识经济和信息化社会的步伐大大加快。近日又传来一个更加令人振奋的消息,电信网、广播电视网、互联网要实现三网联合。可见,信息技术的不断发展是人类历史必然的走向,真心希望人类能够利用越来越先进的信息技术,创造更加美好的未来。

来源:刘海丽.信息技术发展之我见.新课程(下),2012,246(10):183.

第二节 计算机基础知识

一、内容概要

本节内容涉及计算机的发展历史和未来发展趋势,计算机的类型划分,计算机的工作原理,计算机硬件系统的组成、分类及各部分的功能,计算机软件系统的组成和分类。在讲授计算机基础知识的同时,帮助学生树立民族自豪感,培养团结协作的能力。

二、教学活动 OKR 设计

计算机基础知识		
目标(O)		关键成果(KR)
1) 了解计算机的发展历史,认识计算机的发展趋势,了解我国计算机事业的发展成就; 2) 认识计算机的类型划分; 3) 掌握计算机的工作原理; 4) 熟悉计算机的常用硬件设备、软件设备; 5) 立德树人,提升民族自豪感和攀登科学高峰的信念; 6) 从计算机的组成原理中得到分工合作完成任务的启示	课前	要求学生查阅资料,了解计算机的发展历程、未来发展趋势,以及我国在计算机领域取得的成就
^^	课中	1) 教授计算机发展阶段划分、计算机未来发展方向,分享和讨论我国计算机发展成就; 2) 教授计算机类型划分、工作原理; 3) 教授计算机软、硬件组成,辨识计算机的各个组成部件及其功能; 4) 观看组装计算机的视频并实践组装方法; 5) 分享观点和讨论,从计算机工作原理中得到启发,领悟分工合作在社会、集体工作中的重要意义
^^	课后	查阅计算机主要硬件的参数指标、价格等信息,了解常用计算机软件及其功能

三、教学实施

▶ 活动 1

教学内容	课前让学生自主查阅计算机的发展阶段、未来发展方向、我国在计算机领域取得的成就等,学习推动我国计算机事业发展的著名人物及其事迹(如夏培肃、杨芙清、王选等),并将学习心得进行文档总结
教学目标	提高民族自信心和自豪感,树立攀登科学高峰的信念
教学途径	课前在学生自主查阅资料的基础上,教师通过班级微信群、班级公共邮箱等给学生分享学习资源,提高学生的文献阅读能力和归纳总结能力

参考资料

我国计算机事业杰出人物简介

(1) 夏培肃

夏培肃(1923 年 7 月 28 日—2014 年 8 月 27 日),女,四川省江津市(今重庆市江津区)人。电子计算机专家,中国科学院院士,中国计算机事业的奠基人之一,被誉为"中国计算机之母"。夏培肃在 20 世纪 50 年代设计、试制成功中国第一台自行设计的通用电子数字计算机;从 60 年代开始,在高速计算机的研究和设计方面做出了系统的、创造性的成果,解决了数字信号在大型高速计算机中传输的关键问题。她负责设计、研制的高速阵列处理机使石油勘探中的常规地震资料处理速度提高了 10 倍以上。她还提出了最大时间差流水线设计原则,根据这个原则设计的向量处理机的运算速度比当时国内的向量处理机快 4 倍。多年来,夏培肃还设计、研制成功了多台不同类型的并行计算机。

(2) 杨芙清

杨芙清,1932 年 11 月 6 日出生于江苏省无锡市,计算机软件专家和教育家,中国科学院学部委员,北京大学信息科学技术学院教授。杨芙清主持研制成功了中国第一台百万次集成电路计算机多道运行操作系统和第一个全部用高级语言书写的操作系统;开创了软件技术的基础研究领域;主持了历经4个五年计划的国家重点科技攻关项目——青鸟工程,为国家软件产业建设提供了技术基础;创建了软件工程国家工程研究中心,促进了科研成果产业化。1969年12月,杨芙清作为总体设计组成员,参加了中国第一台百万次集成电路计算机——150机的研制任务,负责指令系统和操作系统的设计。1973年,北京大学被邀参与了大型机DJS200系列的总体设计,杨芙清被任命为DJS200系列软件的总体设计组成员,并任240机软件项目负责人。1974年,杨芙清和同事们独立设计出在当时具有世界水平的大型计算机多道运行操作系统。

(3) 王选

王选(1937年2月5日—2006年2月13日),出生于上海,江苏省无锡市人,计算机文字信息处理专家,计算机汉字激光照排技术创始人,国家最高科学技术奖获得者,中国科学院学部委员、中国工程院院士,北京大学计算机研究所原所长。王选于1975年以前,从事计算机逻辑设计、体系结构和高级语言编译系统等方面的研究;1975年开始主持华光和方正型计算机激光汉字编排系统的研制,并将其用于书刊、报纸等正式出版物的编排。针对汉字字数多,印刷用汉字字体多、精密照排要求分辨率很高所带来的技术困难,王选发明了高分辨率字形的高倍率信息压缩和高速复原方法,并在华光Ⅳ型和方正91型、93型上设计了专用超大规模集成电路实现复原算法,改善了系统的性能价格比。其领导研制的华光和方正系统在中国报社和出版社、印刷厂逐渐普及,并出口港、澳、台、美和马来西亚,为新闻出版全过程的计算机化奠定了基础。

来源:百度百科

>>> 活动2

教学内容	课中授课:通过多媒体教学,教授计算机工作原理和计算机软、硬件组成
教学目标	深刻理解计算机的工作原理,提高逻辑思维能力;与人体功能相比较,认识计算机软、硬件系统组成;熟悉常用的软、硬件类型,提高理论联系实际的能力
教学途径	课堂教学,多媒体展示

参考资料

1) 课件分享:人的组成和计算机组成比较(图3-4)

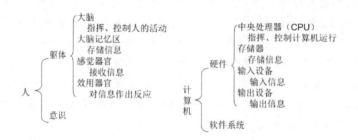

图3-4 人的组成与计算机组成比较

2) 视频资料
(1) 计算机工作原理:冯·诺依曼原理　　　　　　　　　　　　　来源:秒懂百科
(2) 计算机硬件:计算机系统中各种物理装置的总称　　　　　　 来源:秒懂百科
(3) 计算机硬件系统:计算机的主机和外部设备　　　　　　　　 来源:秒懂百科
(4) 计算机软件:计算机系统中的程序及其文档　　　　　　　　 来源:秒懂百科

活动 3

教学内容	实验教学:教师准备一台实验操作用计算机,为学生示范计算机的组装过程,讲解计算机主机和外部设备(如显示器、鼠标、键盘、打印机等)的连接方法,然后由学生进行装机练习。有条件的情况下可开展装机竞赛,提高学生的学习兴趣和积极性
教学目标	熟悉计算机的硬件组成部分,掌握计算机硬件的组装方法,锻炼、提升动手操作能力
教学途径	实验演示,动手操作

参考资料

实验设计:教师准备一台供学生拆装的台式机,或者从视频网站上(如好看视频)下载的装机视频资料,用于讲解计算机的硬件组成,并锻炼学生装机动手能力。

活动 4

教学内容	思维拓展训练:学习完计算机组成的理论知识之后,引导学生从计算机各部件协同完成计算机运行的原理中获得启发,领悟分工合作在社会或集体中的意义,理解个人和集体的关系,并思考促进多人合作项目高效率、高质量完成的方法
教学目标	开拓学生逻辑思维能力,促进学生团队合作能力的培养
教学途径	课堂讨论,头脑风暴

参考资料

课件分享:计算机硬件系统(图 3-5)和计算机软件系统(图 3-6)

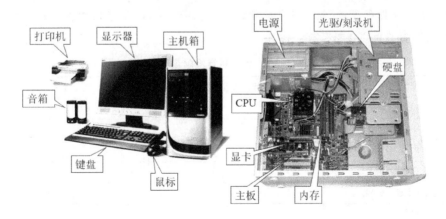

图 3-5　计算机硬件系统

计算机软件系统

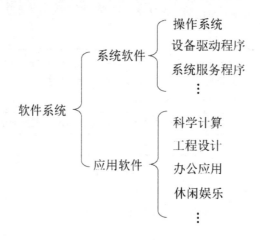

图 3-6　计算机软件系统

>>> 活动 5

教学内容	课后大调查(配机实验):布置课后作业,设计作业模板,要求学生从电子商务网站(如京东、淘宝)上查找并记录常用计算机硬件商品,查看和记录硬件参数及相应的价格
教学目标	熟悉计算机主要硬件的参数指标和价格,提高对计算机组成部件的认识
教学途径	课后实验

参考资料

配 机 实 验

假如你是计算机购买者,要求通过网络或者从电脑城选购一台合适的组装计算机。

填写计算机详细配置单(包括各种配件的品牌、型号、参数、价格),如表 3-1 所示。注意硬件的兼容问题,总价 5 000 元左右。

表 3-1　计算机详细配置单

配置	品牌型号及参数	价格/元
CPU		
主板		
内存		
硬盘		
*显卡(集成主板)		
机箱		
电源		
显示器		

续 表

配置	品牌型号及参数	价格/元
鼠标		
键盘		
*音箱		
*光驱		
共计		

注：*为可选项。

第三节 Windows 10 操作系统

一、内容概要

本节讲解操作系统的概念、功能，Windows10 操作系统的使用方法，包括操作系统的启动和退出、桌面和桌面图标、文件和文件夹管理、程序管理、设备管理、操作系统的设置方法，以及 Windows10 操作系统的装机实验。引入与操作系统相关的拓展阅读资料，将课程教学与立德树人相结合，培养学生的爱国情怀、创新精神。

二、教学活动 OKR 设计

Windows 10 操作系统		
目标(O)		关键成果(KR)
1) 理解操作系统的概念和功能，了解国产操作系统的发展进程，树立民族自豪感，深刻认识操作系统自主可控的重要性，激发学生爱国热情； 2) 理解操作系统的功能，熟悉操作系统的操作界面，熟练掌握文件和文件夹的创建和管理操作方法； 3) 熟练掌握程序管理和磁盘管理方法； 4) 熟练掌握操作系统控制面板的使用方法	课前	要求学生课前查阅操作系统的相关资料，包括谷歌断供、华为自主研发鸿蒙操作系统等
	课中	1) 讲解操作系统的概念、功能、界面； 2) 讲解文件和文件夹管理、程序管理和磁盘管理的操作方法； 3) 练习通过控制面板设置系统各项参数的操作； 4) 学习安装 Windows 10 操作系统的方法
	课后	布置以弘扬中华民族核心价值观为内容的盲打任务，引导学生在练习盲打的同时，树立正确的价值观

三、教学实施

>>> 活动 1

教学内容	课前让学生自主查阅谷歌对安卓系统断供事件，理解自主研发操作系统的重要性；查阅华为鸿蒙等国产操作系统，将阅读心得进行总结并在课堂上分享
教学目标	增强科技安全意识，提高民族自信心和自豪感，树立攀登科学高峰的信念
教学途径	课前在学生自主查阅资料的基础上，教师通过班级微信群、班级公共邮箱等给学生分享学习资源，提高学生的文献阅读能力和归纳总结能力

参考资料

文献资料1

<h3 style="text-align:center">华为被"断供"</h3>

据路透社消息,在美国政府把华为加入贸易名单后,谷歌母公司 Alphabet 即将停止与华为的部分商业合作。安卓系统由谷歌主导开发。一直以来,谷歌也与华为合作良好。但这个事件发生后,华为很可能失去谷歌授权,华为将面临部分安卓软件"断供"的问题。

这次断供,到底断了什么?大家常说的"安卓",其实分成"系统"和"应用"两部分。安卓系统的主体,是"Android 开放源代码项目"(Android Open Source Project,缩写为 AOSP)。安卓这个操作系统,名义上由 OHA 联盟(开放手持设备联盟)共同开发,各大联盟成员再将主体代码和自己业务相关的部分对接上。因为 ASOP 是开源软件,而且是免费的开源软件,所以不管是谁开发、谁主导的,都必然允许任何人查看、下载与使用。即使从最严格的法律意义上,都不能阻止任何人使用安卓。

虽然一直以来,华为和包括谷歌在内的许多人合作。直接沟通,协力修复漏洞、完善安卓系统。但就算没有谷歌的合作,因为源代码公开,所以华为可以继续合并代码、修复漏洞、升级安卓系统。但在"应用"方面,尤其是那些谷歌另外开发的"谷歌移动服务(GMS)"就大不一样了。这些软件,可能直接被"断供"。

包括谷歌市场在内,那些被用户戏称为"谷歌全家桶"的大批软件服务,如果失去了谷歌授权,就无法继续在手机上预装和使用了。

这几年间,华为在手机市场高歌猛进。据统计,2018 年华为手机出货 2.06 亿,其中海外销售就有 1 亿。不但风头压过三星,在欧洲一些国家还赢过了苹果。华为手机出货量已经是世界第二,正在冲击世界第一。如果未来的华为手机无法预装和使用相关软件,导致部分游戏跑不起来,使用体验必然大大降低。但对华为手机现有用户,尤其是国内用户来说,这次的事件影响微乎其微。

来源:华为被"断供". 青岛画报,2019(6):5.

文献资料2

<h3 style="text-align:center">鸿蒙:打破安卓垄断 所有权归属国家</h3>

近日,由华为自主研发的鸿蒙系统正式发布,自此,中国宣告打破安卓在国内的长期垄断。这原本是一件可喜的事,但鸿蒙系统的诞生却遭到了友商的冷淡。OPPO 表示:在手机业务上,华为是竞争对手,不能将自己的命运掌握在别人的手上。小米表示:华为目前正处于美国的制裁之中,而小米又严重依赖高通芯片,为了规避风险,暂不考虑鸿蒙。荣耀也发表声明:安卓仍然是首选,但随着时代的发展,不排除使用鸿蒙。

任正非作为一位格局远大的企业家,当然不希望历经 8 年才完善的鸿蒙系统只在自家设备上使用,为了让鸿蒙走进市场竞争,华为做了一个让国人热血沸腾的决定。

华为宣布捐赠鸿蒙系统

鸿蒙系统作为中国第一款手机操作系统,要想获得市场,必须先获得国产手机商的支持,但是如今友商都有顾虑,担心使用鸿蒙系统后引火上身。于是,任正非对症下药,决定让华为与鸿蒙脱离关系。

近日,华为已决定将鸿蒙系统底层核心架构捐赠给"开放原子开源基金会",据悉,这个基金会组织是由工信部主导成立的。此决定生效后,鸿蒙将不再属于华为,而是归国家所有。

对此,华为软件负责人王成录也表示,未来鸿蒙系统的开源项目、发展和维护都将由基金会成员来共同完成。另外,友商也可以平等地从开源基金会获取代码,并根据自己的需求开发不同的产品。当然,华为完全可以不用这么做,但是为了让鸿蒙系统发挥出更大的价值,任正非不得不忍痛割爱。华为为何刚发布鸿蒙就要将其捐赠出去呢?主要有以下3个原因。

第一,消除友商对鸿蒙的风险顾虑。OPPO不愿将命脉掌握在华为手里,小米、荣耀也害怕接近华为会遭到美国的制裁,为了消除彼此的顾虑,将鸿蒙交给国家维护是最好的选择。

第二,防止美国持续打压。华为花了8年的时间才让鸿蒙问世,目的就是抵御安卓"除名"华为,如今任正非的预言成真,鸿蒙也起到了应有的作用。如果华为继续将鸿蒙掌握在手里,难免会遭到美国的持续打压,到时鸿蒙的发展未必会一帆风顺,但交给国家来维护就大不相同了。

第三,更好地推进鸿蒙的市场布局。华为旗下的鸿蒙系统,友商不敢用,但如果鸿蒙变为国有,估计就没有谁敢拒绝了吧!如此一来,鸿蒙将进入千家万户,其作用也才能够真正发挥出来。

工信部正式接手

在下一个五年计划里,中国将力争突破高精度芯片制造、工业设计软件自主和操作系统国产化,显然,鸿蒙系统正好迎合国家规划,所以工信部接手鸿蒙并不需要更多的理由。华为作为中国科技界的翘楚,把国产高端手机推向了世界,5G技术更是全球领先,如今的鸿蒙也丝毫不逊色安卓和iOS。

不说我们也知道,鸿蒙的商业价值巨大,未来甚至可以成为华为的撒手锏,但任正非却毫不犹豫地将其捐赠给了国家,难怪会有这么多人踊跃支持华为!工信部接手鸿蒙后,极有可能率先进行以下3项部署。

首先,发布鸿蒙与华为脱离关系的声明,以消除国产手机商的顾虑。

其次,要求国内核心机构的电子设备全部搭载鸿蒙系统,比如PC、汽车和家电。

最后,在高校全面开设鸿蒙课程,让国产系统深入人心。

总之,华为本次忍痛割爱,也是为了让鸿蒙发挥出更大的价值。

来源:鸿蒙:打破安卓垄断 所有权归属国家.中国军转民,2021(12):6.

> **活动 2**

教学内容	课中授课:讲解操作系统的基本知识和操作方法,拓展课程内容;简要介绍Windows操作系统出现前的DOS操作系统以及Unix操作系统的基本原理
教学目标	熟练掌握操作系统的基本功能、文件及文件夹管理、磁盘管理(磁盘分区和调整)、程序管理、控制面板的操作方法,提升对操作系统相关知识的认识以及动手操作能力
教学途径	多媒体演示,机房授课,讲练结合

参考资料

引入"操作系统"概念的师生互动环节情景设计。

教师问:第2章我们学了计算机的组成,刚刚组装好的计算机能直接使用吗?

学生答:不能使用。

教师问:不能使用的原因是什么呢?

学生答:只有硬件没有软件的计算机是无法操作的。

教师讲解:对,只有硬件没有软件的计算机称为"裸机",是不能执行计算机的任何功能的。计算机系统里有那么多的硬件资源和软件资源,就必须有一个强大的管理者来统一管理,这个强大的管理者就是"操作系统"。

活动 3

教学内容	Windows 操作系统发展历程的启示
教学目标	了解 Windows 操作系统的发展阶段,培养"不安于现状"的奋斗精神,总结顺应历史发展方向的思维方式
教学途径	课堂讨论,教师讲授

参考资料

1) Windows 家族进化史(图 3-7)

Windows 操作系统从 Windows 1.0 开始,到现在广泛流行的 Windows 10,已经更新了 20 多个版本,并且还在不断地发展。每个版本都通过不断的升级来提高质量、稳定性和安全性,与时俱进,时刻提升用户体验。正是在这种不懈的努力下,微软公司才能长久立于竞争的优势地位。

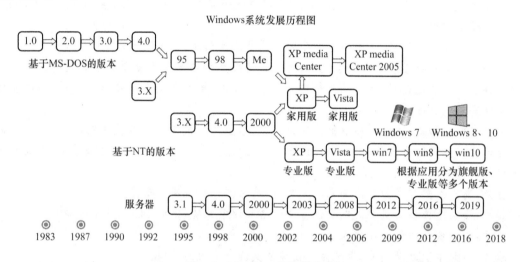

图 3-7 Windows 家族进化史

来源:百度文库

2) 阅读资料

微软公司发展的秘诀——忧患意识

微软破产论:微软离破产永远只有 18 个月。

比尔·盖茨总是告诫他的员工:我们的公司离破产永远只差 18 个月。

正是在这一名言的激励下,微软怀着巨大的危机感,不断积极进取,短短 20 年就发展为世界最大的软件企业。正是这种企业氛围的文化,让微软每时每刻都在努力地朝前发展,努力朝着更好的方向发展;也正是这种文化,让每个微软的员工都辛勤努力地工作着,不论是总裁还是普通员工,他们一直坚持着"微软离破产永远只有 18 个月"的危机文化,努力地实现一个又一个的目标。如今,微软的操作系统占有了 90% 以上的市场,成为绝对的垄断者。这就是微软企业文化的强大力量。

如同在战场上没有常胜将军一样,在现代商场中也没有永远一帆风顺的企业,任何一个企业都有遭遇挫折和危机的可能性。从某种程度上讲,企业在经营与发展过程中遇到挫折和危机是正常的和难免的,危机是企业生存和发展中的一种普遍现象。

经营一家企业不难,经营好一家企业却不简单,必须时时处处有危机感。发现危机,塑造危机,改变危机,在危急中寻找机遇,在机会中寻求创新和改变,在改变中锤炼自己的核心竞争力,在竞争中分享成功的喜悦。

切记,危患始于萧墙,这绝不是危言耸听。

来源:百度百科

活动 4

教学内容	Windows 10 装机实验;教师课上演示,学生课后自行实践
教学目标	掌握日常经常用到的操作系统安装方法,提升计算机操作实践能力
教学途径	机房授课,讲练一体

参考资料

Windows 10 装机实验

(1) 制作好 Windows 10 优盘启动盘后,根据不同型号计算机(主板)进入 BIOS 的方法开机,按键盘上相应的功能键,将计算机设置为优盘启动。重启后进入优盘系统安装程序(图 3-8 和图 3-9)。

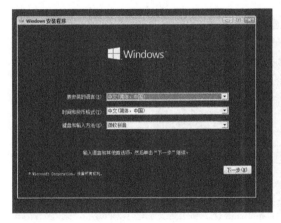

图 3-8 步骤(1)-1

图 3-9 步骤(1)-2

(2) 选中"Windows 10 专业版"版本,然后选择"自定义安装"。如果是新硬盘,需要新建分区并进行格式化;如果是旧硬盘,一般的安装习惯是格式化系统分区后再安装(图 3-10~图 3-13)。

图 3-10 步骤(2)-1

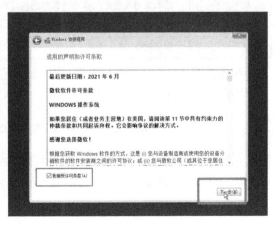

图 3-11 步骤(2)-2

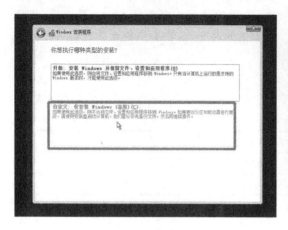
图 3-12 步骤(2)-3

图 3-13 步骤(2)-4

(3) Windows 10 开始安装。完成后进入个性化设置环节,如键盘、用户账户的设置等(图 3-14 和图 3-15)。

图 3-14 步骤(3)-1

图 3-15 步骤(3)-2

活动 5

教学内容	选取突出社会主义核心价值观的内容作为课后盲打任务
教学目标	熟练掌握盲打操作,加强对社会主义核心价值观的认识
教学途径	课后作业:盲打练习

参考资料

盲打练习素材 1

社会主义核心价值观(core socialist values)

富强(prosperity)、民主(democracy)、文明(civility)、和谐(harmony)、自由(freedom)、平等(equality)、公正(justice)、法治(the rule of law)、爱国(patriotism)、敬业(dedication)、诚信(integrity)、友善(friendship)。

盲打练习素材 2

"铸牢中华民族共同体意识"（人民论坛）

民族团结是我国各族人民的生命线,中华民族共同体意识是民族团结之本。一部中国史,就是一部各民族交融汇聚成多元一体中华民族的历史,就是各民族共同缔造、发展、巩固统一的伟大祖国的历史。辽阔的疆域由各民族共同开拓,悠久的历史由各民族共同书写,灿烂的文化由各民族共同创造,伟大的精神由各民族共同培育。进入中国特色社会主义新时代,各民族在社会生活中紧密联系的广度和深度前所未有,中华民族共同体意识也比以往任何时候都更加强烈。

我国是统一的多民族国家,民族工作关乎大局。党坚定不移走中国特色解决民族问题的正确道路,坚持把铸牢中华民族共同体意识作为党的民族工作主线,促进各民族共同团结奋斗、共同繁荣发展。党创造性地把马克思主义民族理论同中国民族问题具体实际相结合,确立了以民族平等、民族团结、民族区域自治、各民族共同繁荣发展为主要内容的民族理论和民族政策,各民族在社会主义制度下实现真正意义上的平等团结进步。正如习近平总书记深刻指出的:"坚持中国特色社会主义道路,是新形势下做好民族工作必须牢牢把握的正确政治方向。"坚持走中国特色解决民族问题的正确道路,不断丰富和发展新时代党的民族理论,全面贯彻党的民族政策,才能更好维护民族团结、社会稳定、国家统一。

铸牢中华民族共同体意识是维护各民族根本利益的必然要求。必须紧紧抓住铸牢中华民族共同体意识这条主线,深化民族团结进步教育,引导各族群众牢固树立休戚与共、荣辱与共、生死与共、命运与共的共同体理念,逐步实现在空间、文化、经济、社会、心理等方面的全方位嵌入,不断巩固中华民族共同体思想基础,促进各民族在中华民族大家庭中像石榴籽一样紧紧抱在一起。文化认同是最深层次的认同。端正历史文化认知,树立正确的国家观、历史观、民族观、文化观、宗教观,增进对伟大祖国、中华民族、中华文化、中国共产党、中国特色社会主义的认同,铸牢中国心、中华魂,才能构筑中华民族共有精神家园。共同建设伟大祖国,共同创造美好生活,实现好、维护好、发展好各民族根本利益,一定能让中华民族共同体牢不可破。

在党的坚强领导下,多元一体的中华民族大家庭,同心同德、同心同向的全国各族人民,正在书写同心共筑中国梦的崭新篇章。我们坚信:"各民族大团结的中国一定是无往而不胜的,一定是有着光明未来的,我们的第二个百年奋斗目标必然会胜利实现,中华民族伟大复兴必然会到来。"

来源:http://hb.people.com.cn/n2/2022/0722/c194063-40048696.html

第四节　计算机网络

一、内容概要

本节讲解计算机网络的发展阶段、分类和常见的计算机网络设备,讲解互联网的起源和发展历程、TCP/IP 协议、域名系统、互联网架构及应用,以及网络安全知识。

将课程教学与价值观教育相结合,通过对我国"互联网＋"战略的学习,引导学生关心、关注国家发展大政方针;通过对"棱镜门"事件的了解,引导学生树立网络安全意识、规则意识、法律意识。

二、教学活动 OKR 设计

计算机网络		
目标(O)		关键成果(KR)
1) 了解计算机网络的发展历程和阶段划分； 2) 熟悉计算机网络的类型、常见的网络设备； 3) 了解互联网的概念和发展历程； 4) 熟悉 TCP/IP 协议模型（扩展思考规则意识）、域名系统、互联网架构、认识互联网的应用； 5) 学习我国"互联网＋"国家战略，理解"互联网＋"的意义，树立关心国家大政方针的意识； 6) 了解"棱镜门"事件，树立网络安全意识、底线思维、规则意识、网络法纪意识	课前	要求学生课前查阅计算机网络相关的资料，包括计算机网络和互联网的发展历程、我国"互联网＋"战略、"棱镜门"事件、网络诈骗案例等
	课中	1) 讲解计算机网络的类型、多媒体展示网络设备和功能，做网线制作实验； 2) 讲解互联网发展历程、TCP/IP 协议模型及各层功能、域名系统、互联网架构及应用，练习本机 IP 地址的查看方法； 3) 课堂讨论我国"互联网＋"国家战略及"棱镜门"、网络诈骗等网络安全威胁事件，增强安全意识、法纪意识
	课后	思考及总结：计算机网络带给人类社会哪些重要改变？如何利用好网络？如何避免网络安全威胁

三、教学实施

▶ 活动 1

教学内容	课前布置任务：学生自主查阅相关文献资料，包括计算机网络发展史、互联网发展历程等
教学目标	增强科技强国、科技创新意识，加深对习近平总书记"把科技的命脉牢牢掌握在自己手中"论断的理解
教学途径	课前在学生自主查阅资料的基础上，教师通过班级微信群、班级公共邮箱等给学生分享学习资源，提高学生的文献阅读能力和总结能力；授课环节对学生阅读、总结情况进行总结，提高学生对相关内容的认知程度

参考资料

习近平总书记关于科技创新、人才和科技合作的相关讲话

（1）加快实现科技自立自强

要加强技术研发攻关，掌握更多具有自主知识产权的核心技术，不断延伸创新链、完善产业链，为推动我国光电子信息产业加快发展作出更大贡献。随着我国发展壮大，突破"卡脖子"关键核心技术刻不容缓，必须坚持问题导向，发挥新型举国体制优势，踔厉奋发、奋起直追，加快实现科技自立自强。

高端制造是经济高质量发展的重要支撑。推动我国制造业转型升级，建设制造强国，必须加强技术研发，提高国产化替代率，把科技的命脉掌握在自己手中，国家才能真正强大起来。

来源：2022 年 6 月 28 日，习近平在湖北省武汉市考察时的讲话

要加强关键核心技术攻关，牵住自主创新这个"牛鼻子"，发挥我国社会主义制度优势、新型举国体制优势、超大规模市场优势，提高数字技术基础研发能力，打好关键核心技术攻坚战，尽快实现高水平自立自强，把发展数字经济自主权牢牢掌握在自己手中。

来源：2021 年 10 月 18 日，习近平在中共中央政治局第三十四次集体学习时的讲话

只有把核心技术掌握在自己手中,才能真正掌握竞争和发展的主动权,才能从根本上保障国家经济安全、国防安全和其他安全。不能总是用别人的昨天来装扮自己的明天。不能总是指望依赖他人的科技成果来提高自己的科技水平,更不能做其他国家的技术附庸,永远跟在别人的后面亦步亦趋。我们没有别的选择,非走自主创新道路不可。

来源:2014年6月9日,习近平在中国科学院第十七次院士大会、中国工程院第十二次院士大会上的讲话

(2) 科技创新,一靠投入,二靠人才

科技创新,一靠投入,二靠人才。看到这里聚集了不少精英人才,大家都很年轻,充满活力,我感到很高兴。党中央十分关心科技人才成长,各级党委和政府要尽可能创造有利于科技创新的体制机制和工作生活环境,让科技工作者为祖国和人民作贡献。

来源:2022年6月28日,习近平在湖北省武汉市考察时的讲话

我国广大科技工作者要把握大势、抢占先机,直面问题、迎难而上,瞄准世界科技前沿,引领科技发展方向,肩负起历史赋予的重任,勇做新时代科技创新的排头兵。

来源:2018年5月28日,习近平在中国科学院第十九次院士大会、中国工程院第十四次院士大会上的讲话

要把科技创新搞上去,就必须建设一支规模宏大、结构合理、素质优良的创新人才队伍。我国一方面科技人才总量不少,另一方面又面临人才结构性不足的突出矛盾,特别是在重大科研项目、重大工程、重点学科等领域领军人才严重不足。解决这个矛盾,关键是要改革和完善人才发展机制。

来源:2013年9月30日,习近平在十八届中央政治局第九次集体学习时的讲话

(3) 推动全球科技创新协作

中国高度重视科技创新,致力于推动全球科技创新协作,将以更加开放的态度加强国际科技交流,积极参与全球创新网络,共同推进基础研究,推动科技成果转化,培育经济发展新动能,加强知识产权保护,营造一流创新生态,塑造科技向善理念,完善全球科技治理,更好增进人类福祉。

来源:2021年9月24日,习近平向2021中关村论坛视频致贺

要继续发挥新型举国体制优势,加大自主创新工作力度,统筹谋划,再接再厉,推动中国航天空间科学、空间技术、空间应用创新发展,积极开展国际合作,为增进人类福祉作出新的更大贡献。

来源:2021年2月22日,习近平在会见探月工程嫦娥五号任务参研参试人员代表并参观月球样品和探月工程成果展览时的讲话

中国高度重视科技创新工作,坚持把创新作为引领发展的第一动力。中国将实施更加开放包容、互惠共享的国际科技合作战略,愿同全球顶尖科学家、国际科技组织一道,加强重大科学问题研究,加大共性科学技术破解,加深重点战略科学项目协作。

来源:2020年10月30日,习近平向第三届世界顶尖科学家论坛(2020)作视频致辞

活动2

教学内容	课中授课:计算机网络发展阶段划分、计算机网络分类、常见网络设备、局域网原理、互联网的发展历程、TCP/IP模型、域名系统、互联网的架构和应用
教学目标	掌握计算机网络和互联网的基本理论,熟悉计算机网络和互联网的相关应用;通过对网络协议的学习,树立规则意识
教学途径	机房授课,多媒体演示

参考资料

计算机网络协议与规则意识教学素材

（1）计算机网络协议的相关内容

网络通信协议是一种网络通用语言，为连接不同操作系统和不同硬件体系结构的互联网络提供通信支持。为了使数据在网络上从源头到达目的，网络通信的参与方必须遵循相同的规则，这套规则称为协议，它最终体现为在网络上传输的数据包的格式。最常见的计算机协议是 OSI/RM 协议。

国际标准化组织（ISO）在1978年提出了"开放系统互联参考模型"，即著名的 OSI/RM 模型。它将计算机网络体系结构的通信协议划分为7层，自下而上依次为：物理层、数据链路层、网络层、传输层、会话层、表示层、应用层。其中，第四层完成数据传送服务，上面三层面向用户。

互联网络与单个网络有很大的不同，因为互联网络的不同部分可能有截然不同的拓扑结构、带宽、延迟、数据包大小和其他参数。常用的网络协议有 TCP/IP 协议、IPX/SPX 协议、NetBEUI 协议、HTTP 协议、FTP 协议等。

（2）计算机协议的意义

协议对于计算机网络而言是非常重要的，可以说没有协议，就不可能有计算机网络。每一种计算机网络，都有一套协议支持着。在遵守共同的网络协议之下，网络中的不同设备才能互联互通。可以说，没有网络协议，连接世界的计算机网络就无法形成。

（3）社会规则意识

所谓规则是用来规范人们行为的一些制度或章程。规则规定了社会成员的基本权利与义务，人的社会属性决定了人有自由的权利，却不能为所欲为。只有我们自觉遵守那些具有普遍约束力的规则，才能在规则里享有相对的自由，才能在规则所允许的范围内更大程度地保障自己的公民权利。规则促进社会秩序良好，使幸福感得到提升。以交通规则为例，"红灯停，绿灯行"、斑马线礼让行人、为救护车让行等，无一不是为了让公共交通更加有序、高效、安全，使每一个参与公共交通的人都能在交通规则的规范下感到井然有序、感受到生命权被尊重，获得更好的出行体验和更多的幸福感。规则的确定性增强了行为后果的可预期性，规则中明确的禁止性规定及相应的处罚措施，可以增强行为人对自己行为后果的预判。绝大多数情况下，为了免受处罚，行为人在选择行为方式时会权衡利弊，更加理性，以期自己的行为合乎规则的要求。

规则意识，是指社会成员以规则作为自己行动的准绳并加以自觉尊崇。社会上的每一个公民都应该自觉养成以规则意识支配行为的习惯。习近平总书记指出，"治理一个国家、一个社会，关键是要立规矩、讲规矩、守规矩。"只有当一个国家和社会整体的规则意识提高了，真正做到习近平总书记所说的"心有所畏、言有所戒、行有所止"，规则才能真正发挥它的积极作用，更加有力地打击和处罚违反规则的人，更加有效地保护遵守规则的人。人人各守其规，各负其责，法律实施就会取得良好的效果，法治国家、法治政府、法治社会的建设目标才会逐步地实现，建设美好中国的愿景也不再遥远。

来源：李安磊,周倩.社会规则意识养成问题研究.中共石家庄市委党校学报，2019,21(08):45-48.

>>>活动 3

教学内容	课堂实验:IP 地址的查看方法,共享文件和打印机的操作方法
教学目标	掌握 IP 地址的查看方法、通过网络访问共享文件和文件夹的方法、网络打印机的设置方法
教学途径	机房实验

参考资料

查看本机 IP 地址的操作实验

方法一:通过命令提示符查看

(1) 在 Windows 10 系统上,按"Windows 键+R 键"打开"运行"对话框,输入"cmd"(图 3-16)。

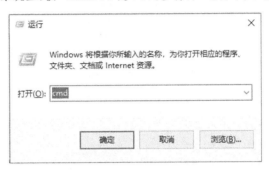

图 3-16　方法一步骤(1)

(2) 在"运行"对话框中单击"确定"按钮后,输入命令"ipconfig",按回车键,可以看到电脑的 IP 地址(图 3-17)。

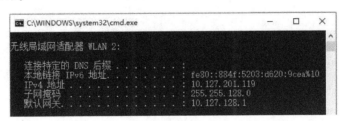

图 3-17　方法一步骤(2)

方法二:通过网络状态查看

(1) 通过 Windows 10 系统的"控制面板"进入"网络连接"界面(图 3-18)。

图 3-18　方法二步骤(1)

(2)在"WLAN 2"图标上点击鼠标右键,选择"状态"命令(图 3-19)。

图 3-19　方法二步骤(2)

(3)在"WLAN 2 状态"界面上,单击"详细信息"(图 3-20)。
(4)在"网络连接详细信息"界面中可以看到 IP 地址(图 3-21)。

图 3-20　方法二步骤(3)　　　　　图 3-21　方法二步骤(4)

>>> 活动 4

教学内容	在理论讲授网络安全知识的基础上,分享"棱镜门"事件和网络诈骗典型案件,并分组讨论计算机网络安全防范方法和防范意识的养成
教学目标	增强网络安全意识,防患于未然
教学途径	教师讲授,分组讨论,头脑风暴

参考资料

1)"棱镜门"事件

"棱镜门"事件

英国《卫报》和美国《华盛顿邮报》2013年6月6日报道,美国国家安全局和联邦调查局于2007年启动了一个代号为"棱镜"(PRISM)的秘密监控项目,直接进入美国网际网路公司的中心服务器挖掘数据、收集情报,包括微软、雅虎、谷歌、苹果等在内的9家国际网络巨头皆参与其中。

2013年(癸巳年)6月,前中情局(CIA)职员爱德华·斯诺登将两份绝密资料交给英国《卫报》和美国《华盛顿邮报》,并告之媒体何时发表。按照设定的计划,2013年6月5日,英国《卫报》先扔出了第一颗舆论炸弹:美国国家安全局有一项代号为"棱镜"的秘密项目,要求电信巨头威瑞森公司必须每天上交数百万用户的通话记录。6月6日,美国《华盛顿邮报》披露称,过去6年间,美国国家安全局和联邦调查局通过进入微软、谷歌、苹果、雅虎等九大网络巨头的服务器,监控美国公民的电子邮件、聊天记录、视频及照片等秘密资料。美国舆论随之哗然。

美国决策者意识到,互联网在越来越多的国际事件上可以成为达到美国政治目的、塑造美国全球领导力的有效工具。2011年,以"脸谱网"和"推特"为代表的新媒体,贯穿埃及危机从酝酿、爆发、升级到转折的全过程,成为事件发展的"催化剂"及反对派力量的"放大器"。同样,类似的事件也在突尼斯和伊朗等国都上演过。如今,以谷歌为首的美国IT巨头一方面标榜网络自由,反对其他国家的政府监管本国的互联网,另一方面又与美国政府负责监听的机构结盟,在无形之中就把自己献到祭坛上去了。

这项代号为"棱镜"的高度机密行动此前从未对外公开。《华盛顿邮报》获得的文件显示,美国总统的日常简报内容部分来源于此项目,该工具被称作获得此类信息的最全面方式。一份文件指出,国家安全局的报告越来越依赖"棱镜"项目,该项目是其原始材料的主要来源。报道刊出后外界哗然。保护公民隐私组织予以强烈谴责,表示不管奥巴马政府如何以反恐之名进行申辩,不管多少国会议员或政府部门支持监视民众,这些项目都侵犯了公民基本权利。

这是一起美国有史以来最大的监控事件,其侵犯的人群之广、程度之深让人咋舌。

纪录从不同方面列举了美国对全球进行秘密监听的行径,其中包括:

① 每天收集全球各地近50亿条移动电话纪录;
② 窥探德国总理默克尔手机长达十多年;
③ 秘密侵入雅虎、谷歌在各国数据中心间的主要通信网络,窃取了数以亿计的用户信息;
④ 多年来一直监控手机应用程序,抓取个人数据;
⑤ 针对中国进行大规模网络进攻,并把中国领导人和华为公司列为目标。

来源:https://4738k.com/a/yule/bagua/9820.html

2)电信网络诈骗

十大典型案例提醒　谨防电信网络诈骗

近年来,随着经济社会发展和现代通信网络技术进步,电信网络诈骗犯罪也迅猛增加、案件持续高发,成为影响群众安全感的突出问题。为进一步普及防范电信网络诈骗安全知识,提高人民群众拒诈防骗的能力,省公安厅反诈骗中心披露十起典型案例,希望对大家防骗、识骗的能力提升有所帮助。

(1)"杀猪盘"诈骗

诈骗分子通过婚恋平台、社交软件等方式寻找潜在受害人,通过聊天发展感情取得信任,然后将受害人引入博彩、理财等诈骗平台进行充值,骗取受害人钱财。

【诈骗案例】

2021年1月,D市的李小姐在玩"陌陌"App时,有一位自称"王旭"的陌生男子发来交友信息,经过几天简单的交流,互相添加了微信。在接下来的几天里,二人感情迅速升温,很快就确立了恋爱关系。接着"王旭"给李小姐推荐了一款博彩押注的软件,并告诉李小姐其姐夫是负责维护网站的,现在这个软件有漏洞可以挣钱,切记不要声张。李小姐抱着试试的心态投了2 000元,很快就盈利到2 263元并提现到账。在"王旭"的怂恿下,李小姐又连续投入18笔,但这次想要提现的时候,却发现App已经打不开了,而"王旭"也消失不见。李小姐这才反应过来,最终被骗70余万元。

【反诈提示】

网络交友务必提高警惕,不要被对方的花言巧语所迷惑,不要轻易透露个人隐私,不要轻易相信网友所说的"稳赚不赔""低成本、高回报"之类的投资赚钱的谎言,拒绝金钱诱惑。

(2)虚假征信诈骗

骗子冒充知名借贷平台客服人员,用专业术语如"影响个人征信""注销贷款账户""消除贷款记录"等,引起受害人内心恐慌后,引导受害人下载多个App贷款平台,按贷款额度取现后转账到指定账号,实施诈骗。

【诈骗案例】

2021年1月,Q市的小杨接到一个电话,对方自称是支付宝客服,要帮小杨注销"校园贷"记录,做结清证明。正在做实验的小杨直接挂断了电话。过了不久,对方又打了过来,并说出小杨的许多个人信息。小杨将信将疑,称自己从未办理过贷款,但对方说可能是小杨朋友或者学校的人帮忙办理的。由于对方所说的信息非常准确,并说只要按其说的操作,系统就会进行统一升级,小杨的贷款记录就会注销,个人征信也不会受影响。于是,小杨在对方的指导下,开启腾讯会议并共享屏幕,向多个网贷平台申请贷款,并将贷款分别转到了4个陌生账户里。事后小杨才醒悟过来,经向支付宝官方客服联系才知自己并没有"校园贷"记录,此时小杨已损失近4万元。

【反诈提示】

个人征信无法人为更改或消除,不存在注销网贷账户的操作,只要按时还清贷款,个人征信就不会受影响。

(3)虚假投资理财诈骗

诈骗分子利用市民的理财需求,通过互联网仿冒或搭建虚假投资平台,分享期货、黄金、股票投资知识,并推荐受害人添加微信群、QQ群,邀请加入他的战队一起赚钱。当受害人添加这些群深信跟着"导师"有钱赚时,他们早已盘算好通过操纵虚假平台数据,以"高收益""有漏洞"等幌子吸引受害人转账实施诈骗!

【诈骗案例】

2021年1月18日,A市的资深股民老石接到一个陌生电话,对方表示可以退还以前购买炒股软件的服务费,于是老石便加了对方微信。随后,对方把老石拉入"龙家乐"炒股微信群,每天有资深导师在群里发布炒股信息,对方还告诉老石,要退还的服务费都在一个名叫"ICP"的App里。老石半信半疑地下载后,服务费顺利提现,他心花怒放!这时,导师告诉老石现在股市行情不太好,他把所有的钱都放在了"ICP"App里,还让老石跟着他一起投资。谨慎的老石抱着试试的心态投了9万元,挣了不少也能够提现,这才彻底放下心来,将68万余元悉数投了进去。过了两天,正美滋滋地等待收益的老石突然发现自己被踢出了群聊,导师也把自己拉黑,就连"ICP"App也打不开了,他这才恍然大悟受骗了。

【反诈提示】

投资有风险,理财需谨慎!"老师""学员"都是托儿,理财软件都是假,只有你是"真韭菜"。请勿相信非官方网站、微信群、QQ群所提供的投资理财信息!对各种理财产品,投资者要掌握基础的理财知识,务必通过正规途径、合法渠道进行投资!

(4)冒充公检法及政府机关诈骗

骗子非法获取公民个人信息,冒充公检法办案人员主动拨打受害人电话,准确说出受害人姓名、身份证号等信息获取信任,谎称受害人涉嫌贩毒、洗钱等案件,并伪造警官证、通缉令,要求受害人将钱转至"安全账户",实施诈骗。

【诈骗案例】

2021年1月,T市的小天接到一个自称是"通信管理局"的电话,对方称小天的手机号涉嫌诈骗,之后转接到了"武汉市公安局","吴警官"对小天说:"诈骗团伙已落网,你名下的1个手机号和银行卡涉嫌诈骗,需要你配合调查,否则就要把你名下的资金全部冻结并逮捕你。"小天听到这里已经吓坏了,赶忙按照对方指令下载了一款名为"quick-support"的木马软件,并将自己名下的贷款额度全部提现。当自己银行卡内的37.3万元被转走后,小天还对对方的身份深信不疑,一直等"国家安全账户"返还自己的资金,在给家人讲述之后,才恍然大悟上当受骗了。

【反诈提示】

公检法不会通过电话做笔录办案,也绝不会在互联网上发送各种法律文书,更不会让群众向所谓的"安全账户"转账。

(5)虚假购物、服务诈骗

不法分子通过网络、短信、电话等渠道发布商品广告信息,或谎称可以提供正常的生活型服务、技能型服务以及非法的各种虚假服务等信息,通常以优惠、低价等方式为诱饵,诱导受害人与其联系,待受害人付款后,就将受害人拉黑或者失联;或以加缴关税、缴纳定金、交易税、手续费等为由,诱骗受害人转账汇款,从而实施诈骗。

【诈骗案例】

C市的王某喜欢抱着手机刷快手,2020年她被主播裘某直播间内发布的抽奖信息吸引,便添加了裘某的微信。裘某的朋友圈里经常有各类购物送抽奖活动,声称中奖率百分之百。看到丰厚的奖品,王某便花1100元购买了化妆品,并抽中了平板电脑。但王某迟迟未收到奖品,联系裘某也未得到答复,王某这才意识到被骗。

【反诈提示】

在网络购物中发现商品价格远低于市场价格时,一定要提高警惕,谨慎购买,不要将钱款直接转给对方。一旦发现被骗,请及时报警。

(6)网络刷单诈骗

不法分子冒充电商,以提高店铺销量、信誉度、好评度为由,称需雇人兼职刷单、刷信誉。不法分子为了骗取信任,开始会在约定时间连本带利返还,待网友刷的金额越来越大,不法分子会以各种借口拒绝返款,甚至诱导网友继续刷单。

【诈骗案例】

2021年1月,S市唐女士被拉入一兼职刷单微信群,群内自称客服的人员主动加了唐女士微信,忽悠唐女士向其提供的一网络博彩平台充值刷流水,并承诺只要根据客服提示进行操作肯定能赚钱。

抱着试一试的心态,唐女士下载了客服推送的App,并充值98元试水。在客服提示下,唐女士果然赚了钱,98元变成了224元,并顺利提现。接着,唐女士加大投入,又一次获利提现10 488元。看着账户里的数字越来越大,唐女士投入的本金也越来越多,直到累计充值108万元,准备将盈利的120万元全部提现时,她才发现自己的账户不能提现了。唐女士连忙联系所谓的客服,却被拉黑,继而被踢出群。

【反诈提示】

刷单本身就是违规欺骗客户的行为,网上兼职刷单、刷信誉的都是诈骗!寻找兼职要通过正规渠道进行,要先交纳定金或先行支付的工作,务必谨慎对待!

(7)假冒客服退款诈骗

不法分子假冒"卖家"主动提出退款,以商品缺货、商品质量问题为由,让消费者申请退款。一种方式是不法分子诱导消费者点击需要填写个人信息和手机验证码的钓鱼网站后盗刷转账;另一种则以理赔需要认证授权、支付信用不足无法到账等为由,诱导受害人在支付宝、借呗等网贷平台借款给对方。

【诈骗案例】

2021年1月,家住L市的黄先生接到自称淘宝客服的电话,对方称黄先生的账户需要由学生账户更改为成人账户,并要求他将借呗、花呗里的资金全部提现到余额中。黄先生以为这样就能结束,照做后,客服又谎称在处理过程中发现黄先生的支付宝与贷款软件有关联,无奈之下,黄先生先后安装了对方发来的八款贷款软件,操作贷款后都转到对方指定账户。当然,客服在这样要求他的同时,也承诺所有有待商榷的款项共25万元在验证后将原路返回,可怜等待多天的黄先生,直到报警时才发现所谓的客服早已消失……

【反诈提示】

在接到客服电话后,必须先通过官方渠道向所购买的商家核实,不要点击陌生人发来的链接或者扫描对方发来的二维码,不要轻易告诉对方自己的个人信息如银行卡信息,更不要轻易转账或进行任何涉及资金的操作。

(8)冒充领导、熟人诈骗

不法分子通过非法手段获得党政机关领导干部的信息,主动添加下属或企/事业单位负责人的微信,以关心个人前途或企业发展情况为话题,获取受害人信任,再以急需用钱、自己不方便转账为由,让受害人代为转账,并伪造汇款收据,实施诈骗。

【诈骗案例】

2020年11月,L市薛某突然收到好友申请,对方自称县委书记,虽然感到诧异,但薛某还是通过了好友。三、四天后,所谓的"书记"忽然与薛某联系,称朋友需资金周转,自己不便转账,希望通过其账户将一笔款转给朋友,后通过伪造转账凭证,谎称自己已经把钱转到薛某的账户,并催促薛某打钱给其提供的银行账户,薛某发现钱没到账,对方便声称银行到账有延迟,信以为真的薛某便将85万元转到了对方提供的账号。事后,薛某发现对方根本不是书记,自己遇上了"冒充领导诈骗"。

【反诈提示】

微信上的"领导"找上门,不要轻易相信。凡遇到"领导"要求转账的,请务必电话联系,确认身份,谨防被骗。

(9) 网络游戏产品虚假交易诈骗

骗子以低价销售游戏装备等为由，骗受害人汇款，收钱后消失或盗回账号；或以高价收购游戏账号为名，诱使玩家登录钓鱼网站进行交易，获取银行卡信息后盗取钱财。

【诈骗案例】

2021年1月，Q省的小陈玩手机游戏时，看到游戏社区里有人投放"有充值渠道可以低价充值游戏币"的广告，便联系对方，并在对方指导下添加支付宝账号、打开对方给的网址链接，进入名为"付品阁"的网站。

对方让小陈给该网站提供的银行账户充值，小陈觉得这个网站看上去挺靠谱的，里面的钱均可以提现，便充值了200元。对方称200元的商品已卖完，只有700元的商品了，于是小陈又充值了500元。此时，客服又说因小陈之前未完善身份信息，账户里的钱均被冻结，需要再充值3倍的金额才解冻，于是小陈又充值2 100元。如此反复多次，对方以多种理由让小陈交钱解冻账号，直到小陈醒悟过来。

【反诈提示】

广大玩家不要沉迷于网游，游戏充值、购买网游装备和道具要通过官方渠道，不要相信来历不明的交易链接或私下进行交易。

(10) 网络贷款诈骗

诈骗分子以无抵押、无担保、低利息为噱头，引诱受害人登录或下载虚假贷款网站或App，然后仿冒正规贷款平台流程，要求受害人填写相关个人信息，最后再以交纳手续费、保证金为由，骗取受害人转账汇款。

【诈骗案例】

2021年2月，X市李女士收到一条贷款信息，这对处于资金周转困难的她，仿佛雪中送炭般珍贵，于是迫不及待地下载、注册"分期乐"App申请贷款1万元。随后李女士查看贷款进度，却显示银行卡号输入错误导致放款失败，联系客服后，她按照对方要求又下载注册"如流"软件并添加"专员"。刚出龙潭又进虎穴，接下来，"专员"以改卡费、提现超时导致账户被冻结等各种理由，导致李女士损失27万余元后仍然未等到放款！最终，"专员"拒绝退还本金并以必须办理保险为由继续施骗引起李女士的警觉……

【反诈提示】

贷款请到银行等正规机构申办，切莫听信网上"低利息、无抵押、放款快"的贷款广告！凡是网络贷款需要先交钱的都是诈骗！

来源：https://baijiahao.baidu.com/s?id=17343024453434686798&wfr=spider&for=pc

第五节　Office 系列套件

一、内容概要

本节讲解 Microsoft Office 系列套件，包括：Word 中的文本编辑、版面设计、图文混排及高级应用——邮件合并，Excel 中的表格数据输入规则、内容编辑方法、公式应用、数据分析、图表制作，PowerPoint 中的幻灯片编辑、动画设计、放映设置等内容。

将课程教学与立德树人相结合，通过精心设置教学素材和案例，在学习相关理论知识、练习相关操作方法的同时，增强爱国情怀和文化自信。

二、教学活动 OKR 设计

目标(O)		关键成果(KR)
1) 了解 Office 的组件、熟悉 Word、Excel、PowerPoint 的窗口组成； 2) 掌握 Word 的文字输入、编辑方法、排版方法、图文混排及邮件合并功能； 3) 掌握 Excel 的数据输入规则、内容编辑方法、公式的应用、数据分析方法和图表制作； 4) 掌握 PowerPoint 的幻灯片编辑、动画设计、放映设置等； 5) 在使用相关素材进行 Word、Excel、PowerPoint 操作的同时，增强爱国主义意识和对中国传统文化的热爱和自信	课前	了解 Office 系列套件的组成，预习 Word、Excel、PowerPoint 的窗口组成、窗口元素的概念和操作方法
	课中	1) 边讲边练 Word 的文字输入和编辑方法、排版方法、图文混排及邮件合并功能； 2) 边讲边练 Excel 的数据输入规则、内容编辑方法、公式的应用、数据分析方法和图表制作； 3) 边讲边练 PowerPoint 的幻灯片编辑、交互式演示文稿制作、动画设计、放映设置等
	课后	布置 Word、Excel 和 PowerPoint 大作业，加强综合训练，提高 Office 软件的综合运用能力

三、教学实施

▶▶活动 1

教学内容	学生自主学习 Office 系列套件组成，认识 Word、Excel、PowerPoint 的窗口组成、窗口元素的概念和操作方法
教学目标	增强自主学习能力和探究学习能力
教学途径	翻转式教学法；教师提供相关资料，以学生自学为主，课上互动和答疑解惑

参考资料

学生自主阅读资料

Microsoft Office 2007 之后的版本，菜单和工具栏被功能区所取代，通过单击其中包含的选项卡访问命令。有了功能区，用户所需的命令和其他工具大部分可一一展现，更易于访问。整个功能区也可通过点击鼠标右键选择显示或隐藏。以 Word 2019 为例，其功能区组成如图 3-22 所示。

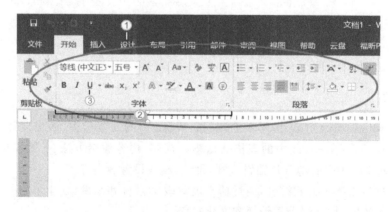

图 3-22　Word 2019 的功能区组成

功能区的相关概念如下。

① 选项卡:选项卡横跨功能区的顶端,每个选项卡表示在给定程序中可以执行的核心任务。

② 组:组是一组相关的命令,保持显示状态,随时可供访问,为用户提供非常直观的帮助。

③ 命令:命令是按组排列的,可以是按钮、菜单或用于输入信息的框,命令按照其使用方式进行组织。

Word 2019 中经常用到的核心命令不再与几乎不相关的命令位于同一个菜单或工具栏上,核心命令使用最为频繁,因而位于最显眼的位置。使用最频繁的命令始终显示在功能区中,而其他命令仅在用户需要时才显示,以响应执行的操作。例如,当插入图片时,"图片工具"将显示在 Word 的功能区中,在完成图片的相关操作后,该工具便退出当前功能区。

活动 2

教学内容	Word 的文字输入、编辑方法、排版方法、图文混排及邮件合并功能
教学目标	掌握 Word 的常用操作方法及高级功能,通过教学素材学习相关知识,培养对中国文化的热爱
教学途径	机房授课,讲练结合,任务驱动教学法

参考资料

利用古诗词排版案例,在练习 Word 功能和操作方法的同时,培养学生对中国传统文化的认同和热爱。示例如图 3-23 所示。

㉗ 诗 词 鉴 赏

guān shū yǒu gǎn
观 书 有 感

zhū xī
朱 熹 ①

bàn mǔ fāng táng yì jiàn kāi
半 亩 方 塘 一 鉴 开,

tiān guāng yún yǐng gòng pái huái
天 光 云 影 共 徘 徊。

wèn qú nǎ dé qīng rú xǔ
问 渠 哪 得 清 如 许,

wèi yǒu yuán tóu huó shuǐ lái
为 有 源 头 活 水 来。

【注释】
鉴:镜子。
渠:水,指方塘。
为:一作"谓",答词。

【诗词释义】
半亩方塘像一面镜子被打开,天光和云影一齐映入水塘,不停地晃动。
问那方塘的水怎么会这样清澈,因为有活水从源头不断流来。

① 朱熹(xī)(1130—1200年):中国南宋理学家。字元晦,号晦庵,别号紫阳。祖籍徽州婺源(今属江西)。

图 3-23 古诗词排版案例

说明:本案例练习字体、段落格式设置、简繁转换、为文字添加拼音和尾注等操作。

来源:https://wenku.baidu.com/view/79bfd4fb777f5acfa1c7aa00b52acfc788eb9f0e.html

▶▶活动 3

教学内容	Excel 的数据输入规则、内容编辑方法、公式的应用、数据分析方法和图表制作
教学目标	掌握 Excel 的基础知识和常用操作方法,通过教学素材学习相关知识,增强民族自信心
教学途径	机房授课,讲练结合,任务驱动教学法

参考资料

可从国家统计局网站选取诸如 GDP 总量、人均 GDP 统计数据,或者行业发展数据(如铁路、邮电事业数据等),在学习 Excel 使用方法的同时增强对国家发展、富强的信心和自豪感。

▶▶活动 4

教学内容	PowerPoint 的幻灯片编辑、交互式演示文稿制作、动画设计、幻灯片放映设置等
教学目标	掌握 PowerPoint 的基础知识和常用操作方法,通过教学案例学习相关知识的同时厚植爱国情怀
教学途径	机房授课,讲练结合,任务驱动教学法

参考资料

课件分享

以"魅力中国"(图 3-24)为主线,学习 PowerPoint 的使用方法。

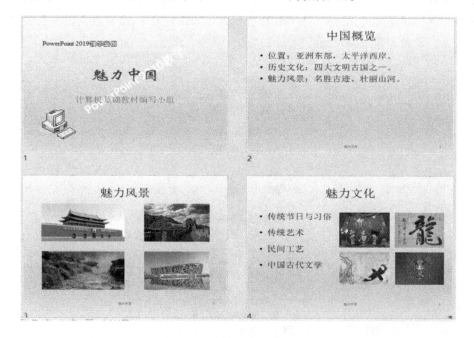

图 3-24 魅力中国 PPT 样例

▶▶活动 5

教学内容	Word、Excel、PowerPoint 大作业
教学目标	通过布置大作业形式的综合练习,提高对 Word、Excel 和 PowerPoint 的掌握程度和综合运用能力
教学途径	课后综合练习

参考资料

1) Word 大作业参考:通过布置编辑一本图书或者硕博论文排版的大作业,练习 Word 的常用功能,如字体设置、段落设置、图文混排、使用表格、目录和引用等。

2) Excel 大作业参考:给学生提供一张成绩单,练习条件格式、数据的排序、筛选、公式的使用、图表的生成等功能。

3) PowerPoint 大作业参考:通过布置积极向上的主题,如爱党、爱国、爱家乡或提高自我修养的主题,练习 PowerPoint 主要功能,如幻灯片的建立和删除、版式的修改、模板的使用、幻灯片的美化、交互式演示文稿的制作、动画的使用等。

第六节　信息检索

一、内容概要

"信息检索"属于图书情报学领域的科学实践课程,通过对信息检索基础知识的学习与信息检索技能的操作实践,旨在提升学生信息素养,适应信息社会要求,有效利用搜索引擎工具,充分发挥图书馆信息资源的作用,提升通过信息检索解决实际问题的能力,并将信息检索知识运用到日常学习和生活中,满足自身的信息需求,提高学习成效。

二、教学活动 OKR 设计

信息检索		
目标(O)		关键成果(KR)
1) 了解信息检索的概念和原理; 2) 掌握通过搜索引擎工具如百度搜索引擎进行信息检索的方法和技巧; 3) 掌握通过图书馆资源进行文献检索的方法和技巧; 4) 深刻认识学术道德基本要求,树立知识产权意识和正确的学术观念; 5) 通过设计恰当的信息检索示例,培养爱国主义思想,树立正确的价值观	课前	查询学术道德的相关要求,查阅学术不端案例
	课中	1) 讲解信息检索的概念和基本原理; 2) 以百度搜索引擎为例,讲解信息检索工具的使用方法; 3) 利用图书馆网上资源,讲解文献检索的一般方法; 4) 课堂讨论:学术道德问题
	课后	布置信息检索作业,熟练掌握通过搜索引擎工具检索信息和图书馆网络资源检索文献的一般方法

三、教学实施

>>> 活动 1

教学内容	讲解信息检索的概念、搜索引擎的原理、百度搜索引擎的使用技巧
教学目标	理解信息检索的重要意义,理解搜索引擎的工作原理,掌握搜索引擎的主要网站——百度搜索引擎的信息检索方法,通过相关检索内容,树立正确的"三观",增强爱国主义意识
教学途径	机房授课,讲练结合

参考资料

1) 计算机信息检索原理(图 3-25)

计算机信息检索是将检索提问标识与计算机系统中的存储文献的特征标识进行比较,并输出命中文献的过程,即字符串匹配和逻辑运算过程。

来源:刘湘萍《科技文献信息检索与利用》

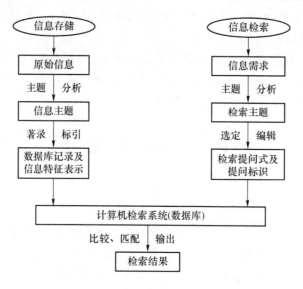

图 3-25 计算机信息检索原理

2) 搜索引擎的概念和工作原理

(1) 概念

所谓搜索引擎,就是根据用户需求与一定算法,运用特定策略从互联网检索出指定信息并反馈给用户的一门检索技术。搜索引擎依托于多种技术,如网络爬虫技术、检索排序技术、网页处理技术、大数据处理技术、自然语言处理技术等,为信息检索用户提供快速、高相关性的信息服务。搜索引擎技术的核心模块一般包括网络爬虫、索引、检索和排序等,同时可添加其他一系列辅助模块,从而为用户创造更好的网络使用环境。

来源:百度百科

(2) 工作原理(图 3-26)

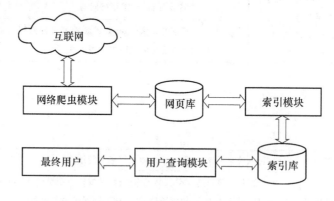

图 3-26 搜索引擎的工作原理

3) 搜索引擎案例

(1) 利用百度搜索引擎检索我国新冠疫情防控在某个时间段的数据变化、国内外疫情数据对比、防控现场的图片和视频资源等,并组织学生讨论,阐述中国人民在党中央的坚强领导下克服困难,遏制了新冠病毒在国内的蔓延,充分体现了中国特色社会主义制度的优越性。

(2) "神舟十二号"飞船于 2022 年 6 月 17 日发射升空,通过百度搜索引擎检索 3 名航天员分别是谁、7月4日中国空间站首次出舱的航天员是谁、说的第一句话是什么。通过本次检索练习,组织讨论"中华民族的飞天梦是如何实现的"。

来源:宁冬云."课程思政"融入文献检索课教学实践与探索.承德石油高等专科学校学报,2022,24(03):76-79+91.

活动2

教学内容	利用图书馆网上资源,讲解文献检索的方法
教学目标	了解图书馆网上资源类型,掌握利用图书馆网上资源进行文献检索的方法,通过相关文献检索案例练习培养爱国主义精神
教学途径	机房授课,讲练结合

参考资料

将课程教学与立德树人相结合的实现案例

(1) 将社会主义核心价值观教育、政治理论学习融入检索技能训练中
课题1:对社会主义核心价值观每项内容的内涵解读。
课题2:培育和践行社会主义核心价值观的具体途径。
课题3:中华优秀传统文化涵养的社会主义核心价值观。
课题4:与社会主义核心价值观相关的成果及完成单位。
(2) 将关爱自身的心理教育融入检索技能训练中
课题1:"心理学的情绪ABC理论"的内涵及应用案例。
课题2:"如何才能倾听自己的声音?"的内涵及应用案例。
(3) 将学习态度等非智力因素教育融入检索技能训练中
课题1:"学习金字塔理论"的内涵及意义。
课题2:"1万小时理论"的现实案例。
(4) 将积极乐观的情感态度教育融入检索技能训练中
课题1:"波丽安娜效应"课题。
课题2:"期望定律"课题。
(5) 将解决学生切身问题的教育融入信息问题解决训练中
课题:利用Big 6信息问题解决模式来完成"就业分析决策""考研相关分析与决策""英语四、六级考试通过策略""公务员考试分析"等训练任务。
(6) 将遵守网络行为规范及法规教育融入信息安全及合法传播内容中
课题1:"信息的可靠性鉴别及网络行为规范"。
课题2:《中华人民共和国网络安全法》。

来源:方磊,杨建强.文献检索课程思政教学研究.科教文汇,2022(05):107-110.

活动3

教学内容	学术规范的内容,学术剽窃的概念和类型
教学目标	树立正确的学术观念,培养良好的学术道德
教学途径	案例教学,课堂讨论

参考资料

1) 学术规范和学术道德的概念
学术规范的概念:学术规范是指学术共同体内形成的进行学术活动的基本规范,或者根据

学术发展规律制定的有关学术活动的基本准则,它涉及学术研究的全过程,学术活动的各方面,包括学术研究规范、学术评审规范、学术批评规范、学术管理规范。也有学者对学术规范做出了横向概括,认为包括它两方面的含义:一是学术研究中的具体规则,如文献的合理使用规则、引证标注规则、立论阐述的逻辑规则等;二是高层次的规范,如学术制度规范、学风规范等。学术规范主要表现在以下3个层面:内容层面的规范、价值层面的规范、技术操作层面的规范。

学术道德的概念:学术道德是指学术研究时遵守的准则和规范。遵守学术道德,要有诚信。考试作弊、抄袭作业无疑都属于诚信缺失的行为,而论文写作中的剽窃可以归入更低门槛的道德范畴。学术道德是治学的起码要求,是学者的学术良心,其实施和维系主要依靠学者的良心及学术共同体内的道德舆论,它具有自律和示范的特性。

来源:百度百科

2)学术不端行为的典型案例

(1)造假

案例1——某大学学术不端事件

2022年5月30日,某大学收到有关计算机科学与技术学院本科生雷某某、卢某某涉嫌学术不端问题的反映,学校高度重视,立即成立调查组开展核查工作。经查,雷某某、卢某某两名学生在做毕业设计过程中通过网络平台购买代码,并利用购买的代码完成论文的部分实验结果。经学院学术委员会认定、学校学风建设委员会确认,雷某某、卢某某存在学术不端行为。依据相关规定,学校研究决定给予雷某某、卢某某两名学生留校察看一年的处分,其间不得申请学位;取消卢某某的研究生推免资格。

案例2——两所大学两名硕士论文雷同事件

2020年7月8日,一起疑似论文抄袭的事件被曝:某大学软件学院软件工程专业硕士毕业生刘某某的硕士学位论文,与同年毕业的另一所大学信息学院软件工程专业学生林某的硕士学位论文在标题、摘要、关键词、正文的结构、内容及图、表等方面雷同或高度相似,多个段落一字不差,论文中的致谢、参考文献部分也十分相似。两所大学分别发出调查处理通报。通报称,涉事两名学生存在由他人代写、买卖论文的学术造假行为,均撤销其所获硕士学位,收回、注销硕士学位证书。

(2)抄袭

案例3——某大学硕士学位论文抄袭被撤销学位

2021年11月3日,针对引发热议的湖南某大学2016届软件工程硕士毕业生陈某学位论文涉嫌全文抄袭北京某大学2016级研究生赵某某硕士论文事件,该大学公布了核查结果。经查,陈某的硕士学位论文构成学术不端,依据相关规定,已撤销陈某的硕士学位,取消其导师的研究生指导教师资格。

案例4——某学院博士学位论文抄袭被撤销学位

2020年11月6日,南京某学院通报郭某某论文抄袭事件的调查结果。经查,认定郭某某的博士学位论文和其期刊论文存在多处抄袭、剽窃,情节严重。根据相关规定以及学位评定委员会审议表决,决定撤销其博士学位,注销其博士学位证书。

来源:https://www.htu.edu.cn/yjsxy/2022/0602/c13898a245620/page.htm

本章参考文献

[1] 贾开.网络强国建设要重视核心信息技术的战略突破[N].21世纪经济报道,2017-10-23(005).

[2] 安达,李梦男,许守任,等.中国工程科技信息与电子领域2035技术预见研究[J].中国工程科学,2017,19(01):50-56.

[3] 刘海丽.信息技术发展之我见[J].新课程(下),2012,246(10):183.

[4] 华为被"断供"[J].青岛画报,2019(6):5.

[5] 鸿蒙:打破安卓垄断 所有权归属国家[J].中国军转民,2021,265(12):6.

[6] 李安磊,周倩.社会规则意识养成问题研究[J].中共石家庄市委党校学报,2019,21(08):45-48.

[7] 棱镜门事件是什么怎么回事？斯诺登公布了哪些秘密[EB/OL].(2021-01-17)[2022-10-11].https://4738k.com/a/yule/bagua/9820.html.

[8] 十大典型案例提醒谨防电信网络诈骗[EB/OL].(2022-05-31)[2022-10-11].https://baijiahao.baidu.com/s?id=1734302445343468679&wfr=spider&for=pc.

[9] 刘湘萍.科技文献信息检索与利用[M].北京:冶金工业出版社,2014.

[10] 宁冬云."课程思政"融入文献检索课教学实践与探索[J].承德石油高等专科学校学报,2022,24(03):76-79+91.

[11] 方磊,杨建强.文献检索课程思政教学研究[J].科教文汇,2022(05):107-110.

[12] 学术不端行为典型案例警示[EB/OL].(2022-06-02)[2022-10-11].https://www.htu.edu.cn/yjsxy/2022/0602/c13898a245620/page.htm.

第四章 "预科大学物理"课程教学活动设计

【课程目标】

预科物理课程坚持立德树人,引导学生树立远大志向,为报效祖国、建设家乡而奋发学习;根据国内外预科物理先进教学理念,以学生的学习和发展为中心组织预科物理教学;将信息技术深度融合到教学之中,采用各种教学方法和手段,调动学生自主学习、探究学习的积极性;使学生掌握物理的基本学习方法,综合提高预科生的理工科学素养,为预科生顺利进行本科的专业学习打下牢固基础,最终成长为高层次的少数民族建设人才。

课程目标1:知识衔接与方法引导

预备大学物理基本内容,使学生掌握大学物理力学和电磁学的核心概念,理解其内涵,深刻理解核心定理、定律的内涵、适用范围及其典型应用,理解基本物理模型。为学生本科阶段的大学物理学习夯实基础,注意高中物理与大学物理的衔接,在物理知识、基本方法储备上实现到大学物理的过渡,并掌握大学物理的基础知识和思维方法。

课程目标2:能力培养与提升

物理思维方面:数理融合,理工融合,提高抽象思维能力、逻辑推理能力,掌握解决物理问题的基本思想和基本方法,掌握理想模型法、微元法、类比法、理想实验法等物理研究方法,使学生能够利用所学基本物理原理分析、解决复杂问题。

数学技能方面:学会用数学符号与语言表述物理问题;能熟练将数学中的矢量和微积分工具与物理知识有机结合,掌握其在物理中的应用;帮助学生从高中物理的定性分析、标量处理、特殊简单例子、初等数学应用,过渡到大学物理的定量分析、矢量处理、普遍例子、高等数学应用。

学习能力方面:通过预习、复习、记笔记等的过程性评价进行引导,培养学生热爱学习的精神、良好的学习习惯和自我管理能力;通过学习心理、学习策略、学习方法的引导,使预科生习得物理的基本学习方法,克服畏难情绪,增强其学习物理的效能感;提升信息素养。

课程目标3:价值引导与塑造

爱国情怀方面:通过我国科技发展历史、前沿介绍和国家建设介绍,培养学生的爱国情怀、国家认同,树立远大理想;鼓励学生刻苦学习,勇攀科学高峰,为国家和人民作出贡献。

世界观方面:通过讲解学习物理的原理、定律,培养学生实事求是的科学态度和辩证唯物主义的世界观,培养正确的人生观、价值观。

科学创新精神方面:在教与学的过程中,引导学生了解科学家的物理发现过程,激发学生探索科学的勇气,培养严谨务实、勇于探索的科学精神。

合作精神方面:开展小组学习,鼓励学生交流讨论,提升沟通和合作意识。

【课程使用教材】

《大学物理预科教程》,张茹,刘志鹏主编,北京邮电大学出版社,2022.

第一节 绪论：关于物理学习

一、内容概要

本节介绍物理学习的重要性、预科阶段物理学习方法和部分数学基础。

二、教学活动 OKR 设计

绪论：关于物理学习		
目标(O)	关键成果(KR)	
1) 启发思考学习物理的重要性，初步了解如何学习大学物理； 2) 激发爱国情怀，树立热爱科学、掌握科学技术以服务国家和人民的志向； 3) 提升数学矢量计算技能	课前	查阅资料，了解物理对人类科技发展的贡献
	课中	头脑风暴，观点分享： 1) 预科阶段为什么要学习物理？中学物理与大学物理有哪些不同？怎样学习大学物理？ 2) 矢量知识复习与巩固
	课后	作业布置：建立本学期物理学习目标；制定目标实现的行动计划，学会做学业规划

三、教学实施

▶▶活动1

教学内容	了解物理对人类科技发展的贡献
教学目标	深入思考学习大学物理的重要性；激发爱国情怀、学好科学技术服务国家和人民
教学途径	课前查阅资料，自主学习

参考资料

推荐书目

(1) 倪光炯,王炎森,钱景华,方小敏《改变世界的物理学》

(2) 盛正卯,叶高翔《物理学与人类文明》

▶▶活动2

教学内容	为什么要学习物理？中学物理与大学物理有哪些不同？怎样学习大学物理
教学目标	启迪思考学习物理的方法，培养学习能力
教学途径	课堂话题讨论，头脑风暴

参考资料

1) 文献分享

曹海霞.浅谈大学物理与中学物理教学的有效衔接.物理教师,2021,42(10):25-29.

2) 课件分享：为什么要学习物理学（图4-1）、预科阶段开设物理课程的意义（图4-2）、中学物理与大学物理的不同（图4-3）、怎样学习大学物理（图4-4）。

为什么要学习物理学

物理学是一门最基本的科学;是最古老、但发展最快的科学;它提供最多、最基本的科学研究手段。

- 物理学是自然科学许多领域的基础。
- 物理学是工程技术的基础,是技术进步的先导。
- 物理学是理工科院校学生必修的基础课。

物理学的研究对象具有极大的普遍性,它的基本理论和基本方法渗透在自然科学的一切领域中。

(a)

为什么要学习物理学——创新的需要

- 学科交叉是现代科学技术的主要特征,物理学、化学、信息学与生物、医学是相通的,它们之间是相互支持、相互依赖、相互促进的。
- 就拿生物医学检测而言,需要依靠物理学(如光学、激光、磁学、声学、电学、力学等有关学科及技术)、化学及信息学等来实现。

(b)

图 4-1 为什么要学习物理学

预科阶段开设物理课程的意义

从高中物理直接到大学物理,跨越的难度太大:
◆ 概念、定理更趋于抽象化、理论化;
◆ 新概念、新定理、新公式比较多;
◆ 数学应用难度增大。

预科物理就是要帮助学生搭建一个过渡阶梯。

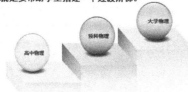

中学物理与大学物理的不同

区别	中学物理	大学物理
研究对象	简单	复杂
	特例	普遍
	恒定	变化
数学应用	平面(二维)	立体空间(三维)
	常量	变量(函数思想)
	标量	矢量(矢量思想)
	初等数学	高等数学(微分、积分)

有挑战才更有趣!同学们要有心理准备!

图 4-2 预科阶段开设物理课程的意义　　　　图 4-3 中学物理与大学物理的不同

怎么学习大学物理

- 概念的学习:注意概念的内涵;注意概念的抽象、概括性及语言表述的严谨性;为什么要引入这个概念;它解决哪类问题,跟其他概念之间是什么关系。
- 定理的学习:适用的条件、范围;定理的内涵;定理的数学表达,即公式;跟其他定理之间的逻辑关系。
- 思维、方法的学习:深入体会物理的思想、方法;如何利用数学工具进行物理研究—数学模型的应用、数学表达。

(a)

怎样学习大学物理

"物"——物质世界　　} 知识、方法、科学观念
"理"——普遍规律

学习物理知识要注意整体性、发展性和迁移性。

整体性	形成物质世界的整体物理图象 注意掌握知识的结构和联系
发展性	不断从新的角度审视和理解物理概念和规律,关注其内涵的丰富、应用的扩展、相互关系的变化。
迁移性	注意提高应用物理知识理解、解决实际问题的能力。

(b)

图 4-4 怎样学习大学物理

3) 物理学与其他学科的交叉——以生命科学为例

物理科学和生命科学的相互作用由来已久,历史上几乎同时诞生了电学与电生理学。生物学为物理学启示了能量守恒定律,而物理学在推动近代生命科学发展中的贡献主要在两个方面:一是为生命科学的研究提供了从显微镜、X射线、示踪原子、电子和中子衍射,到核磁共

振、同步辐射和扫描隧道显微镜等各种现代化的实验手段;二是为生命科学提供了重要的理论概念、原理和方法,特别是基础生物科学的挑战激励了理论物理的新应用,物理学已经进展到开始能够在分子水平和多体组织水平两个层次上对付基本生物科学所特有的高度复杂性了。

理论物理学家对生命科学的极大兴趣和广泛介入,使人们有理由相信,这两门科学在新的基础上的进一步结合,必将为这两门科学乃至整个自然科学的发展,带来前所未有的崭新局面。在20世纪,凝聚态物理学依托于材料科学取得了巨大的进展,有人预言,在21世纪,活物质和生命现象将成为物理学的重要研究对象,物理学将以生命科学为新的依托,从基本原理出发广泛的探讨生命系统的复杂性,这将是使物理学本身得到进一步发展的新的机遇。

来源:陆果,陈凯旋《基础物理学教程-教学参考书》第4章

活动 3

教学内容	矢量知识复习与巩固
教学目标	培养大学物理中的矢量思维,提升计算能力
教学途径	课堂讲解,分享视频学习资源

参考资料

MOOC 视频:矢量及其基本计算(图 4-5)

图 4-5　MOOC 视频:矢量及其基本计算

来源:中国大学 MOOC,西北工业大学,大学物理(上) 第零章

活动 4

教学内容	引导学业规划,确立本学期物理学习目标、实现计划
教学目标	制定学习规划,提升学习能力
教学途径	基于云平台,布置课外作业,启发学业规划

参考资料

怎样学习物理学?

物理学是一门关于自然规律的科学。它是由许多概念和原理组成的,要学好物理就要首先注意理解和掌握有关概念和原理。这在一般情况下就是要掌握各个概念和原理是为什么提出的,它们各自的定义和含义是什么,它们各自的适用范围或条件如何,它们又分别和哪些概念和原理有联系,等等。

物理学的概念和原理很多,但它们并不是随意堆积起来的。有一些概念原理是基本的,另

一些则是由这些基本概念衍生或推导出来的。学习物理不能只记住单个的概念或原理,而是要分清主次,理解和掌握基本的和导出的概念或原理之间的关系,并且要学会如何推导一些重要的概念和原理。

来源:张三慧《大学物理学(第三版)学习辅导与习题解答》

第二节 质点运动学

一、内容概要

本节学习描述质点运动及运动变化的四个物理量——位置矢量、位移、速度、加速度,介绍这些物理量的矢量性、瞬时性和相对性;讲解运动方程的物理意义及作用,以及如何处理两类问题——运用运动方程确定质点的位置、位移、速度和加速度以及已知质点运动的加速度和初始条件求速度、运动方程;讲解质点做圆周运动时的角速度、角加速度、切向加速度和法向加速度,质点在平面内运动时的速度和加速度。

二、教学活动 OKR 设计

质点运动学		
目标(O)		关键成果(KR)
1)掌握质点运动的描述方法; 2)掌握理想模型的物理思维方法,掌握定积分和矢量的在物理中的应用,培养计算能力; 3)激发爱国情怀,树立科技报国志向	课前	学生查阅资料,了解定积分的发展历史;初步预习定积分的定义、简单计算
	课中	课堂讲解,课堂讨论,课堂练习: 1)描述质点运动及运动变化的四个物理量——位置矢量、位移、速度、加速度; 2)质点运动学两类问题; 3)圆周运动的角量和线量描述; 4)相对运动的速度变换和加速度变换
	课后	做本章思维导图,引导学生学会学习

三、教学实施

▶▶ 活动 1

教学内容	分享定积分视频;定积分的定义、简单计算
教学目标	理解定积分定义,掌握定积分简单计算,提升物理学习所需的数学思维,培养自主学习意识
教学途径	通过班级微信群、云平台分享学习资源,课前自主观看学习

参考资料

MOOC 视频:微积分思想在物理问题中的应用(图 4-6)

图 4-6　MOOC 视频：微积分思想在物理问题中的应用

来源：中国大学 MOOC，西北工业大学，大学物理（上）第零章

>>> **活动 2**

教学内容	质点运动的描述——参考系、位置矢量、位移、速度、加速度
教学目标	掌握三维坐标系下质点运动的一般描述；了解理想模型法，掌握其物理思维方法，提升物理思考和数学应用能力
教学途径	课件分享，课堂讲解与练习

参考资料

1）理想模型法

物理学所分析、研究的实际问题往往很复杂，为了便于着手分析与研究，物理学中常采用"简化"的方法对实际问题进行科学抽象的处理，用一种能反映原物本质特性的理想物质（过程）或假想结构描述实际的事物（过程）。这种理想物质（过程）或假想结构被称为"物理模型"。物理模型方法是物理学家研究自然界的最基本方法，对于培养分析问题和解决问题的能力是十分有效的。

2）课件分享：质点运动的描述——速度和加速度（图 4-7）

图 4-7　质点运动的描述——速度和加速度

3）物理思想：从"平均"到"即时"的极限思想

为了构建经典力学的理论体系，牛顿(1643—1727)提出了他发明的"流数"方法，这就是后来的微积分。学习大学物理运动学使用的主要数学工具就是微积分。正是由于使用了微积分的数学工具，大学物理在数学思想上和物理学思想上都比中学物理深刻得多。

从物理上看，在空间上中学物理讨论的运动只涉及质点在空间路程上的平均改变，而经典力学则把对运动变化的描述上升为即时或即地意义上逐点的变化;在时间上中学物理只讨论不同时段内的时间平均值,而经典力学则把对运动的描述上升为与时段无关的即时变化;这种逐点和即时的变化的实质就是时空的连续变化。但是逐点的即时速度和即时加速度是无法通过实验进行测量的,它只是作为平均速度、平均加速度的极限而被牛顿作为假定提出来的。牛顿为什么需要这些假定?

作为表征物体运动快慢物理量的平均速度成了与实验测量条件有联系的"因人而异"的一个物理量。为了建立对质点运动状态的一种普遍性的本质描述,以使这样的描述完全不依赖于实验的测量,牛顿突破了测量时对位移大小和时间间隔的选择以及测量的下限,提出了这样的假定:当物体经过的位移大小和时间间隔变得无限小时,它们两者的比值就趋近于一个极限,这个极限就是物体的即时速度。

来源:朱铉雄《物理学思想概论》

4) 京沪高铁 10 年:已成为世界运营时速最快的高速铁路

2017 年 9 月 21 日,复兴号动车组(图 4-8)在京沪高铁率先实现时速 350 公里运行。

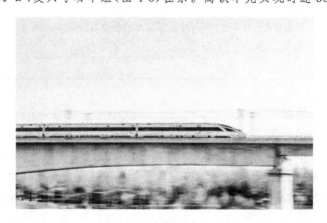

图 4-8 复兴号动车组

活动 3

教学内容	已知运动学方程确定质点的位置、位移、速度和加速度;已知质点运动的加速度和初始条件求速度、运动方程
教学目标	提升质点运动问题解决能力和微积分数学计算能力
教学途径	课堂讲解和练习

参考资料

1) 北斗卫星导航系统

北斗卫星导航系统(以下简称北斗系统)是中国着眼于国家安全和经济社会发展需要,自主建设运行的全球卫星导航系统。

当前,北斗系统在轨运行服务卫星共 45 颗,包括 15 颗北斗二号卫星和 30 颗北斗三号卫星,联合为用户提供 7 种服务。具体包括:面向全球,提供定位导航授时、全球短报文通信和国际搜救 3 种服务;面向亚太地区,提供星基增强、地基增强、精密单点定位和区域短报文通信 4 种服务。

北斗系统由空间段、地面段和用户段三部分组成。空间段:北斗系统空间段由若干地球静止轨道卫星、倾斜地球同步轨道卫星和中圆地球轨道卫星等组成。地面段:北斗系统地面段包括主控站、时间同步/注入站和监测站等若干地面站,以及星间链路运行管理设施。用户段:北斗系统用户段包括北斗兼容其他卫星导航系统的芯片、模块、天线等基础产品,以及终端产品、应用系统与应用服务等。

来源:www.beidou.gov.cn

2) 课件分享:两类问题的解题思路(图 4-9),矢量函数的积分(图 4-10)

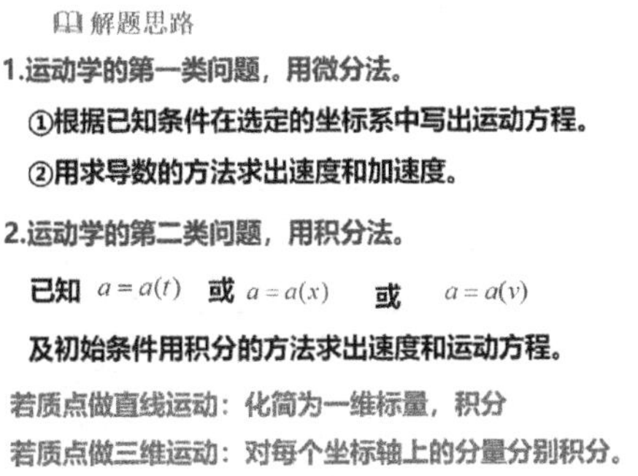

解题思路

1. 运动学的第一类问题,用微分法。
   ① 根据已知条件在选定的坐标系中写出运动方程。
   ② 用求导数的方法求出速度和加速度。

2. 运动学的第二类问题,用积分法。
   已知 $a=a(t)$ 或 $a=a(x)$ 或 $a=a(v)$
   及初始条件用积分的方法求出速度和运动方程。
   若质点做直线运动:化简为一维标量,积分
   若质点做三维运动:对每个坐标轴上的分量分别积分。

矢量函数的积分

如果矢量函数 $A(t)$ 随时间变化,则它对时间的积分:

$$\vec{B} = \int \vec{A}(t)\,\mathrm{d}t$$
$$= \left(\int A_x\,\mathrm{d}t\right)\vec{i} + \left(\int A_y\,\mathrm{d}t\right)\vec{j} + \left(\int A_z\,\mathrm{d}t\right)\vec{k}$$
$$= B_x\vec{i} + B_y\vec{j} + B_z\vec{k}$$

求矢量函数的积分实际上也是求它各个分量的积分。

图 4-9　两类问题的解题思路 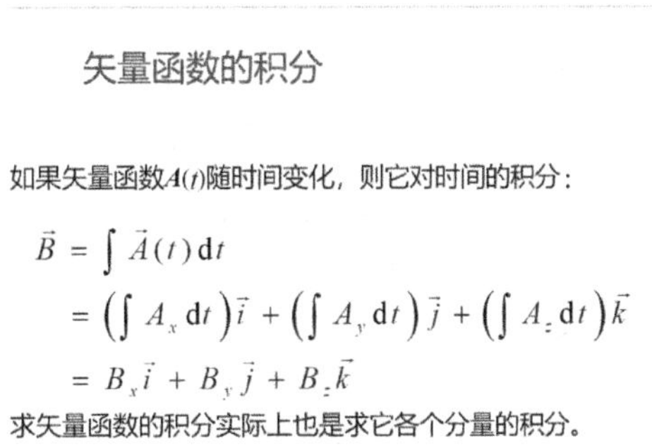　　　图 4-10　矢量函数的积分

活动 4

教学内容	圆周运动的角量描述与线量描述
教学目标	掌握圆周运动的切向加速度和法向加速度;掌握圆周运动角量描述;掌握曲线运动的自然坐标表示法;提升物理思维和数学计算能力
教学途径	课堂讲解,课堂练习

参考资料

1) 计算地球自转的角速度

地球自转的角速度为 7.292×10^{-5} rad/s。

来源:张三慧《大学物理学:力学、电磁学》第 1 章

2) 角加速度

角加速度也是一个矢量,它的大小由 $\dfrac{\mathrm{d}\theta}{\mathrm{d}t}$ 确定,它的方向沿转动的轴线,指向用右手螺旋法则判定:右手握住轴线,并让四指旋向转动方向,这时拇指沿轴线的指向即角速度的方向。

来源:张三慧《大学物理学:力学、电磁学》第 1 章

活动 5

教学内容	相对运动的速度变换和加速度变换
教学目标	理解伽利略速度变换式和加速度变换式,并用于求解简单的质点相对运动问题
教学途径	课堂讲解,课堂讨论,课堂练习

参考资料

相 对 运 动

缓慢爬行的蚂蚁,若其行走于迅速转动的磨(或碾)边上,"或蚁顺磨转而动,或蚁逆磨转而动",如何确定蚂蚁的速度,视觉结果是什么形状? 这是汉代王充《论衡·说日篇》和《晋书·天文志》中曾经讨论的问题。古人设日、月为天空中的蚁,而设天球为磨,日月右行,天球左行。坐标取在哪,就会得出"天左旋"还是"天右旋"的古人旷日持久之争。《晋书·天文志》的结论

是:天旁转如推磨而左行,日月右行,随天左转。故日月实东行,而天牵之以西没。譬之蚁行磨石之上,磨左旋而蚁右去,磨疾而蚁迟,故不得不随磨以左回焉。

以相对运动的观点并不能绝对地确定做相对运动的二物哪一个在动,哪一个静止。唐代《敦煌曲子·浪淘沙》中曾就船只与远山之运动关系写道:看山恰似走来迎。仔细看山山不动,是船行。

来源:戴念祖《中国古代物理学》

▶ 活动 6

教学内容	做本章思维导图
教学目标	梳理本章基本内容,系统化巩固;掌握制作思维导图技巧,学会自主学习
教学途径	课件分享,作业布置

参考资料
推荐书目
宋莹《思维导图从入门到精通》。

第三节 牛顿运动定律

一、内容概要

上一节讨论了如何描述一个质点的运动,本节接着讨论质点为什么做这样、那样的运动。本节主要帮助学生巩固力的基本概念、常见的几种力,加深对牛顿三大定律的理解,巩固受力分析、力的合成与分解知识、技能;着重介绍牛顿第二定律的微分形式及应用,介绍惯性系、非惯性系和量纲。

二、教学活动 OKR 设计

牛顿运动定律		
目标(O)		关键成果(KR)
1) 巩固力的基本知识,加深对牛顿运动定律的理解; 2) 提升解决物理问题的能力,掌握受力分析的基本技能和微积分应用以解决简单变力问题; 3) 培养科学精神,建立科学的世界观,培养自主学习意识、爱国情怀	课前	要求学生自学力的基本知识,并完成线上测验
	课中	教师讲授,课堂练习: 1) 如何进行受力分析; 2) 牛顿运动定律的内容,牛顿第二定律的应用; 3) 什么是惯性系和非惯性系
	课后	查阅资料,了解牛顿的事迹、科学贡献和伟大影响;了解牛顿时空观的局限性

三、教学实施

▶ 活动 1

教学内容	要求学生自学力的基本知识,并完成线上测验
教学目标	复习力的基本知识,巩固力的合成与分解,树立自主学习意识
教学途径	课前自学学习资料,完成线上诊断型测试,自主学习

参考资料

1) 力的图示与力的示意图

用一根带箭头的线段把力的大小、方向和作用点表示出来,这种表示力的方法叫**力的图示**。在画图分析物体受力情况时,有时并不需要精确画出力的大小,只要把力的方向画正确,并大概画出力的大小,这样的受力图称为**力的示意图**。

力的图示和力的示意图都是用图的形式来表示力的。一般来说,力的图示要求严格按力的三要素作图,而力的示意图只要求表示出力的方向和作用点,对力的大小不作严格要求。实际应用中,力的合成与分解常需利用力的图示,而对物体进行受力分析时,只需画出简洁的物体受力示意图。

2)《墨经》中的力学知识

《墨经》是先秦墨家的代表作。在中国传统文化上,它是一本罕见的奇书、异书。全书内容以逻辑学居多,自然科学次之。自然科学中以物理学、几何学居多。物理学中尤重力学、光学。《墨经》力学涉及杠杆、滑轮、斜面、平衡、力、合力、应力、材料、浮体、转动、自由落体、时空运动 12 种物理现象的定义或解释。

对"力"作定义:"力,刑(形)之所以奋也。""力,重之谓下。举重,奋也。"

"刑"即今谓有形体。"奋"原指鸟展翅从田野飞起,墨家借此形容有形体的状态改变。一个物体的状态发生变化是要用力的,故谓"力,形之所以奋也"。例如,重物往下降落,欲将重物举起,则需"奋",即要用力。

来源:戴念祖《中国古代物理学》

> **活动 2**

教学内容	如何进行受力分析
教学目标	熟练掌握用隔离法和整体法进行受力分析,提升分析问题的物理思维
教学途径	举例讲解,启发提问,课堂练习

参考资料

课件分享:分析物体受力的一般步骤(图 4-11)

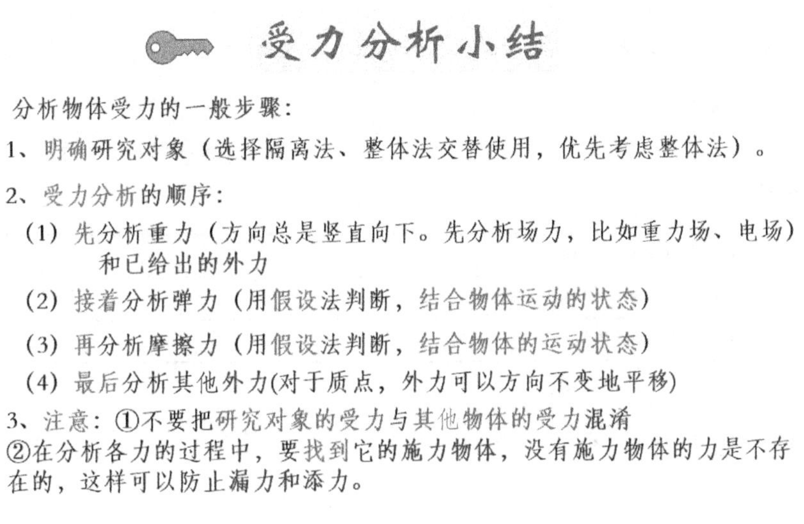

🔑 受力分析小结

分析物体受力的一般步骤:

1、明确研究对象(选择隔离法、整体法交替使用,优先考虑整体法)。

2、受力分析的顺序:
   (1) 先分析重力(方向总是竖直向下。先分析场力,比如重力场、电场)和已给出的外力
   (2) 接着分析弹力(用假设法判断,结合物体运动的状态)
   (3) 再分析摩擦力(用假设法判断,结合物体的运动状态)
   (4) 最后分析其他外力(对于质点,外力可以方向不变地平移)

3、注意:①不要把研究对象的受力与其他物体的受力混淆
②在分析各力的过程中,要找到它的施力物体,没有施力物体的力是不存在的,这样可以防止漏力和添力。

图 4-11 分析物体受力的一般步骤

活动 3

教学内容	牛顿运动定律的内容、牛顿第二定律的应用
教学目标	理解牛顿运动的适用条件；熟练掌握应用牛顿运动定律解决问题的基本步骤；能够用牛顿第二定律微分形式解决变力作用下的简单动力学问题；提升分析问题、解决问题的逻辑思维和计算能力
教学途径	举例讲解，启发提问，课堂练习

参考资料

1) 课件分享：应用牛顿运动定律求解质点动力学问题的一般步骤（图 4-12）、质点动力学的两类问题（图 4-13）

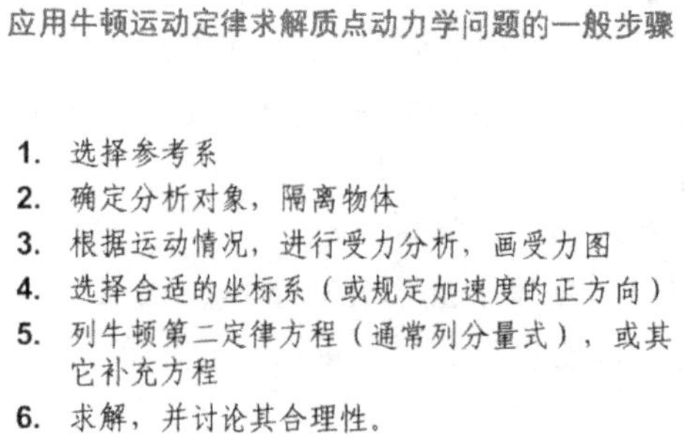

应用牛顿运动定律求解质点动力学问题的一般步骤

1. 选择参考系
2. 确定分析对象，隔离物体
3. 根据运动情况，进行受力分析，画受力图
4. 选择合适的坐标系（或规定加速度的正方向）
5. 列牛顿第二定律方程（通常列分量式），或其它补充方程
6. 求解，并讨论其合理性。

图 4-12 应用牛顿运动定律求解质点动力学问题的一般步骤

质点动力学的两类问题

- 两类问题
  (1) 已知质点的运动方程，或任一时刻的速度或加速度，求质点所受的力；——微分法
  (2) 已知质点受到的力，求质点的运动方程等，包括任意时刻质点的位置、速度或加速度。——积分法
- 应用牛顿第二定律时应注意 $(F = ma = m\dfrac{dv}{dt} = m\dfrac{d^2r}{dt^2})$
  (1) 这是一个瞬时关系式，即等式两边的各物理量都是同一时刻的物理量；
  (2) F 是作用在质点上作用力的矢量和；
  (3) 在一般情况下力 F 是一个变力；
  (4) 实际应用时常采用其分量式。

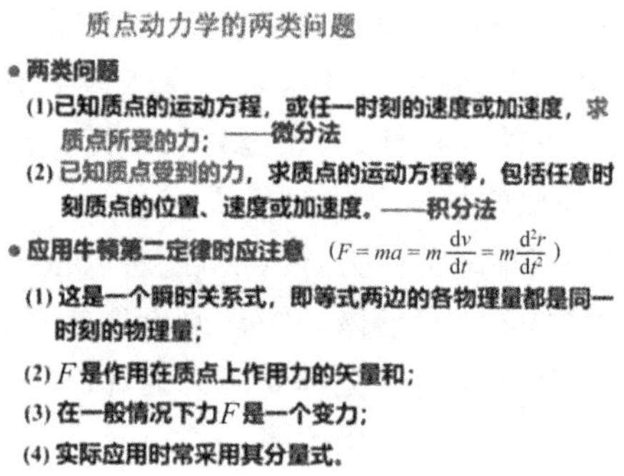

图 4-13 质点动力学的两类问题

2) 牛顿三大定律的理解

三条牛顿运动定律之间存在着密切的联系。牛顿第一定律和牛顿第二定律分别从定性和定量的角度说明物体机械运动状态的变化与受到力的作用之间的关系。牛顿第三定律说明引起物体机械运动状态变化的物体间的作用力具有相互作用的性质，并指明相互作用力之间的定量关系。牛顿第二定律侧重说明一个特定的物体。牛顿第三定律侧重说明物体之间相互联系和相互制约的关系。

来源：刘扬正，张伟强《物理学及其工程应用》（上册）

活动 4

教学内容	什么是惯性系和非惯性系
教学目标	理解惯性系和非惯性系的概念
教学途径	课件呈现，课堂讲解

参考资料

课件分享：惯性系（图 4-14）

◆ 惯性系:

● 一个参考系是不是惯性系,要依赖观测和实验的结果来判断。

● 相对于惯性系作匀速直线运动的参考系都是惯性系,作变速运动的参考系为非惯性系。

◆ 几种实用的惯性系

● 太阳参考系是一个实验精度相当高的惯性系。

● 地心参考系也是一个实验精度很高的惯性系。

● 地面参考系是一个近似程度很高的惯性系。

图 4-14　惯性系

活动 5

教学内容	查阅资料,了解牛顿的事迹、科学贡献和伟大影响;了解牛顿时空观的局限性
教学目标	科学认识牛顿经典力学下的绝对时空观,培养质疑创新意识
教学途径	查阅资料,分享视频

参考资料

1) 重新认识牛顿(图 4-15)

图 4-15　重新认识牛顿

为什么是牛顿发现了万有引力？17 世纪固然是天才辈出的世纪,但是为什么唯有牛顿能作出这样的成就？

第一,这是一个伟大的时代。牛顿是站在巨人的肩膀上前行的,从哥白尼、开普勒、伽利略、玻意耳到笛卡儿,都是牛顿的先驱。第二,牛顿有独特的天分,拥有超凡的数学能力和实验能力。他的天分正好揭示了近代科学的两个秘密,就是数学加实验。牛顿也是人类历史上的超级数学天才之一,进入前五名应该没问题。没有数学就不能严格证明,胡克虽然直觉很强,但是他最多发现到平方反比力这个公式,而无法推导出一套体系来。

来源:"人文清华"云讲坛,吴国盛《瘟疫之年:重新认识牛顿》

2) 机械宇宙观和牛顿物理学的局限性

一部机器,特别是一部像钟表这样精巧协调的机器,是对牛顿世界观的一个极好的模拟。一旦主人启动了它们,钟表就会按照它们自己的工作原理走下去。物理学奠基人把宇宙设想成与时钟的机制类似的机器,其工作原理是自然法则,其零件是原子。由于它的机械般的性质,我们称这种观点为机械宇宙观。

事实上,牛顿物理学的一个主要的推论就是每个物理系统是完全可以预测的,就像一只完美的钟。

1888年前后,开始有不可能与牛顿物理学调和的实验结果出现。牛顿物理学在4种极端情况下,即速率很高时、引力很强时、距离很大时以及距离很小时,给出的预言不正确。在20世纪的最初20年中,物理学家创立了3个新理论,以说明这些分歧。这3个新理论是狭义相对论、广义相对论和量子物理学。至少到现在为止,科学家尚未发现违背任何一个新理论的情况。

来源:Art Hobson《物理学的概念和文化素养》

3) 纪录片:《艾萨克·牛顿:最后的魔术师》(图4-16)

图4-16 《艾萨克·牛顿:最后的魔术师》

来源:CCTV 9

第四节 动量守恒与角动量守恒

一、内容概要

本节将在牛顿第二定律的基础上,介绍质点和质点系的动量定理以及动量守恒定律。为描述转动问题,引入角动量和力矩的概念,并介绍质点的角动量定理和角动量守恒定律、质点系的角动量定理和角动量守恒定律。

二、教学活动OKR设计

动量守恒与角动量守恒		
目标(O)		关键成果(KR)
1) 理解冲量和动量的概念,理解动量定理和动量守恒定律;理解力矩和角动量的概念,理解角动量定理和角动量守恒定律;	课前	了解我国航天技术成就,了解力学在航天上的应用
2) 提升物理思维,掌握用物理方法解决问题的技能,能用动量和角动量的定理、定律求解一般问题;提升矢量和微积分计算技能;提升动手操作技能;	课中	课件呈现,课堂讲解、讨论: 1) 动量定理、动量守恒定律如何理解和应用?冲量概念对学习的启发; 2) 矢积计算、角动量定理、角动量守恒定律如何理解和应用?力矩概念对学习的启发
3) 激发爱国精神、乐学善学精神、科学精神,培养合作沟通意识	课后	1) 实验操作:验证动量定理; 2) 实验操作:验证质点的角动量守恒定律

三、教学实施

活动1

教学内容	了解我国航天事业取得的成就,了解力学在航天上的应用
教学目标	了解我国在航天技术上的成就,激发爱国热情;了解航天技术的力学原理,树立热爱科学、科技报国的志向
教学途径	通过班级微信群分享学习资源,课前自主学习

参考资料

1）视频:《2021中国的航天》白皮书发布 中国航天创新发展成果显著（图4-17）

图4-17 《2021中国的航天》白皮书发布 中国航天创新发展成果显著

2）航天技术的基本力学原理

航天技术的基本力学原理:万有引力定律、火箭推进原理与动量守恒定律、三个宇宙速度与能量守恒定律、航天器在轨道上的运动与角动量守恒定律,以及航天飞行中的失重原理。

来源:倪光炯、王炎森、钱景华、方小敏《改变世界的物理学》第2章

活动2

教学内容	动量定理、动量守恒定律如何理解和应用? 冲量概念对学习的启发
教学目标	深刻理解动量和冲量的概念,会用微积分求简单变力的冲量,提升数学计算能力;理解质点的动量定理、质点系的动量定理和动量守恒定律,并能应用这些规律解决物理问题,提升应用物理原理解决问题的能力;动量定理启迪学习思考,注重学习投入的时间积累,激发乐学、善学热情
教学途径	情境引入,以估算飓风推力的例子进行课堂引入;课件呈现,课堂实验演示;讲解与讨论,课堂练习;数理融合,在教学中将微积分知识方法有机融入;理工融合,创设现代化煤矿装煤、计算牵引力的应用情境,进行情境教学

参考资料

1）课件分享:情境引入（图4-18）、动量定理对学习的启发（图4-19）

2）应用动量定理和动量守恒定律解力学问题的步骤

应用动量定理和动量守恒定律解力学问题的方法和步骤可归纳如下。

（1）选取研究对象。首先根据题意确定选取哪个物体或物体系作为研究对象。

（2）分析受力。对所选研究对象进行受力分析,判断是否满足合外力为零,或是否沿某一方向合外力投影的代数和为零,或是否合外力远小于内力。若满足这类条件,就应用动量守恒定律求解,否则就应用动量定理求解。

情境引入 2007年2月28日凌晨2时,由乌鲁木齐开出的5807次旅客列车在吐鲁番境内突然遭遇13级特大飓风袭击,11节车厢脱轨,造成3死34伤的惨祸。

13级飓风风速按137 km/h(38 m/s)计,空气密度为1.29 kg/m³,车厢长22.5 m,高2.62 m。设大风垂直吹向车厢侧面,碰到车厢后就停下来。这样,飓风对一节车厢的水平推力多大?

动量定理对学习的启发

$\int_{t_1}^{t_2} \vec{F} dt = \int_{\vec{v}_1}^{\vec{v}_2} d(m\vec{v}) = m\vec{v}_2 - m\vec{v}_1$ (动量定理积分形式)

$\int_{学期始}^{学期末} study dt = F(学期末水平) - F(学期初水平) =$ 进步

学习重在日积月累的努力
滴水穿石,绳锯木断
锲而舍之,朽木不折;锲而不舍,金石可镂

图 4-18 情景引入　　　　　　　图 4-19 动量定理对学习的启发

(3) 确定过程。在应用与动量有关的定理(定律)时,常需要考虑一定的时间间隔或一个过程,如果过程比较复杂,则对经历的各个阶段都应分析清楚。

(4) 列方程求解。首先是选取适当的坐标系,然后列出动量定理或动量守恒定律方程。在所列的方程中,所有动量都应是相对于同一惯性参考系而言的,视问题的性质,选取矢量形式或投影形式定理进行计算。

来源:吴百诗《大学物理学》(上册)

3) 动量守恒与火箭发射原理

根据动量守恒定律,当一个系统(不受外力)向后以高速射出一个小物体时,该系统就会获得与小物体大小相同、但方向相反的动量,即系统会获得向前的速度。如果系统不断向后射出小物体,则系统就会不断向前加速。火箭就是利用此动量守恒原理不断推进的。在火箭内装置了大量的燃料,燃料燃烧后会产生高温高压的气体,通过火箭的尾部不断向后高速喷出,从而使火箭不断向前加速。

如果在地球表面垂直地发射火箭,则火箭在加速过程中还要受到地球引力和空气阻力的作用,虽然这些力与由于燃料喷射而获得的巨大推力相比极小,动量守恒仍近似成立。

来源:倪光炯,王炎森,钱景华,方小敏《改变世界的物理学》第2章

4) 火箭发射过程

第一阶段:垂直起飞阶段。由于在地球表面附近,大气稠密,火箭飞行时受到的阻力很大,为了尽快离开大气层,通常采用垂直向上发射,况且垂直发射容易保证飞行的稳定。发射后经几分钟的加速使火箭达到相当大的速度,至第一级火箭脱离时,火箭已处于稠密大气层之外了(习惯上把200千米高度看作大气层边缘)。此后第二级火箭点火继续加速,直至其脱落。

第二阶段:转弯飞行阶段。在第二级火箭脱离后,火箭已具有足够大的速度。这时第三级火箭并不立即点火发动,而是靠已获得的巨大速度继续升高而作惯性飞行,并在地面控制站的操纵下,使火箭逐渐转弯,为进入轨道做准备。

第三阶段:进入轨道阶段。在火箭到达与卫星预定轨道相切的位置时,第二级火箭点火开始加速,使其达到卫星在轨道上运行所需的速度而进入轨道。进入轨道后,火箭就完成了其运载任务,卫星随即与其脱离而单独运行。刚脱离时,卫星与末级火箭具有相同的速度,并沿同一轨道运动。由于轨道处仍有稀薄气体存在,而卫星与火箭的外形不同,两者所受的阻力不同,因而两者的距离逐渐被拉开。

来源:倪光炯,王炎森,钱景华,方小敏《改变世界的物理学》第2章

活动 3

教学内容	矢积计算、角动量定理、角动量守恒定律如何理解和应用？力矩概念对学习的启发
教学目标	理解力矩、角动量的概念和矢积表达，提升数学思维能力；理解质点的角动量定理和角动量守恒定律、质点系的角动量定理和角动量守恒定律，并能运用守恒定律解决简单的角动量问题，提升解决物理问题的能力；用力矩概念启迪学习：找到努力的着力点，激发乐学、善学的学习热情
教学途径	课堂多媒体动画演示实验、课堂讲解、随堂练习、讨论；数理融合，在教学中将矢量知识有机融入

参考资料

1) 资料阅读：开普勒第二定律与行星运动的略面速度

来源：张三慧《大学物理学：力学、电磁学》（第三版）第 100 页

2) 卫星运动与角动量守恒

行星在太阳的万有引力作用下沿椭圆轨道运动，不管行星在椭圆上的哪个位置，万有引力始终指向太阳，而太阳又可看成不动的，因此万有引力相对太阳中心这一固定点的力矩为零。这样行星相对太阳的角动量守恒。

航天器在地球万有引力作用下沿椭圆轨道的运动与行星绕太阳的运动完全相似，因此航天器相对地球中心这一固定点的角动量也守恒。由角动量守恒很容易得到航天器在椭圆轨道上的运动特点：在远地点其速度最小，从远地点到近地点的运动过程中，其速度不断增大，到达近地点时，速度最大，而其矢径扫过的面积速率却始终保持不变。

3) 人造地球卫星等航天器的返回

卫星等的发射过程是一个加速上升，使卫星不断获得能量的过程；而返回过程则是其逆过程，即使卫星减速下降不断减少其能量的过程。那么，如何减少其能量呢？从理论上讲，可以启动卫星上的发动机产生与卫星原速度反向的推力来使其减速。但这种方法需要卫星上装有相当质量的动力装置和推进剂，这是既不经济也不现实的。比较好的方法是利用地球周围大气层对返回卫星的阻力减速。返回过程大致分为 4 个阶段：离轨阶段、过渡阶段、再入阶段和降落阶段，如图 4-20 所示。

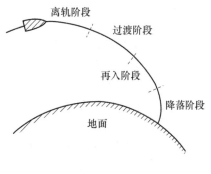

图 4-20　卫星返回过程

来源：倪光炯，王炎森，钱景华，方小敏《改变世界的物理学》第 2 章

活动 4

教学内容	实验操作：验证动量定理（图 4-21） 图 4-21
教学目标	深刻理解质点的动量定理；在操作实践提升动手能力、合作意识和探究创新能力
教学途径	分组讨论，因地取材，动手操作，探究"为什么快速猛拉和慢慢拉下面的线看到的结果不一样"，视频拍摄与展示分享

参考资料

实验操作探究提示

(1) 悬挂物质量在 1 kg 左右。

(2) 上、下两根线为同一材质,用普通缝衣细线即可。线的结实程度需满足双手分开各执一端能快速猛拽断。

(3) 线的上端要固定在一个固定物体上。

活动 5

教学内容	实验操作:验证质点的角动量守恒定律(图 4-22) 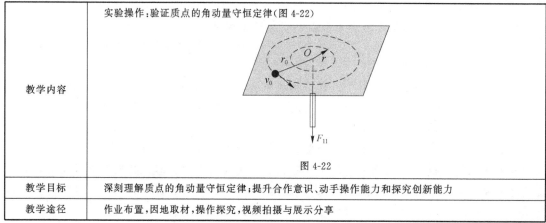 图 4-22
教学目标	深刻理解质点的角动量守恒定律;提升合作意识、动手操作能力和探究创新能力
教学途径	作业布置,因地取材,操作探究,视频拍摄与展示分享

参考资料

1) 实验探究参考

质量为 m 的小球系在绳子的一端,绳子穿过铅直套管,将小球限制在一光滑水平面上运动。先使小球绕管心作半径为 r_0 的匀速圆周运动,然后向下极缓慢地拉绳子,使小球运动半径逐渐减小。观察小球的速率变化。

2) 有心力下质点的运动平面

运动质点所受的力的作用线始终通过某个给定点,我们把这种力叫作有心力,而把这个给定点叫作力心。

因有心力的作用线始终通过力心,所以有心力对力心的力矩总是等于零的,质点的角动量应该守恒。由角动量的定义式可知,角动量的方向垂直于质点位矢和它的动量所组成的平面。角动量守恒意味着角动量不仅大小不变,而且方向也不变。因此,质点在运动中,虽然动量经常变化,但它与位矢组成的平面却始终不变。这就是说,在有心力作用下质点只在通过力心的平面内运动,这是角动量守恒的必然结果。其实,要看出这点并不困难。在某起始时刻,质点以一定的初速度运动,在有心力作用下,质心的加速度指向力心,因加速度是表示速度变化的,所以下一瞬时质点的速度必然在初速度与加速度所共同决定的平面内,而这个平面就是力心和初速度所在的平面。因这一瞬时的加速度也在这个平面内,所以下一瞬时的速度必然仍在这平面内,依此类推,就可得出上述结论。

来源:程守洙,江之永《普通物理学》

第五节 功与机械能守恒

一、内容概要

本节讨论力在空间上持续作用一个过程,从而引入功的概念;力对物体做功,带来动能的变化;介绍保守力做功的特点,引入势能的概念;采用质点系的方法,引入质点系的动能定理、功能原理和机械能守恒定律。

二、教学活动 OKR 设计

<table>
<tr><td colspan="4" align="center">功与机械能守恒</td></tr>
<tr><td colspan="2" align="center">目标(O)</td><td colspan="2" align="center">关键成果(KR)</td></tr>
<tr><td rowspan="3">1) 理解功和动能的概念,理解质点和质点系的动能定理,理解保守力做功的特点和势能的概念,理解功能原理和机械能守恒定律;
2) 提升物理思维,掌握用物理方法解决问题的能力,会求变力做的功,能用动能定理、功能原理和机械能守恒定律求解一般问题,提升矢量和微积分计算技能;
3) 培养科学世界观,激发爱国精神、乐学善学精神、科学精神,培养合作沟通意识</td><td>课前</td><td colspan="2">了解能量与人类文明的关系、物理学与能源科学的关系,了解我国能源科技创新的成就</td></tr>
<tr><td>课中</td><td colspan="2">课件呈现,课堂讲解、讨论:
1) 功的概念和计算,动能定理和质点系的动能定理的理解和应用;
2) 保守力做功和势能的概念,万有引力势能和弹簧弹性势能的计算;
3) 功能原理、机械能守恒定律和能量守恒定律</td></tr>
<tr><td>课后</td><td colspan="2">布置作业:列表梳理、总结质点动力学的基本内容</td></tr>
</table>

三、教学实施

▶▶ 活动 1

教学内容	了解能量与人类文明的关系、物理学与能源科学的关系,了解我国能源科技创新的成就
教学目标	了解能量与人类文明、物理学与能源科学的关系,了解我国能源科技创新成就;思考能源危机,激发物理学习兴趣,树立热爱科学、科技报国的志向
教学途径	通过班级微信群分享学习资源,课前自主学习

参考资料

1) 能量与文明

能量也许是物理学中最重要的概念。能量也与社会密切相关。事实上,我们主要通过利用能源的情况来界定人类的文化。文明本身和对太阳能的有组织的利用差不多是同义的。人类首批定居的村落由于交易和农业的需要形成于 10 000 年前。许多世纪以来,贸易得益于太阳能,太阳能激发了风,而风推动了商船、战舰和探险船只的帆。农业则依靠有组织地利用太阳能种植食物。今天,经过化学变化的古代生物残骸,即所谓化石燃料(煤、石油和天然气),为我们的工业文明提供能量。

来源:Art Hobson《物理学的概念和文化素养》

2) 我国稳步推进能源科技创新

近年来,我国能源领域多项创新技术实现突破,如首个海洋油气装备制造"智能工厂"中应用的"海洋油气装备大规模机器人焊接"等技术,填补了国内海洋油气装备多项技术空白;首个盐穴压缩空气储能电站完成并网发电,首次实现压缩空气发电不用化石能源进行二次加热。

我国已建立完备的清洁能源装备制造产业链,成功研发制造全球最大单机容量(100 万千瓦)水电机组,具备最大单机容量达 10 兆瓦的全系列风电机组制造能力。

国家能源局有关负责人介绍,下一步将重点组织推动燃气轮机、核电、油气、工业控制系统等重点领域短板技术攻关,同时积极锻造能源技术装备长板新优势,推动数字化、智能化技在能源领域的应用。

来源：https://m.gmw.cn/2022-08/10/content_1303084171.htm

3）物理学与能源

能源是人民生活和经济发展的主要基础，人类社会的进步离不开能源科学的发展，包括如何向大自然索取能源、先进能源技术的使用以及新能源的不断开发。

几千年来，在人类能源利用史上大致有4个重要发展阶段：火的使用，蒸汽机的发明和利用（18世纪初），电能的使用（19世纪初）和原子能的利用（20世纪下半叶）。后3个阶段是与物理学的发展紧密联系的，正是物理学的发展为能源科学的发展和能源的利用提供了理论基础和实验基础。

今天，随着世界经济的发展，对能源的需求急剧增加，但是可利用的能源却在日益减少。因为目前人类开发利用的主要能源如石油、煤、天然气和铀等均为非再生能源，总量越来越少，人类已面临着"能源危机"。当前，能源革命的两大重点是开发新能源和提高能源的利用效率。物理学从理论和实验两个方面，为新能源和可再生能源的开发、利用提供新的途径和方法，如核电站的发展，太阳能、风能、水能、地热能、海洋能等的利用，以及可控热核聚变的研究等。

来源：倪光炯，王炎森，钱景华，方小敏《改变世界的物理学》第9章

活动2

教学内容	功的概念和计算；动能定理和质点系的动能定理的理解和应用
教学目标	深刻理解功和动能概念，会用微积分求简单变力的功，提升矢积计算和微积分计算能力；理解质点的动能定理，会计算一对内力的功，理解质点系的动能定理，并能应用这些规律解决物理问题，提升应用物理原理解决问题的能力；了解传统文化里功的概念，激发爱国情怀；利用功的概念启迪学习思考，不管身行何处都要注意学习的空间积累，激发学习热情
教学途径	课件呈现，讲解与讨论，课堂练习；创设情境，讨论一对内力的功；数理融合，在教学中将微积分知识方法有机融入

参考资料

1）传统文化里的物理：功的概念

宋代著名建筑学家李诫在著作《营造法式》中的"一去六十步外搬物装船，每一百五十担为一功"一句，定义了功的两个基本因素：距离与负荷重量。

2）功和能量

能量是一个普适的物理量，是唯一的可量度各种不同运动形式在相互转化中的数量关系的物理量。任一研究对象（称为系统）若具有做功的本领（不论它实际上是否做功），就说它具有能量。系统的能量在数量上等于它能做的功。虽然功和能量的单位都是焦耳，但它们不是同一个事物。做功是一个过程，而能量是系统的一个属性。

做功有多种方式，因而能量有多种形式。系统内部各种形式的能量可以相互转化和传递，只要不与外界交换能量，系统的总能量就保持不变。

能量是系统状态的函数；功是系统能量变化的量度。系统能量随其状态变化时，必伴有外界对系统做功。系统从一个状态变化到另一个状态所引起的机械能的变化，可用状态变化过程中外界对系统所做功的多少来量度。

能量作为一个强有力的科学概念，说明并统一了多种多样的现象，从亚原子核粒子"夸克"到迄今观察到的宇宙。

3）判断

(1) 功是过程量，是力的一种空间累积效应（　　）

(2) 一般情况下，功只与始末位置有关（　　）

(3) 功有正功、负功之分(　　)
(4) 某学生手提书包沿水平直线行走20米,手对书包不做功(　　)
答案:(1)√　(2)×　(3)√　(4)√

4) 掌握计算变力做功的基本步骤
(1) 建立变力的函数
选择合适的变量 y 或 x,建立合适的坐标系,选择合适的原点和正方向。坐标系建立的原则是尽量使变力的表达式简洁。
(2) 写出元功,并统一变量
先写出元功的矢量定义式,然后写出展开式,代入变力,再统一变量。
(3) 计算出定积分
确定力的作用空间过程。根据所取变量的实际物理意义,定出上下限。

5) 应用动能定理求解力学问题的一般步骤
(1) 确定研究对象:质点或质点系。
(2) 分析研究对象受力情况和各力的做功情况;质点系必须区分外力和内力。
(3) 选定研究过程。要确定初、末状态及其对应的动能。
(4) 列方程。根据动能定理列出方程,并列出必要的辅助性方程。
(5) 解方程,求出结果,并对结果进行必要的讨论。

活动 3

教学内容	保守力做功和势能的概念;万有引力势能和弹簧弹性势能的计算
教学目标	理解保守力和势能的概念;能够计算万有引力势能和弹簧弹性势能,提升数学思维能力;了解传统文化里"势"的概念,激发爱国情怀
教学途径	课堂讲解,随堂练习、讨论

参考资料

1) 传统文化里的"势"

重物被举起一定高度即具有势能,可以做功。不被举起,则无势能。对此,古人已有所认识。西汉淮南王刘安所著《淮南子·兵略训》中有一段话,表达了这种认识高度。其中说:"加巨斧于桐薪之上,而无人力之奉,虽顺招摇,挟刑德,而弗能破者,以其无势也。"无论多么巨大的斧子,不将其举起一定高度,它连最容易劈裂的桐木也劈不开,因其无势。这里的势相当于重力势能。

来源:胡化凯《物理学史二十讲》

2) 势能的概念

当弓箭手拉开弓弦做功时,弯曲的弓获得对弓箭的做功能力。提升打桩机沉重的夯锤做功,当它下落时,夯锤获得了对它锤打物体的做功能力。当盘绕弹簧装置做功时,弹簧获得了运行钟表、响铃或者发出报警声的齿轮机构做功的能力。

物体凭借它的位置可以储存能量。储存并保持的能量被称为势能(PE)。因为它所储存的能量有可能用于做功。举例来说,伸长或压缩弹簧,有可能对外做功。当拉开弓时,能量被储存在弓内,弓能对箭做功。拉伸的橡皮筋因为其各部分的相对位置而具有势能。如果橡皮筋是弹弓的一部分,则它具有做功的能力。

来源:保罗·休伊特《概念物理》

3) 势能的理解

势能是蕴藏在保守力场中与位形有关的能量,又被称为位能。
(1) 只要有保守力,就可引入相应的势能。

（2）势能是由物体之间的相互作用和相对位置所决定的能量。

（3）势能是一种相互作用能。势能与物体间的保守力相联系，故势能属于保守力相互作用的系统，不为某个物体所具有。

（4）系统势能的增量具有绝对的意义，而系统的势能的量值只具有相对的意义。

活动 4

教学内容	功能原理、机械能守恒定律和能量守恒定律
教学目标	理解功能原理、机械能守恒定律和能量守恒定律；培养科学的世界观（能量守恒）；培养利用上述定律解决物理问题的能力
教学途径	课堂讲解，随堂练习、讨论

参考资料

1）练习

在下列几种情况中，机械能守恒的系统是（　　）

A. 当物体在空气中下落时，以物体和地球为系统

B. 当地球表面物体匀速上升时，以物体和地球为系统（不计空气阻力）

C. 子弹水平地射入放在光滑水平桌面上的木块内，以子弹与木块为系统

D. 当一小球沿光滑的固定斜面向下滑动时，以小球和地球为系统

答案：D

2）能量的转换

由于太阳内部万有引力巨大的压力和极高的温度，氢原子核熔融在一起发生聚变形成氦原子核。这是热核聚变反应，是释放辐射能的过程，有一小部分辐射能到达了地球。到达地球的部分能量落在植物上（和其他可以发生光合作用的生物体上），这些能量中的一部分转化储存在煤中。维护生命的这一部分能量从食物链中的植物（和其他光合作用系统）开始，部分能量随后储存在石油中。来自太阳能量的一部分在海洋产生蒸发作用进入水蒸气，这部分能量随着雨水返回陆地，这些雨水可能被大坝拦住。由于位置升高，大坝拦住的水可以用于发电厂发电，在那里它将转化成电能。电能通过电线传送到千家万户，可以用于照明、加热、烹饪，以及电气设备的运行。能量从一种形式转换成另一种形式，多么美妙！

来源：保罗·休伊特《概念物理》

3）应用功能原理或机械能守恒定律解题的步骤

（1）选取研究对象。

（2）分析受力和守恒条件。区别外力、内力中的保守力和非保守力，判断是否满足机械能守恒条件，如不满足，则应用功能原理求解。

（3）明确过程的始、末状态。需要选定势能的零势能位置。

（4）列方程。

（5）解方程，求出结果。

（6）讨论解的物理意义。

活动 5

教学内容	布置作业：列表梳理、总结质点动力学的基本内容
教学目标	总结质点动力学的基本内容，列表整理动量、角动量、功和能的基本定理、定律；培养学生的归纳总结的学习能力
教学途径	布置作业，并进行优秀作业展示

参考资料

质点动力学小结如表 4-1 所示。

表 4-1 质点动力学小结

		动量	角动量	动能	
质点	定理				
	守恒定律				
质点系	定理			动能定理	
				功能原理	
	守恒定律			机械能守恒定律	

第六节 真空中的静电场

一、内容概要

本节作为电磁学部分的开端,讲述静止电荷的相互作用规律。静止电荷是通过它的电场对其他电荷产生作用的,所以理解电场的概念及其规律就具有基础性意义。本节进一步深入学习描述静电场的两个基本物理量——场强和电势,静电场的两个基本定理——高斯定理与环路定理。本节引入对称性分析来求解静电场的分布。

在基本概念的引入、定律的描述,以及分析方法(尤其是对称性分析方法)的应用方面,本节对整个电磁学都具有深刻意义。

二、教学活动 OKR 设计

真空中的静电场			
目标(O)		关键成果(KR)	
1) 理解场强、电通量、电势、电势能和电势差的概念,理解库仑定律、高斯定理和环路定理; 2) 提升物理思维,提高用物理方法解决问题能力,会计算一般简单带电体的场强和电势,能用高斯定理和环路定理求解一般问题,提升矢量、微积分计算技能和探究、操作能力; 3) 激发爱国情怀、乐学善学精神、科学精神,培养合作沟通意识	课前	了解传统文化里的静电,了解静电的利用和危害	
	课中	课件呈现,课堂讲解、讨论 1) 电荷、库仑定律、静电力叠加原理、电场、场强的理解,场强的计算; 2) 电通量、高斯定理的理解及应用; 3) 静电场的保守性、环路定理、电势能、电势、电势差的理解;电势的计算	
	课后	探索实践、小组合作: 1) 理解避雷针原理,寻找生活中的避雷针; 2) 计算地球表面平均电荷密度	

三、教学实施

>> 活动1

教学内容	了解传统文化里的静电；了解静电的利用和危害
教学目标	了解我国古代典籍对琥珀、玳瑁、梳子摩擦起电的记载，激发对学习的兴趣和对传统文化的热爱；了解静电的利用和危害，激发对科学的兴趣
教学途径	通过班级微信群、分享学习资源，课前自主学习

参考资料

1）传统文化里的静电

西汉末年《春秋纬·考异邮》中有"玳瑁吸裮"之说。"裮"是细小物体。"玳瑁"是一种海龟类的动物，其甲壳是一种绝缘体，摩擦后可以带电。王充《论衡·乱龙篇》记载："顿牟掇芥"。"顿牟"即玳瑁，"芥"即小草种子。东汉郭璞《山海经图赞》也有"玳瑁取芥"之说。这些材料都是说，经过摩擦的玳瑁可以吸引细小的物体或草芥。《三国志·虞翻传》指出："琥珀不取腐芥"。"琥珀"是松柏树脂的化石，成分是 $C_{10}H_{16}O$，经过摩擦带电，可以吸引芥籽。腐芥是腐烂的草芥种子，由于变质而不被琥珀吸引。宋代苏轼《物类相感志》和明代李时珍《本草纲目》中都有"琥珀拾芥"之说。这些记载都说明了琥珀的静电吸引现象。

西晋张华《博物志》记载："今人梳头、脱著衣时，有随梳、解结有光者，亦有咤声。"这是静电闪光和放电现象。唐代段成式《酉阳杂俎》记载："猫……黑者，暗中逆循其毛，即着火星。"明代张居正记载说："凡貂裘及绮丽之服皆有光。余每于冬月盛寒时，衣上常有火光，振之迸炸有声，如花火之状。"明代都邛《三余赘笔》记载："吴绫为裳，暗室中力持曳，以手摩之良久，火星直出。"这些记载描述的都是毛皮或丝绸摩擦起电现象。

来源：胡化凯《物理学史二十讲》

2）静电的利用：静电除尘

静电除尘是利用气体放电的电晕现象，使荷电尘粒在电场力的作用下趋向集尘极，从而达到除尘目的。其除尘机理大致分为四个过程，如图4-23所示。

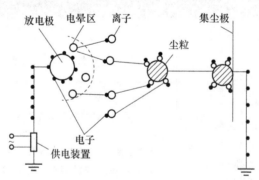

图4-23 静电除尘原理

（1）气体电晕放电。当施加在放电极与集尘极间的电压在临界电晕电压与临界击穿电压之间时，放电极附近形成强电场，气体电离生成大量正、负离子，形成电晕区。

（2）尘粒荷电气流中的尘粒与自由电子、负离子碰撞结合在一起，实现粉尘荷电。

（3）粉尘沉积，集尘极与电源正极相接，电场力驱使带有负电荷的尘粒迁移到接地的集尘极并释放所携带的电荷，沉积在集尘极上，实现净化气流的目的。

(4) 消除积灰,通过振打或冲洗使积灰落入灰斗。

来源:马文蔚,苏惠惠,董科《物理学原理在工程技术中的应用》

活动2

教学内容	电荷、库仑定律、静电力叠加原理、电场、场强的理解,场强的计算
教学目标	掌握电场强度的定义、点电荷场强公式和场强叠加原理,并利用它们计算简单几何形状的带电体的场强分布,提升微积分和矢量数学计算能力;掌握对称性分析的方法,建立"问题解决模型",提升科学思维和方法;了解库仑定律的发现过程,激发科学兴趣、培养严谨务实的科学精神
教学途径	情境引入,以冬季所穿衣物容易起静电的例子进行课堂引入;课件呈现,课堂演示;讲解与讨论,课堂练习;数理融合,在教学中将微积分知识、方法有机融入

参考资料

1) 库仑定律

根据万有引力定律,两个物体间的引力与两物体质量的乘积成正比。库仑认为,两个带电体之间的静电力也毫无疑问地与其电量的乘积成正比。当时并没有量度电量的统一单位,因此无法运用库仑定律计算两个带电体之间的作用力。1839年,德国数学家高斯(C. F. Gauss, 1777—1855)提出,应当根据库仑定律定义电荷的量度单位,即当两个相距为单位长度的等电量电荷之间的作用力等于单位力时,这些电荷的电量就定义为单位电荷。有了电量单位后,才能把库仑定律表示成类似万有引力定律的形式。

库仑定律在静电学中的重要性,类似于万有引力定律在牛顿力学中的重要性。由上述可以看出,这个定律的建立是受到万有引力定律启发的结果。库仑定律的建立,使电磁学研究进入了定量化阶段,从而使其开始成为一门真正的科学。

来源:胡化凯《物理学史二十讲》

2) 电荷连续分布的带电体,应用叠加原理求电场强度的方法和步骤

(1) 根据给定的电荷分布,选定便于计算的坐标系,取合适的电荷元 dq(注意电荷分布,λdl, σdS, ρdV),并取合适的变量表示 dq;

(2) 写出电荷元 dq 在场点处 $d\vec{E}$ 的大小,并用图示出 $d\vec{E}$ 的方向,写出 $d\vec{E}$ 的分量式 dE_x, dE_y, dE_z,充分利用对称性,化简计算;

(3) 统一变量,计算积分(取方便积分的变量,借助几何关系统一变量;确定积分的上下限)$E_x = \int dE_x$, $E_y = \int dE_y$, $E_z = \int dE_z$。

3) 问题解决模型:物理问题解决框架与策略

(1) 理解和分析问题:筛选和识别重要概念与信息。

(2) 规划解决问题的方案:原理识别,定性分析,画图表,物理模型建立,将解题过程拆解成若干小问题。

(3) 执行规划:定量分析,推导,计算,完善细节。

(4) 回顾审视:评估答案合理性。

活动3

教学内容	电通量、高斯定理的理解及应用
教学目标	理解电场线、电通量的概念和高斯定理,提升抽象思维能力;掌握运用高斯定理求对称性电场的场强分布,提升矢量和微积分计算的数学能力;掌握对称性分析、定性分析与定量分析相结合的科学方法,提升解决问题的能力
教学途径	课堂多媒体动画演示,课堂讲解,随堂练习、讨论;数理融合,在教学中将矢量知识有机融入

参考资料

1) MOOC 视频:矢量场(图 4-24)

图 4-24　MOOC 视频:矢量场

来源:中国大学 MOOC,东北大学,大学物理(力学、电磁学)

2) 课件分享(图 4-25 和图 4-26)

静电场高斯定理

$$\Phi_e = \oint_S \vec{E} \cdot d\vec{S} = \frac{1}{\varepsilon_0} \sum q_{内}$$

式中各项的含义

S：高斯面,封闭曲面

$\vec{E}$：S 上各点 $d\vec{S}$ 上的场强,S 内、外所有电荷均有贡献

ε_0：真空电容率

$\sum q_{内}$：S 内的净电荷

Φ_e：通过 S 的电通量,只有 S 内电荷有贡献;电场线穿出为正,穿入为负

图 4-25　静电场高斯定理

对电量的分布具有某种对称性的情况下利用高斯定律解 $\vec{E}$ 较为方便

小结:常见的电量分布的对称性——如何选高斯面?

	球对称	轴对称	面对称
均匀带电体	球体 球面 球壳 (点电荷) *不均匀带电 $\rho = \rho(r)$	无限长 柱体 柱面(筒) 柱壳 带电线	无限大 平板 平面

图 4-26　如何选高斯面

3) 应用高斯定理求解电场分布的步骤

(1) 由电荷分布的对称性,分析电场强度分布的对称性。

(2) 根据对称性选取适当的高斯面。高斯面必须是闭合曲面;高斯面必须通过所求的点;高斯面的选取使通过该面的电通量易于计算。

(3) 计算通过高斯面的电通量及其内包围的电荷量。注意讨论:高斯面的位置。

(4) 根据高斯定理求解电场强度。

4) 关于高斯定理的说明

不是所有电荷对称分布的带电体都能用高斯定理求电场分布。用高斯定理求场强只对某些具有特殊对称性的场才能解出。

活动 4

教学内容	静电场的保守性、环路定理、电势能、电势、电势差的理解;电势的计算
教学目标	理解电场力做功的特点,理解"电场的环路定理体现了静电场的保守性";理解电势能和电势差的概念;掌握点电荷的电势公式和电势叠加原理,并能计算简单几何形状带电体的电势,提升矢量计算和微积分计算能力
教学途径	课堂多媒体动画演示,课堂讲解、随堂练习、讨论;数理融合,在教学中将矢量知识有机融入

参考资料

1) 电荷连续分布带电体电势的计算

方法一:场强积分法(电势定义法)

当带电体的场强分布已知或场强很容易计算且根据电势定义法计算积分比较容易时,用该方法。

(1) 确定电场的分布。

(2) 选择零电势点和便于计算的积分路径。零电势点的选取原则是使场中电势的分布有确定值且表达式简洁。

(3) 根据电势定义式求出电势:

$$V_a = \int_a^{零势点} \vec{E} \cdot \mathrm{d}\vec{l} = \int_a^{零势点} E \mathrm{d}r$$

上式中的场强为积分路径上各点的总场强。如果积分路径上各段的场强表达式不同,则应分段积分。

方法二:电势叠加法

当带电体的电荷分布具有对称性、求电势积分比较方便时,或者带电体场强计算比较繁琐时,使用该方法。

(1) 将带电体微分成电荷元 $\mathrm{d}q$。

(2) 选择无穷远为零电势点,写出 $\mathrm{d}q$ 在任意一场点的电势微元 $\mathrm{d}V$。

(3) 由电势的叠加原理,得 $V_a = \int \mathrm{d}V$。

2) 电子束焊接机中的电子枪

电子束焊接机中的电子枪如图 4-27 所示。K 为阴极;A 为阳极,其上有一小孔。阴极发射的电子在阴极和阳极电场作用下聚集成一细束,以极高的速率穿过阳

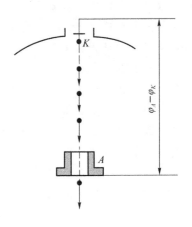

图 4-27 电子枪原理

极上的小孔,射到被焊接的金属上,使两块金属熔化而焊接在一起。已知 $\varphi_A - \varphi_K = 2.5 \times 10^4$ V,并设电子从阴极发射时的初速率为零。求：

(1) 电子到达被焊接的金属时具有的动能（用电子伏表示）；(2) 电子射到金属上时的速率。

解：

(1) 电子到达被焊接的金属时具有的动能：

$$E_K = e(\varphi_A - \varphi_K) = 2.5 \times 10^4 \text{ eV} = 1.6 \times 10^{-19} \times 2.5 \times 10^4 \text{ J}$$

(2) 电子射到金属上时的速率：

$$v = \sqrt{\frac{2k_K}{m}} = \sqrt{\frac{2 \times 4 \times 10^{-15}}{9.1 \times 10^{-31}}} \text{ m/s} = 9.4 \times 10^7 \text{ m/s}$$

3）大学物理中的微元法

微元法就是将微积分的思想应用在物理问题的解决中,在力学、热学和电磁学中都有很多应用。微积分的基本思想：将整体分解成部分,把研究对象分割成无限多个无限小的部分,或是把物理过程分解为无限多个无限小的过程,取出其中任意部分或任意过程进行研究的方法。微元法解决问题的基本步骤是：(1) 分割,将作为整体量（记为 U）的研究对象或研究过程进行分割；(2) 任取其中的一个部分或过程作为微元 dU（微小的基本单元）,以不变的量代替变化的量进行近似处理,写出微元的表达式 $dU = f(x)dx$；(3) 对微元求定积分（对部分量求和并求极限）,根据实际物理意义定出积分的上、下限。

在积分之前要预先进行对称性分析,或者进行统一变量。

当整体量是物理实物时,利用微元法,将连续的体、面、线看成无数个体元、面元、线元的累加。由点到线、由线到面、由面到体的微积分思想,分析和求解的方法是相同的：都是由点（质量元、点电荷、元电流等）的基本公式出发,先计算线（如匀质细棒或细环、均匀带电细棒或细环、载流直导线或圆电流等）,再由线到面进行计算（如匀质薄板或薄圆盘、均匀带电平面或圆盘、载流平面或圆盘等）。

4）电场的叠加原理：从部分到整体

在中学物理中,所讨论的静电学问题只限于计算有限的几个点电荷之间的库仑力,数学上使用的是代数方法。大学物理把这样的计算延伸到连续带电体。

先求出"部分"产生的场强,再把它们相加得到"整体"产生的场强。这个方法看起来似乎是高等数学中典型的运算方法,实际上,这一系列分割和积分的数学操作体现的就是经典物理学关于部分和整体关系的重要思想：整体是由部分组成的,为了认识整体产生的效应（整个连续带电体产生的场强）,先要认识部分产生的效应（电荷元产生的场强）,一旦认识了"部分",再从"部分"相加就能得到对"整体"的认识。

实现这样的物理学思想有一个前提条件,那就是"部分"之间的相加必须服从"叠加原理",即每一个"部分"产生的物理后果都不受其他"部分"的影响,"部分"与"部分"之间没有相互作用。这就是静电学中在计算连续带电体的场强和电势前必须提出关于场强的线性叠加原理和电势的线性叠加原理的原因。

为了研究一个问题和解决一个问题,需要把它们分解为简单的要素,于是为了研究整体就必须研究部分,部分搞清楚了,整体也就搞清楚了。这就是还原方法对部分和整体的关系的"分析—重构"思想。

来源：朱鈜雄《物理学思想概论》

5) 非线性系统与复杂性理论

近代非线性科学的发展表明,线性系统只是对自然界的一种近似的理想化的模型系统,非线性系统才是真实存在的实际系统。对于非线性的相互作用系统,线性叠加的原理失效,不仅从"部分"无法叠加得到对"整体"的认识,而且由于非线性系统存在的复杂性,"部分"呈现出与"整体"一样的复杂性,因此,必须发展起新的复杂性思想以得到更加接近对自然界真实面貌的认识。

来源:朱鋐雄《物理学思想概论》

> **活动 5**

教学内容	实践:理解避雷针原理;寻找生活中的避雷针
教学目标	会用尖端放电原理解释避雷针的工作原理;在小组合作中完成"寻找生活中的避雷针"拍照和展示,激发物理学习兴趣,提升合作意识
教学途径	作业布置,照片拍摄与展示分享

参考资料

1) 尖端放电原理

尖端上电荷过多时,就会引发尖端放电现象。这是因为尖端上电荷密度很大时,会在周围产生很强的电场。尖端附近空气中散存的带电粒子(如电子或离子)在这个强电场的作用下做加速运动时就可能获得足够大的能量,导致它们和空气分子碰撞时后者离解成电子和离子。这些新的电子和离子与其他空气分子相碰,又能产生新的带电粒子。这样,就会产生大量的带电粒子。与尖端上电荷异号的带电粒子受到尖端电荷的吸引而飞向尖端,使尖端上的电荷被中和掉;与尖端上电荷同号的带电粒子受到排斥而向尖端附近散开。从外表上看,就好像尖端上的电荷被"喷射"出来一样,所以叫作尖端放电。

2) 生活中的避雷针(图 4-28)

图 4-28　生活中的避雷针

活动 6

教学内容	实践计算地球表面平均电荷密度
教学目标	应用高斯定理,在小组合作中完成"地球表面平均电荷密度计算"的任务;分析问题、寻找依据、数学建模、矢量处理,使学生能够将所学知识迁移到实际应用当中,锻炼学生解决问题的能力;激发物理学习兴趣,提升合作意识
教学途径	作业布置,照片拍摄与展示分享

参考资料

地球表面平均电荷密度计算

地球表面上方电场并不为零。如果地球表面上方大气电场的平均场强为 $120\ \text{V/m}$,方向向下,那么地球表面有多少过剩电荷?

解 可以把地球表面看成一个均匀带电球面,总面积设为 S。根据高斯定理,地球所带总净电荷量为

$$q = \varepsilon_0 \oint \vec{E} \cdot \mathrm{d}\vec{S} = \varepsilon_0 E S$$

则地球表面单位面积的带电量为

$$\sigma = \frac{q}{s} = \varepsilon_0 E$$

因此,地球表面上单位面积上的额外电子数为

$$n = \frac{\sigma}{e} = \frac{\varepsilon_0 E}{e} = \frac{8.15 \times 10^{-12} \times 120}{1.6 \times 10^{-19}}\ \text{m}^{-2} = 6.64 \times 10^{9}\ \text{m}^{-2}$$

本章参考文献

[1] 倪光炯,王炎森,钱景华,等. 改变世界的物理学[M]. 上海:复旦大学出版社,2015
[2] 盛正卯,叶高翔. 物理学与人类文明[M]. 杭州:浙江大学出版社,2015
[3] 曹海霞. 浅谈大学物理与中学物理教学的有效衔接[J]. 物理教师,2021,42(10):25-29.
[4] 陆果,陈凯旋. 基础物理学教程-教学参考书[M]. 北京:高等教育出版社,2007.
[5] 张三慧. 大学物理学学习辅导与习题解答[M]. 3版. 北京:清华大学出版社,2013.
[6] 朱鋐雄. 物理学思想概论[M]. 北京:清华大学出版社,2009.
[7] 张三慧. 大学物理学:力学、电磁学[M]. 北京:清华大学出版社,2009.
[8] 戴念祖. 中国古代物理学[M]. 北京:中国国际广播出版社,2010.
[9] 宋莹. 思维导图从入门到精通[M]. 北京:北京大学出版社,2018.
[10] 刘扬正,张伟强. 物理学及其工程应用(上册)[M]. 北京:高等教育出版社,2015.
[11] Art Hobson. 物理学的概念和文化素养[M]. 4版. 秦克诚,等译. 北京:高等教育出版社,2007.
[12] 吴百诗. 大学物理学(上册)[M]. 北京:高等教育出版社,2012.
[13] 程守洙,江之永. 普通物理学[M]. 5版. 北京:高等教育出版社,2004.
[14] 胡化凯. 物理学史二十讲[M]. 合肥:中国科学技术大学出版社,2009.
[15] 保罗·休伊特. 概念物理[M]. 北京:机械工业出版社,2014.
[16] 马文蔚,苏惠惠,董科. 物理学原理在工程技术中的应用[M]. 北京:高等教育出版社,2015.

第五章 "英语精读"(I)课程教学活动设计

【课程目标】

作为少数民族本科预科英语基础课程,按照大纲要求,英语精读课致力于复习、巩固、深化学生在中学已经学过的英语知识与技能,通过开展多样化的英语技能训练,如英语构词、短语搭配、句型操练、话题讨论、英汉互译、阅读理解、写作训练等教学活动,实现对中学英语基础知识的补习和对大学英语知识和技能的培训。

英语精读课注重培养少数民族学生的学习能力和综合素质,引导少数民族本科预科生学习掌握和运用现代教育技术和多媒体资源,自主开拓学习渠道,丰富学习资源,提升自主学习的意识和能力;使他们通过一年的学习,适应本科阶段大学英语学习模式,掌握英语语言学习策略。对教材相关背景知识的拓展学习,不仅能使学生对英语国家的社会与文化有客观、全面的了解,也能引导学生树立"学好英语,讲好中国故事"的意识和责任感,树立正确的英语学习态度和观念,为学生跨文化交际能力的提高奠定基础。

同时,本课程注重将"铸牢中华民族共同体意识"贯穿教学,培养学生的家国情怀、国际视野和文化自信,引导学生树立正确的三观。

【课程使用教材】

《英语》(一年制上册),王笑施主编,人民出版社,2017.

第一节 外语学习

一、内容概要

本文是议论文,标题为"目标与外语学习",作者从以下几个方面进行了论述:为什么要学习外语?如何激发学习外语的动机?如何提高学习效率?如何回避学习误区?如何运用学习策略?如何最终成为成功的学习者?

The text titled "The Objectives and Foreign Language Learning", written in an argumentative style, discusses the importance of learning foreign languages, and presents some tips regarding stimulating the motivation of learning a foreign language, improving learning efficiency, avoiding misleading concepts, making good use of learning strategies, and finally becoming a successful learner.

二、OKR教学活动设计

外语学习(Foreign Language Learning)		
目标(O)		关键成果(KR)
1)学习设计问卷,开展调研; 2)思考学习外语的重要性和意义; 3)反思自身的外语学习动机; 4)学习有关语言方面的知识; 5)扩充语言类词汇,提升实用英语交流能力	课前	调研活动:设计问卷,采访五位同学,了解同龄人的英语学习动机
	课中	1)头脑风暴,观点分享: (1)列出联合国使用的六种工作语言; (2)列出人民币上印有的四种少数民族语言。 2)看图说话 解释语言被比喻为"一扇窗""一段阶梯""一把钥匙"和"一个扩音器"的原因。 3)拓展学习 列出英汉语中表示不同说话方式的词语
	课后	查阅资料:人造语言"世界语"的发明、发展和使用现状

三、教学实施

▶▶活动1

教学内容	课前问卷调查:采访身边五位同学,了解同学们的英语学习动机
教学目标	学习设计问卷;思考什么学习动机可以长久激发学习积极性;学写调研报告
教学途径	课前调研活动:通过班级微信群、课堂汇报的形式展示调研结果

参考资料

A Questionnaire Survey on Motivation of Learning English

英语学习动机问卷调查

Motivation/Student	Student 1	Student 2	Student 3	Student 4	Student 5
Have interest 对英语感兴趣					
Have a sense of satisfaction/achievement 有满足感和成就感					
Find better jobs 将来找到好工作					
Study abroad 出国留学					
Read widely 博览群书					
Pass examinations 应付考试					
Please parents 取悦父母					
Others 其他					
Report(调研报告):					

》》》活动 2

教学内容	1) 列出联合国使用的六种工作语言 2) 列出人民币上印有的四种少数民族语言
教学目标	树立观察语言现象的意识,拓展语言知识
教学途径	小组讨论,课堂提问

参考资料

1) 联合国使用的六种工作语言分别是汉语(Chinese)、英语(English)、法语(French)、俄语(Russian)、阿拉伯语(Arabic)和西班牙语(Spanish)。

2) 人民币背面右上方印有蒙古族(Mongolian)、藏族(Tibetan)、维吾尔族(Uygur)、壮族(Zhuang)四种少数民族文字,内容均为"中国人民银行 某某元"。

》》》活动 3

教学内容	语言常常被比喻成为"一扇窗""一段阶梯""一把钥匙"和"一个扩音器",请解释原因
教学目标	深入思考学好外语的意义,重要性和目标;树立积极的学习动机
教学途径	看图说话,头脑风暴,小组讨论,观点分享

参考资料

As shown in Figure 5-1, by learning a foreign language, we can broaden vision, enrich life experience and see a larger world from a new perspective.

如图 5-1 所示,通过学习外语,我们的视野更开阔,阅历更丰富,多一个视角看世界。

(a) a window to see the outside world 了解大世界的窗口   (b) a ladder to a successful career 提升职业生涯的阶梯   (c) a key to open the treasure of knowledge 打开知识宝库的钥匙   (d) a loudspeaker to spread native culture 传播民族文化的扩音器

图 5-1 外语学习的意义

活动 4

教学内容	列出英汉语中表示不同说话方式的词语
教学目标	拓展词汇,分享、欣赏、感受语言的魅力,增强学习动机
教学途径	合作学习,小组讨论,组间竞赛,头脑风暴

参考资料

Write down different words or phrases related to different ways of speaking. 请列出英汉两种语言中表示不同说话方式的词语。

汉语	赞美、夸张、耳语、嘟哝、喊叫、吹嘘、呻吟、说谎、诋毁、诽谤、嘲讽、挖苦、谴责、咒骂、尖叫、咆哮、反驳、言为心声、脱口而出
英语	praise, exaggerate, whisper, murmur, shout, boast, groan, lie, defame, slander, sneer/jeer, satirize, scold/blame, curse, scream, snarl, retort, speak one's mind, blurt out

活动 5

教学内容	课后作业:查阅资料——人造语言"世界语"的发明、发展和使用现状
教学目标	培养思辨能力,思考全世界使用同一种语言有哪些好处,以及没有文化根基的人造语言传播是否会遇到障碍
教学途径	自主学习,探究学习,在作文批改网提交学习心得

参考资料

Esperanto is a language created by Dr. Zamenhof (Ludwig Lazarus Zamenhof), a Polish doctor, in 1887. He hoped that mankind would use this language to achieve mutual understanding among nations, eliminate hatred and war, and establish an equal and fraternal family. Esperanto was created with the aim to eliminate language barriers in international communication rather than replace any national language with it. Esperanto has made contributions to cultural exchanges, economic and trade exchanges and human social progress.

世界语是波兰医生柴门霍夫博士(拉扎鲁·路德维克·柴门霍夫)于 1887 年创造的一种语言。他希望人类借助这种语言,达到民族间相互了解,消除仇恨和战争,实现平等、博爱的人类大家庭。世界语的创建旨在消除国际交往的语言障碍,并不打算取代任何民族语言。世界语在文化交流、经贸往来和人类社会进步等方面做出了贡献。

Later, people called this language "Esperanto" according to the pseudonym "Doktoro Esperanto" (meaning "Doctor of Hope") used by Zaimenhof when he announced this language scheme. At the beginning of the 20th century, when Esperanto was first introduced into China, some people transliterated it into "AISI Easy to Read" and also called it "New Language of All Nations". Later, borrowed from the Japanese free translation name, "Esperanto", has been used to this day.

后人根据柴门霍夫公布这种语言方案时所用笔名"Doktoro Esperanto"(意为"希望博士")称这种语言为"Esperanto"。20世纪初,当世界语刚传入中国时,有人曾把它音译为"爱斯不难读"语,也有人叫"万国新语",后来借用日语意译名称"世界语",并一直沿用至今。

Esperanto is the only language with a known birthday. On July 26, 1887, the first pamphlet (40 pages) containing a general introduction to the language was published in Warsaw, Poland. This day is Esperanto's birthday.

世界语是唯一一种已知生日的语言。1887年7月26日,第一本含有其语言概况的小册子(40页)在波兰华沙问世了。这一天,就是世界语的生日。

来源:百度百科

第二节 科技与发明

一、内容概要

本文是记叙文,标题为"辨识带来的震撼"。作者以夸张的手法,描述了城市大停电的一天,一家人在没有电视节目可看的情境下,开始坐下来,通过聊天打发时间,结果却惊讶地发现,由于长期沉迷电视,家庭成员间多年缺乏交流,家人已变成陌生人,父亲不知子女的年龄和学业,夫妻不知对方的职业,亲情也早已远离了家庭。看似荒诞的故事情节反映了一个发人深省的现象:科技发明有时是把双刃剑。

The text titled "The shock of Recognition" is a narrative story written in an exaggerating style, describing a family scene on a blackout day when the family members began to sit down and killed time by chatting because no TV programs were available. However, it is a great shock for them to find that the family members had turned into total strangers for lack of communication due to the long-term indulgence in TV. The father did not know the ages and schooling of his children; the couple did not know each other's current occupations and intimate relationship had long been away from the family. The seemingly absurd story reflects a thought-provoking phenomenon: science, technology and invention are sometimes double-edged swords.

二、教学活动 OKR 设计

科技与发明(Science and Invention)		
目标(O)	关键成果(KR)	
1) 思考科技发明带来的益处和弊端； 2) 反思自身对电子产品的依赖； 3) 扩充有关科学发明的词汇,提升实用英语交流能力； 4) 激发想象力,预测未来的重大发明	课前	调研活动:采访五位同学,了解同龄人每天在手机上花费的时间以及观看的内容
	课中	1) 猜词练习,了解并掌握家用电器和办公设备词汇； 2) 头脑风暴,观点分享:哪些科学发明是双刃剑； 3) 情景创设:如果没有手机,生活会发生什么变化
	课后	写作作业:以"如果我是发明家,我要发明……"为题,完成五个句子,要求使用虚拟语气

三、教学实施

活动 1

教学内容	采访五位同学,了解同龄人每天在手机上花费的时间以及观看的内容
教学目标	通过采访调研,反思现代人对电子产品产生的严重依赖心理和行为
教学途径	课前调研活动;通过班级微信群以及课堂汇报的形式,展示调研结果

参考资料

A Survey on Mobile Phone Use

移动电话使用调查

No.	How many hours do you spend on your mobile phone every day?	What do you do on your mobile phone?
Student 1		
Student 2		
Student 3		
Student 4		
Student 5		
Report:		

活动 2

教学内容	根据语言描述,猜测电器名称
教学目标	扩充实用性英语词汇,提高英语语言交际能力
教学途径	小组讨论,头脑风暴

参考资料

Fill in the blanks with the right expressions of household electrical appliances or office equipment. 根据描述，将相应的家用电器或办公设备名称填入空中。

What is it?	Description
1. _____	an electrical machine that can be used to regulate temperature when it is too hot or too cold
2. _____	an electrical machine that is used to clean floors, carpets, etc. by sucking up dirt and dust
3. _____	a machine that is used to wash and clothes
4. _____	a machine that is used to wash dishes and bowls
5. _____	a kitchen appliance that is used to cook food by passing an electromagnetic wave through it
6. _____	an electrical machine that you put slices of bread in to make toast
7. _____	a machine for printing text on paper, especially one that is connected to a computer
8. _____	a machine that is used to make copies of documents, etc. by photographing them

※━━━━━ 参考答案 ━━━━━※

1. air conditioner　　2. vacuum cleaner　　3. washing machine　　4. dish washer
5. microwave oven　　6. toaster　　7. printer　　8. photocopier

》》活动 3

教学内容	举例说明哪些科学发明是双刃剑
教学目标	深入思考科技发明为我们的生活带来的益处和弊端，提升思辨能力
教学途径	头脑风暴，小组讨论，观点分享

参考资料

Invention	Pros	Cons
Vehicle	1. Improve travel efficiency, security and comfort 2. Save physical energy and greatly expand the range of people's activities 3. Promote tourism and transportation development	1. Cause air pollution 2. Consume a lot of energy 3. Heavy reliance on vehicles without necessary exercises such as cycling or walking is harmful to health
Plastics	1. Make life more convenient 2. Reduce paper consumption and save wood 3. Low cost, money-saving	1. Cause soil and sea pollution 2. Toxic plastics, used to make food packaging, toys and furniture, may endanger health
Air Conditioner	Ensure comfortable indoor environment regardless of intense heat or bitter cold outdoors	Discharge green-house gases, worsen global warming
Ice box/ Fridge	Preserve food for much longer time, help to avoid the waste of food, keep food fresh and enable long-distance food transportation possible	Discharge green-house gases, worsen global warming
pesticide	Kill pests and increase crop yield	Cause food pollution, soil pollution and underground water pollution

发明	益处	弊端
汽车	1. 提高出行效率，安全性和舒适度 2. 减轻体力消耗，使人们的活动范围大大扩展 3. 促进运输业和旅游业发展	1. 污染空气 2. 耗费能源 3. 对汽车的严重依赖导致运动量(如骑车、步行)减少，不利于身体健康

续表

发明	益处	弊端
塑料	1. 方便日常生活 2. 减少纸张消耗,节约木材 3. 造价低,节约经济成本	1. 对土壤、海洋造成污染 2. 有毒塑料用于食品包装,或制作成玩具、家具,对健康造成危害
空调	不论酷暑和严寒,都能确保室内环境的舒适性	释放温室气体,加剧全球变暖
冰箱/柜	长期储存食物,有效避免食品浪费,保鲜食品,实现远距离食物运输	释放温室气体,加剧全球变暖
农药	消灭害虫,提高农作物产量	(过度使用)造成粮食污染、土壤污染、地下水污染

▷▷ 活动 4

教学内容	情景创设:如果没有手机,生活会发生什么变化
教学目标	反省自己对电子产品的依赖;提升自我约束能力和自律意识,警惕手机上瘾
教学途径	课堂讨论,小组讨论,头脑风暴

参考资料

What changes would take place if there were no mobile phones?

(1) We would lose the mobile learning platform that provides massive learning resources and information sources.

(2) We would lose the most convenient communication tool, and resume face-to-face communication, or communicate through telephone, letters and email.

(3) We would lose mobile payment tools and need to carry cash, which increases the risk of insecurity and increases the risk of disease transmission in the process of cash circulation.

(4) We would lose the tools with diversified entertainment functions, and need to resort to other entertainment methods, such as going to the theatre and the park.

(5) There would be more time for reading, doing sports and making friends.

(6) We would show more care for people around us, have more time to communicate with family members and share interesting experiences.

(7) We would no longer be kidnapped by mobile phones or addicted to them.

如果没有手机,生活会发生什么变化?

(1) 我们将会失去提供海量学习资源和信息源的移动学习端。

(2) 我们将会失去最便捷的通信工具,回归面对面交流,或通过电话、书信、邮件交流。

(3) 我们将会失去移动支付工具,需携带现金,不安全风险增加,现金流通中的疾病传染风险增加。

(4) 我们将会失去集多样化娱乐功能为一体的工具,需要寻找其他娱乐方式,如去剧院、逛公园等。

(5) 我们将会花更多的时间读书、运动、交友。

(6) 我们将会有更多的时间关注、关心身边的人,与家人沟通交流、分享有趣的经历。

(7) 我们将不再被手机绑架,或沉溺其中不能自拔。

>>> 活动5

教学内容	课后写作作业:以"如果我是发明家,我要发明……"为题,完成五个句子,要求使用虚拟语气
教学目标	1) 激发想象力,构想未来造福人类的重大发明; 2) 思考科学技术应当如何造福人类; 3) 巩固语法知识"虚拟语气"的用法
教学途径	课后练习,提交纸质作业

参考资料

If I Were an Inventor, I Would Invent……

(1) If I were an inventor, I would invent a kind of medicine that would cure all kinds of diseases.

(2) If I were an inventor, I would invent an artificial nutrition that can feed the world population and wipe out starvation.

(3) If I were an inventor, I would invent a tool that can turn sea water into fresh water at a low cost, which might solve the world-wide problem of fresh-water shortage.

(4) If I were an inventor, I would invent a kind of device that could store and make use of solar energy easily, helping to get rid of fossil energy.

(5) If I were an inventor, I would invent a crop that could grow in desert or in polar regions, which would solve the problem of food crisis.

如果我是一个发明家,我希望发明……

(1) 如果我是一个发明家,我希望发明一种能治愈各种疾病的药物。

(2) 如果我是一名发明家,我要发明一种人造营养品,可以养活世界人口并消除饥饿。

(3) 如果我是一名发明家,我想发明一种可以以低成本将海水转化为淡水的工具,这可能会解决世界范围的淡水短缺问题。

(4) 如果我是一名发明家,我要发明一种可以轻松储存和利用太阳能的装置,帮助摆脱对化石能源的依赖。

(5) 如果我是一名发明家,我要发明一种可以在沙漠中或两极地区生长的作物,这将解决粮食危机问题。

第三节 自然灾害与防灾减灾

一、内容概要

本文是说明文,标题为"火山",论述了火山喷发的成因、喷发前的预兆、喷发时的景象及喷发后造成的破坏,并介绍了一些相关科学研究结果。

The text titled "Volcanoes", written in an expository style, gives an account of the cause of volcanic eruption, the omen before the eruption, the scene during the eruption and the damage caused by the eruption. Some relevant scientific research findings are introduced.

二、教学活动 OKR 设计

自然灾害与防灾减灾（Natural Disasters, Prevention and Mitigation）		
目标(O)	关键成果(KR)	
1) 学习火山喷发的相关知识； 2) 拓展自然灾害的相关科学知识； 3) 提高防灾减灾意识； 4) 拓展实用英语词汇量； 5) 树立安全意识，增强自我保护能力	课前	分享英语视频《火山探险》
^	课中	头脑风暴，观点分享，话题讨论： 1) 自然灾害及其主要种类； 2) 全国防灾减灾日； 3) 如何减少自然灾害及其危害
^	课后	作业：翻译与自然灾害相关的语句和段落

三、教学实施

活动 1

教学内容	分享英语视频《火山探险》
教学目标	学习火山喷发的相关知识，拓展科学常识
教学途径	课前通过微信群或公共邮箱分享英语短视频"火山探险"

参考资料

英语视频《火山探险》(图 5-2)

图 5-2 英语视频《火山探险》

来源：搜狐视频

视频相关词汇：

1. 活火山 active volcano
2. 死火山 extinct volcano
3. 休眠火山 dormant volcano
4. 火山灰 volcanic ash
5. 火山口 crater
6. 熔岩 lava

活动 2

教学内容	自然灾害及其主要种类
教学目标	拓展有关自然灾害的科学常识,扩大实用英语词汇量
教学途径	小组讨论,课堂提问,老师讲解

参考资料

1) Natural disasters refer to natural phenomena that endanger human existence or damage human living environment, including drought, high temperature, low temperature, cold wave, flood, mountain torrent, typhoon, tornado, hail, frost, rainstorm, blizzard, freezing rain, acid rain, fog, gale, haze, earthquake, tsunami, landslide, mud rock flow, sandstorm, lightning, thunderstorm, volcanic eruption, etc.

自然灾害是指给人类生存带来危害或损害人类生活环境的自然现象,包括干旱、高温、低温、寒潮、洪涝、山洪、台风、龙卷风、冰雹、霜冻、暴雨、暴雪、冻雨、酸雨、大雾、大风、雾霾、地震、海啸、滑坡、泥石流、沙尘暴、雷电、雷暴、火山喷发等。

2) China is one of the countries that have the largest number of natural disasters in the world. Natural disasters are divided into eight categories: meteorological disasters, marine disasters, flood disasters, geological disasters, earthquake disasters, crop biological disasters, forest biological disasters and forest fires.

我国是世界上自然灾害数量最多的国家之一。自然灾害有八大类:气象灾害、海洋灾害、洪水灾害、地质灾害、地震灾害、农作物生物灾害、森林生物灾害和森林火灾。

来源:百度百科

活动 3

教学内容	全国防灾减灾日
教学目标	深刻理解国家对防灾减灾工作的高度重视,以及为保护人民生命财产安全做出的努力
教学途径	小组讨论,课堂提问,老师讲解

参考资料

1) 全国防灾减灾日介绍

National Disaster Prevention and Mitigation Day was established with the approval of the State Council of the People's Republic of China. Since 2009, May 12 of each year has been the National Disaster Prevention and Mitigation Day. On the one hand, it conforms to the demands of all sectors of society on China's disaster prevention and reduction. On the other hand, it reminds the people to learn lessons from past experiences, pay more attention to disaster prevention and reduction, and strive to reduce losses and damages caused by disasters.

全国防灾减灾日是经中华人民共和国国务院批准而设立的。自 2009 年起,每年的 5 月 12 日为全国防灾减灾日。一方面,它符合社会各界对中国防灾减灾关注的诉求;另一方面,它提醒国民前事不忘、后事之师,更加重视防灾减灾,努力减少灾害损失。

May 12, 2022 is the 14th National Disaster Prevention and Mitigation Day in China, with the theme of "Reducing Disaster Risk and Guarding the Beautiful Homeland".

2022年5月12日是中国第14个全国防灾减灾日,主题是"减轻灾害风险,守护美好家园"。

来源:百度百科

2) 防灾减灾日图标的含义

防灾减灾日的图标以彩虹、伞、人为基本元素。雨后天晴的彩虹寓意着美好、未来和希望;伞的弧形形象代表着保护、呵护,两个人代表着一男一女、一老一少;两人相握之手与下面的两个人的腿共同构成一个"众"字,寓意大家携手、众志成城,共同防灾减灾。整个标识体现出积极向上的思想和保障人民群众生命财产安全之意。

来源:百度百科

The logo of National Disaster Prevention and Mitigation Day is made of rainbows, umbrella and people as the basic elements. The bright rainbow symbolizes a better future and hope. The arc-shaped image of the umbrella represents the meaning of protection and care. Two people represent a man and a woman, also an old man and a young man. The hand they hold together with the legs of the two people below forms a Chinese character "众", which means that people can work together to prevent and reduce disasters. The logo reflects the positive mentality and the intention of ensuring the safety of people's lives and property.

3) 设立防灾减灾日的意义

China is one of the countries with the most serious natural disasters in the world, with the feature of many types, wide distribution, high frequency of occurrence and heavy losses. In the context of global climate change and China's rapid economic and social development, the losses caused by natural disasters in China have been on the rise. Major natural disasters have occurred from time to time. China is facing a severe and complex situation, and the disaster risk has further intensified.

In this context, the establishment of the "National Disaster Prevention and Mitigation Day" reflects the great importance that the country attaches to disaster prevention and reduction. The establishment of the "National Disaster Prevention and Mitigation Day" and the regular national publicity and education activities are conducive to further arousing public attention to disaster prevention and mitigation, enhancing the safety awareness in the whole society, popularizing the knowledge and the skills of disaster prevention and self-rescue, improving the comprehensive capacity of disaster mitigation at all levels, and minimizing the losses caused by natural disasters.

中国是世界上自然灾害最为严重的国家之一,灾害种类多、分布地域广、发生频率高、造成的损失重。在全球气候变化和中国经济社会快速发展的背景下,中国自然灾害损失不断增加,重大自然灾害时有发生,中国面临的自然灾害形势严峻复杂,灾害风险进一步加剧。

在这种背景下,设立"防灾减灾日",体现了国家对防灾减灾工作的高度重视。通过设立"防灾减灾日",定期举办全国性的防灾减灾宣传教育活动,有利于进一步唤起社会各界对防灾减灾工作的高度关注,增强全社会防灾减灾意识,普及推广全民防灾减灾知识和避灾自救技能,提高各级综合减灾能力,最大限度地减轻自然灾害造成的损失。

来源:百度百科

活动 4

教学内容	如何减少自然灾害及其危害
教学目标	树立安全意识、提升环境保护责任感
教学途径	小组讨论,课堂提问,老师讲解

参考资料

With the accelerating and extensive exploitation of natural resources and the continuous expansion of the "hole" effect, man-made natural geological disasters will occur more and more frequently, and major destructive factors such as subsidence(地陷), volcanic eruptions, earthquakes, tsunamis, landslides, etc. will endanger the existence of human beings. How to face the worrying consequence? Humans should avoid or reduce the over excavation of underground resources, but rather, limit the excavation to upper surface resources by making full use of modern high-tech, accelerate the exploration of outer space energy. What's more, tidal energy, solar energy, electric power, bio-chemical energy and wind energy should be used more widely; We must accelerate the use of nuclear energy to reduce human dependence on natural resources. This is of great significance for improving energy reuse capacity, forming a worldwide earth protection agreement, and improving the cooperation between countries.

随着人类对自然资源的加速开采和"空洞"效应的继续扩大,人为的自然地质性灾害将越来越频繁地发生,地陷、火山喷发、地震、海啸、山体滑坡等重大破坏性因素将危及人类的生存繁衍。如何改变这一严重的后果?人类应当避免或者减少对地下资源的过度挖掘,充分利用现代高科技,仅限开发地表上层资源,加快对外太空能源的探索。应当更加广泛地利用潮汐能、太阳能、电力、生化能源、风能,等等;要加快对核能源的利用,以减少人类对自然资源的依赖。这对于提升能源再利用能力,形成世界性的地球保护协议,改善国家之间的合作关系,具有重大意义。

来源:百度百科

活动 5

教学内容	翻译与自然灾害相关的语句和段落
教学目标	拓展有关自然灾害的科学常识,扩大实用英语词汇量
教学途径	课后:翻译作业,老师批阅、讲解

参考资料

将下列句子翻译为英语。

(1) 气象灾害有20余种,主要包括暴雨、干旱、沙尘暴、雪害、雹害、风害、雷电、浓雾等。

(2) 海啸主要是由太平洋沿岸国家的剧烈地震引起的海洋灾害。

(3) 厄尔尼诺现象是指太平洋东部和中部热带海洋的海水温度异常持续变暖,这改变了全球的气候模式,导致一些地区干旱,而其他地区降雨量过多。

(4) 地震是一种破坏力极大的自然灾害。地震除了直接造成的滑坡和房屋倒塌外,还会引发火灾、洪水、爆炸、泥石流、毒气扩散和瘟疫等次生灾害。

(5) 农作物病害主要包括:水稻病害,小麦病害,玉米病害,棉花病害及大豆、花生病害。

---------- **参考答案** ----------

(1) There are more than 20 kinds of meteorological disasters, mainly including rainstorm,

drought, sandstorm, blizzard, hail, wind, thunder and lightning and dense fog.

（2）Tsunami is mainly a marine disaster caused by violent earthquakes in countries along the Pacific Ocean.

（3）El Niño phenomenon refers to the abnormal continuous warming of sea water temperature in the tropical oceans in the eastern and central Pacific Ocean, which changes the global climate model, causing drought in some regions and excessive rainfall in others.

（4）Earthquake is a natural disaster with great destructive power. In addition to landslides and house collapses directly caused by the earthquake, it will also cause secondary disasters such as fire, flood, explosion, mud rock flow, poison gas spread and plague.

（5）Crop diseases mainly include rice diseases, wheat diseases, corn diseases, cotton diseases and soybean and peanut diseases.

第四节 文学故事

一、内容概要

本文是寓言故事，标题为"老妇人与小偷"，讲述了一个冷酷的小偷多次闯入一位孤苦伶仃、靠乞讨为生的老妇人家里偷盗。一天，老妇人在乞讨路上偶遇了主动提供帮助的椰子、刀子、蜜蜂和猫咪。在它们的共同协助下，小偷最终受到了惩罚，并被抓获。故事寓意：天网恢恢，疏而不漏；恶人自有恶报。

The text titled "The Old Woman and the Thief" is a fable story about a heartless thief who repeatedly sneaked into the home of a lonely old woman, who made a living by begging. One day, on the way to begging, the old lady came across a coconut, a knife, a swarm of bees and a cat who offered to help. Finally, with their help, the thief was punished and caught. The moral in the story is that mills of God grind slowly. Evil guys will be punished sooner or later. It's only a matter of time.

二、教学活动OKR设计

文学故事（Literary Stories）		
目标（O）		关键成果（KR）
1）介绍寓言、童话、神话等文学体裁的写作特点； 2）学好英语，讲好中国故事，传承中国文化； 3）拓展文学知识，提升文学鉴赏能力； 4）普法教育，拓展法律知识； 5）拓展词汇，提升交流技能	课前	分享英语视频：中国十二生肖的故事
	课中	头脑风暴，观点分享： 1）寓言、童话、神话的异同； 2）与动物相关的英汉习语及谚语； 3）法律知识：我国刑法关于犯罪的分类
	课后	自主查阅资料：偷盗行为的法律量刑

三、教学实施

>>> 活动 1

教学内容	分享英语视频：十二生肖故事（英文版）
教学目标	学习用英语讲述中国神话传说，提升传承中国文化的意识和责任感
教学途径	课前自主观看学习

参考资料

英语视频：十二生肖故事（英文版）（图5-3）

图 5-3　十二生肖故事（英文版）

来源：腾讯视频

>>> 活动 2

教学内容	寓言、童话、神话的异同
教学目标	拓展英汉文学知识，提高文学鉴赏能力
教学途径	课堂讨论，老师讲解

参考资料

1) Similarity（相同点）：

Fairy tales, myths and fables are all literary genres, telling fictional stories, which means that any description of real stories in real life cannot be called fairy tales, myths or fables; In terms of description techniques, they all create images and make up stories and plots through imagination, fantasy, exaggeration and symbolism.

童话、神话、寓言都属于文学体裁，所描述的故事都是虚构的，这意味着现实生活中的真实故事都不能被称为童话、神话或寓言。描写手法上，三者都通过想象、幻想、夸张、象征的手段来塑造形象，编造故事和情节。

2) Difference（不同点）：

Fairy tales are targeted at children, while myths and fables are suitable for all kinds of people to read. That is so say, fairy tales are mainly aimed at children and provide them with ideological education while fables are generally instructive and teach moral lessons. Myth reflects the illusion and desire of human beings for super power.

童话主要面向儿童，而神话、寓言则适宜各种人群阅读。也就是说，童话主要目的是对儿童进行思想教育，而寓言一般是有指导意义的，并传授道德教训，神话则表现出人类对超能力的幻想和愿望。

活动 3

教学内容	与动物相关的英汉习语及谚语
教学目标	了解中英语言中的动物文化差异,提高跨文化交流的意识和能力
教学途径	课堂讨论,老师讲解

参考资料

Fill in the blanks with the right animals.(动物名称填空。)

1. as busy as a _____
2. as stupid as a _____
3. as cunning/sly as a _____
4. as meek as a _____
5. as proud as a _____
6. as happy as a _____
7. as merry as a _____
8. as slow as a _____
9. as blind as a _____
10. as timid as a _____
11. as stubborn as a _____
12. as greedy as a _____
13. as wise as an/a _____
14. as strong as a _____
15. as poor as a church _____
16. drink like a _____ (drink a lot)
17. Love me, love my _____ .
18. lead a _____'s life(miserable)
19. talk _____ (boast)
20. He is the black _____ of his family. (the one who bring shame to the family)
21. A _____ has nine lives.

━━━━ 参考答案 ━━━━

1. bee	2. goose	3. fox	4. lamb	5. peacock	6. clam	7. cricket
8. snail	9. bat	10. hare	11. mule	12. pig	13. owl	14. horse
15. mouse	16. horse	17. dog	18. dog	19. horse	20. sheep	21. cat

活动 4

教学内容	法律知识:我国刑法关于犯罪的分类
教学目标	学习并拓展法律知识,增强法律意识
教学途径	课堂提问,头脑风暴,老师讲解

参考资料

犯 罪 分 类

我国刑法将犯罪分为十类:危害国家安全罪,危害公共安全罪,破坏社会主义市场经济秩序罪,侵犯公民人身权利、民主权利罪,侵犯财产罪,妨害社会管理秩序罪,危害国防利益罪,贪污贿赂罪,渎职罪,军人违反职责罪。

来源:《中华人民共和国刑法》

The Classification of Crimes

According to the Criminal Law of China, crimes are classified into ten categories: crimes of jeopardizing state security, crimes against public security, crimes of disrupting the order of socialist market economy, crimes against citizens' personal rights and democratic rights, crimes of infringing upon property, crimes against social management order, crimes of jeopardizing national defense, crimes of corruption and bribery, crimes of dereliction of duty, and crimes of servicemen violating their duties.

> **活动 5**

教学内容	自主查阅资料：偷盗行为的法律量刑
教学目标	学习并拓展法律知识，提高知法、守法、普法的意识和能力，学习法律英语词汇及表达方法
教学途径	课后作业：利用网络资源自主学习、探究、研读

参考资料

（一）个人盗窃公私财物"数额较大"，以一千至三千元为起点。处三年以下有期徒刑、拘役或者管制，并处或者单处罚金。

（二）个人盗窃公私财物"数额巨大"，以三万元至十万元为起点。处三年以上十年以下有期徒刑，并处罚金。

（三）个人盗窃公私财物"数额特别巨大"，以三十万元至五十万元为起点。处十年以上有期徒刑或者无期徒刑，并处罚金或者没收财产。

来源：《中华人民共和国刑法》第二百六十四条

1) The person who steals public and private property ranging from 1,000 to 3,000 yuan will be sentenced to the imprisonment of not more than three years, criminal detention or public surveillance and will also, or will only, be fined.

2) The person who steals public and private property ranging from 30,000 yuan to 100,000 yuan will be sentenced to the imprisonment of not less than three years but not more than 10 years and will also be fined.

3) The person who steals public and private property ranging from 300,000 yuan to 500,000 yuan will be sentenced to the imprisonment of not less than 10 years or life imprisonment and will also be fined or confiscated of property.

第五节 环境保护

一、内容概要

本文是记叙文，标题为"环保购物袋女士"，讲述了一位野生动植物摄影师丽贝卡·霍金斯投身环保的事迹。在拍摄海洋动物的过程中，她目睹了众多海洋生物因误食了被倾倒到海洋里的塑料制品而丧命的惨景，因此决心投身于保护环境的事业。

她不仅呼吁购物者抵制使用一次性塑料袋，而且说服店家拒绝提供塑料购物袋。她亲自组织社区成员缝制可循环使用的布质购物袋，发放给购物者。她的环保理念和行动得到大众的理解和热情支持，在她的感召下，越来越多的社区成为"无塑料购物袋"社区。

The text titled "The Bag Lady" is written in a narrative style. It tells a story about Rebecca Hawkins, a wildlife photographer, who devoted herself to environmental protection. In the process of filming marine animals, she witnessed the tragic scene that many marine creatures were killed because they had eaten plastic products dumped into the ocean, and thus she was determined to devote herself to the cause of environmental protection.

She not only appealed to shoppers to boycott the use of disposable plastic bags, but also persuaded shopkeepers out of providing plastic shopping bags. And in person, she organized community members to sew recyclable cloth shopping bags and distribute them to local shoppers. Her environmental protection concept and actions have been accepted and warmly supported by the public, and more and more communities have become "plastic-free" communities thanks to her effort.

二、教学活动 OKR 设计

环境保护（Environmental Protection）		
目标（O）		关键成果（KR）
1) 培养学生的社会责任感； 2) 树立保护环境，从现在做起，从我做起的理念； 3) 培植爱护自然，关爱动植物的情怀； 4) 拓展环保类词汇，提升交流技能	课前	分享英语新闻：快递包装 绿色治理
	课中	小组讨论，头脑风暴 1) 如何在日常生活中践行绿色低碳生活； 2) 保护海洋环境的重要性； 3) 海洋污染的原因
	课后	1) 环保主题翻译练习； 2) 视频分享：英语视频节目"我们只有一个地球"； 3) 写作任务：如何保护野生物种

三、教学实施

活动 1

教学内容	分享英语新闻：快递包装 绿色治理
教学目标	深入了解并思考各行各业在环境保护方面应承担的社会责任
教学途径	课前通过班级微信群，分享英语新闻报道"快递包装 绿色治理"，导入环保话题，上课时小组讨论，交流读后感

参考资料

Green Governance of Express Packaging

快递包装 绿色治理

China has made remarkable progress in the green governance of express packaging, with a more environment-friendly development framework taking shape, according to a recent report on "the green development of China's post and express industry". Compiled by the development and research center of the State Post Bureau, the report reaffirmed the country's plan to cease the use of non-degradable plastic packaging, plastic tapes, and disposable woven plastic bags at postal and express service outlets by 2025.

根据最近发布的《中国邮政快递业绿色发展报告》，中国在快递包装绿色治理方面取得显著成效,行业正加速构建绿色发展体系。这份由国家邮政局发展研究中心发布的报告重申,到2025年年底,全国范围邮政快递网点禁止使用不可降解的塑料包装袋、塑料胶带和一次性塑料编织袋。

With the rapid development of e-commerce delivery service, the problem of packaging waste has aroused concern from all walks of life. It is urgent to promote green governance of delivery packaging. In order to adapt to the new situation and new requirements and promote green governance of packaging, the National Post Office printed and distributed "the Key Points of Ecological Environment Protection in 2020", clarified the annual tasks and measures around green governance of packaging, and proposed to implement the "9792" project. The "slimming tape" packaging should account for 90%, and non-repackaging for e-commerce should account for 70%. The utilization of recycled transit bags reached 90%, and 20,000 new postal delivery outlets with standard packaging waste recycling devices were added.

随着电商快递的快速发展,快递包装废弃物问题已经引起各界关注,推进快递包装绿色治理刻不容缓。为了适应新形势新要求,推进快递包装绿色治理,国家邮政局印发了《2020年行业生态环境保护工作要点》,围绕快递包装绿色治理明确年度工作任务和措施,提出实施"9792"工程,即"瘦身胶带"封装比例达90%,电商快件不再二次包装率达70%,循环中转袋使用率达90%,新增2万个设置标准包装废弃物回收装置的邮政快递网点。

来源:http://www.spbdrc.org.cn/yzfzyjzx/c100271/202110/6dda1592fc4c4f93b4c1da088ac90285.shtml

活动2

教学内容	如何在日常生活中践行绿色低碳生活
教学目标	培养社会责任感,树立环保意识,践行环保生活理念
教学途径	课堂分组讨论,头脑风暴,看图说话

参考资料

No.	Green Life Style	Purpose
1	Use recyclable cloth bags or paper bags instead of plastic bags	To reduce white pollution
2	Take buses, walk, ride bicycles or have car pool and drive less	To reduce automobile exhaust emissions
3	Use electrical appliances or cars powered by clean energy such as solar energy	To reduce pollution and save resources
4	Choose energy-saving products when purchasing air conditioners, refrigerators and other electrical appliances	To save energy and reduce waste
5	Refuse to use disposable chopsticks, paper cups and other articles	To reduce waste and protect trees
6	Turn off the water tap right after use	To save water
7	Turn off lights right after use	To save electric power
8	Reduce the use of paper, select electronic text	To save wood resources and reduce pollution caused by paper production

序号	绿色环保生活	意义与目的
1	使用可循环利用的布袋或纸袋替代塑料袋	减少白色污染
2	乘坐公共汽车、步行、骑单车或拼车出行,少开车	减少汽车废气排放
3	使用太阳能等清洁能源为动力的电器或汽车	减少污染,节约资源
4	购买空调、冰箱等电器时,选择节能产品	节约能源,减少浪费
5	拒绝使用一次性筷子、纸杯等物品	减少浪费,保护树木
6	随手关闭水龙头	节约用水
7	随手关灯	节约用电
8	减少纸张使用,选择电子文本	保护树木资源,减少造纸污染

▶▶ 活动 3

教学内容	保护海洋环境的重要性
教学目标	关注海洋环境,培植爱护自然、关爱动植物的情怀
教学途径	课堂分组讨论,头脑风暴,看图说话

参考资料

Ocean provides resources and creates conditions for human existence

Marine Resources	marine food, salt, minerals, tidal energy
Ocean Functions	adjusting climate, evaporating water to produce rainfall and regulating temperature

海洋为人类的生存提供了资源和条件

海洋资源	海洋食品、海盐、矿物、潮汐能
海洋功能	调节气候、蒸发水分以产生降雨、调节气温

▶▶ 活动 4

教学内容	海洋污染的原因
教学目标	关注海洋环境污染问题,提升环保意识,投身环保事业
教学途径	课堂分组讨论,头脑风暴,看图说话

参考资料

Main Causes of Marine Pollution
(1) oil tanker leakage
(2) industrial wastes dumped into the sea
(3) domestic sewage discharged into the sea
(4) domestic garbages dumped into the sea
(5) pesticides used in coastal farmland
(6) maritime accidents: ships hitting rocks, collision, oil blowout and oil pipeline leakage

海洋污染的主要原因
(1) 油船泄漏
(2) 向海洋倾倒工业废料
(3) 生活污水直接排进海洋
(4) 生活垃圾倾倒入海
(5) 沿海农田施用农药
(6) 海上事故:船舶触礁、碰撞、石油井喷和石油管道泄漏

活动 5

教学内容	环保主题翻译练习
教学目标	扩展词汇量,提升语言交流能力
教学途径	课后练习,提交作业,教师批阅

参考资料

翻译下列句子:
(1) 我们要倡导尊重自然、爱护自然的绿色价值观念,让天蓝地绿水清深入人心。
(2) 绿水青山就是金山银山。
(3) 坚持人与自然和谐共生,坚持节约优先、保护优先的方针。
(4) 大自然孕育抚养了人类,人类应该尊重自然、保护自然、顺应自然。
(5) 近年来,气候变化、生物多样性丧失、荒漠化加剧、极端气候事件频发,给人类的生存和发展带来严峻挑战。

——— 参考答案 ———

(1) We should embrace the value of green development that reveres and cares for the nature so that blue sky, green lands and clear waters will be a vision cherished by all.

(2) Lucid waters and lush mountains are invaluable assets.

(3) We must ensure harmony between human and the nature, uphold the guideline of putting conservation and protection in priority.

(4) Mother Nature has nourished human being, and we must respect it, protect it, and follow its laws.

(5) In recent years, climate changes, biodiversity loss, worsening desertification and frequent extreme weather events have all posed challenges to human existence and development.

活动 6

教学内容	视频分享:英语视频节目"我们只有一个地球"
教学目标	开阔眼界,启发思考,关注环境,树立忧患意识
教学途径	课后分享,提交观后感

参考资料

英语视频节目"我们只有一个地球"(图 5-4)

图 5-4 我们只有一个地球

来源:https://www.chinanews.com/gj/shipin/cns-d/2022/05-25/news927057.shtml

活动 7

教学内容	写作任务：如何保护野生物种
教学目标	增强保护生物多样性和爱护动植物的责任和意识
教学途径	课后写作任务：通过作文批改网提交，并根据智能评语自行修改完善，教师随后批阅

参考资料

Ways to Protect Wild Species
(1) Lay down laws to severely punish those who hurt or kill wild species. (2) Ban the trading and trafficking of wild species. (3) Make it illegal to make clothes or handicrafts with animal skins or bones. (4) Build more National parks (nature reserves) to ensure a safe living habitat/space. (5) Prohibit people from eating wild species. (6) Enhance the public awareness of protecting wild species through mass media.

保护野生物种的途径
(1) 制定法律严惩那些伤害或杀害野生物种的人； (2) 禁止野生物种的交易和非法贩卖； (3) 规定用兽皮或骨头制作衣服和工艺品是违法行为； (4) 建更多的国家公园（自然保护区），以确保动植物有安全的栖息地； (5) 禁止食用野生动物； (6) 通过大众媒体宣传，提高公众保护野生物种的意识。

第六节 文学与电影

一、内容概要

本文是记叙文，标题为"通过看电影培养读书爱好"，作者以一位母亲的身份，分享了自己如何引导上小学的女儿将对电影和电视剧的痴迷逐渐转化为对阅读文学书籍的热爱的经历。作者认为，家长应寓教于乐，在子女成长过程中扮演良师益友的角色，将培养孩子们良好的阅读习惯作为义不容辞的责任。

The text titled "Sneaking a Love of Reading Through Cinema" is written in a narrative style. As a mother, the author shares the experience how she guided her daughter, a primary-school girl, to transform her obsession with movies and TV plays into a keen love for reading literary books. The author holds the opinion that parents should combine education with pleasure, act as both teachers and friends in the process of children's growth, and take it as their responsibility to cultivate children's good reading habits.

二、教学活动 OKR 设计

文学与电影(Literature and Movies)		
目标(O)	关键成果(KR)	
1) 拓展文学知识； 2) 了解电影电视艺术门类； 3) 培养对文学和艺术的审美； 4) 扩充相关词汇,提升实用英语交流能力； 5) 树立文化自信,学好英语讲好中国故事	课前	查阅资料:中国四大文学奖
^	课中	知识拓展: 1) 艺术及文学作品的分类； 2) 电影题材分类； 3) 国内外重要影视奖及奖项设置； 4) 描述影视作品及文学作品
^	课后	阅读任务:弗朗西斯·培根《论读书》

三、教学实施

▶▶ 活动 1

教学内容	查阅资料:中国四大文学奖
教学目标	了解四位文学大家的生平,思考以他们的名字设立文学奖的意义和目的,拓展文学知识,培养对优秀文学作品的阅读兴趣,形成好的阅读习惯
教学途径	课前查阅资料,通过班级微信群以及课堂汇报的形式展示结果。

参考资料

中国四大文学奖

Four Major Chinese Literature Awards

1) 老舍文学奖(Lao She Literature Award)

"老舍文学奖"是国内奖金最高的文学奖,是一项面向全国的综合性文学艺术大奖,每三年举办一届,由老舍文艺基金会和北京市文联共同举办,1988年5月成立。老舍文学奖的奖项分别是长篇小说奖、中篇小说奖、散文奖、戏剧剧本奖和青年戏剧文学奖。

"Lao She Literature Award" is the highest prize for literature in China. It is a comprehensive national literature and art award, started in May 1988, held every three years by Lao She Literature and Art Foundation and Beijing Federation of Literary and Art Circles. Lao She Literature Awards include the Novel Award, the Novelette Award, the Prose Award, the Drama Script Award and the Youth Drama Literature Award.

2) 茅盾文学奖(Mao Dun Literature Award)

"茅盾文学奖"是中国第一个以个人名字命名的文学奖,只奖励长篇小说创作。茅盾文学奖由中国作家协会主办。成立于1982年,每四年评选一次。

"Mao Dun Literature Award" is the first literary award named after a person in China, which only rewards the creation of novels. Founded in 1982, Mao Dun Literature Award is hosted by the Chinese Writers Association and it is held every four years.

3）鲁迅文学奖（Lu Xun Literature Prize）

"鲁迅文学奖"创立于1986年，是为鼓励优秀中篇小说、短篇小说、报告文学、诗歌、散文、杂文、文学理论和评论作品的创作，鼓励优秀外国文学作品的翻译，推动文学事业的繁荣与发展而设立的。1997年，首次评奖工作正式启动。由中国作家协会主办，每三年评选一次。

Founded in 1986, "Lu Xun Literature Prize" aims to encourage the creation of excellent novellas, short stories, reportage, poems, essays, literary theories and critical works, encourage the translation of excellent foreign literary works, and promote the prosperity and development of literature. In 1997, the first award was officially launched. It is hosted by the Chinese Writers Association and is held every three years.

4）曹禺戏剧文学奖（CaoYu Drama Literature Award）

"曹禺戏剧文学奖"是专就优秀的剧本创作所进行的全国性评奖，代表我国戏剧创作的最高水准。其前身是创办于1980年的全国优秀剧本奖，1994年该奖项更名为曹禺戏剧文学奖。该奖项每年评选一次，每届评出10个正式奖和10个提名奖。

"CaoYu Drama Literature Award" is a national award for excellent screenplay creation, representing the highest level of drama creation in China. Its predecessor was the National Excellent Screenplay Award founded in 1980, which was renamed as CaoYu Drama Literature Award in 1994. Once a year, ten formal awards and ten nomination awards are proposed each time.

来源：百度百科

> **活动 2**

教学内容	艺术以及文学作品的分类
教学目标	拓展艺术与文学知识，提升人文素养，培养文学和艺术鉴赏力
教学途径	老师提问并讲解，课件分享，学生讨论

参考资料

1）艺术分类

艺术包括文学、音乐、舞蹈、绘画、雕塑、戏剧、建筑、电影八个类别。

The eight major categories of art are literature, music, dance, painting, sculpture, drama, architecture and film.

来源：百度百科

2）文学作品的分类

文学作品共分为四类：小说、散文、诗歌、戏剧。

Literary works fall into four categories: novel, prose, poem and drama.

文学作品	写作特点
小说 novel	小说以刻画人物形象为中心，是通过完整的故事情节和环境描写来反映社会生活的文学体裁。人物、情节、环境是小说的三要素。 Novel is a literary genre that focuses on portraying characters and reflects social life through a complete story plot and environmental description. Character, plot and environment are the three key elements of a novel.

续表

文学作品	写作特点
散文 Prose	散文是一种抒发作者真情实感和写作方式灵活的记叙类文学体裁。 Prose is a narrative literary genre that expresses the author's true feelings by resorting to flexible writing techniques.
诗歌 Poetry	诗歌是用高度凝练的语言，形象表达作者丰富情感，集中反映社会生活，并具有一定节奏和韵律的文学体裁。 Poetry is a literary genre that uses highly concise language to express the author's rich feelings, focuses on social life, and has certain rhythms and rhymes.
戏剧 Drama	戏剧是指以语言、动作、舞蹈、音乐、木偶等形式达到叙事目的的舞台表演艺术的总称。 Drama is the general term for stage performance art that achieves the narrative purpose in the form of language, acting, dance, music, puppet, etc.

来源：百度百科

▶▶活动 3

教学内容	电影题材分类
教学目标	拓展电影艺术知识，提高对影视作品的鉴赏能力，扩展实用英语词汇量
教学途径	老师提问并讲解，课件分享，学生讨论

参考资料

请将电影题材的汉语表达与英语表达匹配。
Match Chinese expressions with English expressions.

(1) 纪录片　(2) 科幻片　(3) 喜剧电影　(4) 悲剧电影　(5) 史诗片　(6) 动画片
(7) 侦探片　(8) 惊悚片　(9) 恐怖片　(10) 动作片　(11) 武侠片　(12) 爱情片
(13) 音乐剧　(14) 战争片

A. comedy　　　　　　　　B. documentary　　　　　　C. detective movie
D. epics/historical movie　　E. thriller　　　　　　　　F. martial arts movie
G. action movie　　　　　　H. war movie　　　　　　　I. science fiction
J. tragedy　　　　　　　　K. animation movie　　　　　L. musical film
M. romance　　　　　　　　N. horror movie

❋———— 参考答案 ————❋

(1) B　(2) I　(3) A　(4) J　(5) D　(6) K　(7) C
(8) E　(9) N　(10) G　(11) F　(12) M　(13) L　(14) H

▶▶活动 4

教学内容	国内外重要影视奖及奖项设置
教学目标	了解国内外重要的影视艺术奖项，拓宽视野，提高影视艺术鉴赏能力
教学途径	老师讲解，课件分享，学生讨论

参考资料

1）国内电影、电视奖
(1) 中国电影金鸡奖
金鸡奖也称中国电影金鸡奖，是由中国电影家协会和中国文学艺术界联合会共同主办的

"专家奖"。因为其于1981年创办而当年属中国农历鸡年,故取名金鸡奖。奖杯如图5-5(a)所示。

(a) 中国电影金鸡奖

(b) 中国电影百花奖

(c) 中国电视金鹰奖

图 5-5　中国电影和电视奖项

The Golden Rooster Awards, also known as the Golden Rooster Awards for Chinese Films, are "expert awards" jointly co-sponsored by the China Film Association and the China Federation of Literary and Artistic Circles. The Golden Rooster Awards were founded in 1981 in the Chinese Lunar Year of the Rooster, hence the name. The trophy is shown in Figure 5-5(a).

最佳故事片	Best Feature Film
最佳儿童片	Best Children's Film
最佳外语片	Best Foreign Language Film
最佳戏曲片	Best Traditional Opera Film
最佳科教片	Best Science and Education Film
最佳美术片	Best Art Film
最佳编剧	Best screenplay
最佳导演	Best Director
最佳男主角	Best leading actor
最佳女主角	Best leading actress
最佳男配角	Best supporting actor
最佳女配角	Best supporting actress
最佳摄影	Best Cinematography
最佳美术	Best Art
最佳音乐	Best Music
最佳剪辑	Best Editing

(2) 中国电影百花奖

百花奖创立于1962年,同样由中国影协和中国文联主办,代表观众对电影的看法和评价,是由观众投票产生的"观众奖"。其奖杯如图5-5(b)所示。百花奖设最佳故事片奖、优秀故事片奖、最佳导演奖、最佳编剧奖、最佳男女主角奖、最佳男女配角奖、最佳新人奖,均由观众投票产生。

The Hundred Flowers Awards, founded in 1962, are sponsored by the China Film

Association and the China Federation of Literary and Art Circles. The trophy is shown in Figure 5-5(b). They represent the audience's views and evaluation about the films and are the "audience awards" voted by the audience. The Hundred Flowers Awards include the best feature film award, excellent feature film award, the best director award, the best screenwriter award, the best leading actor and actress award, the best supporting actor and actress awards and the best new performer awards, all of which are voted by the audience.

1992年起,中国电影金鸡奖和中国电影百花奖合称为中国电影金鸡百花奖,同年开始创办第一届中国金鸡百花电影节。自2005年起,专业评审制的金鸡奖与观众投票制的百花奖轮流举办,前者在单数年举办,后者在双数年举办。

Since 1992, the Golden Rooster Awards for Chinese Films and the Hundred Flowers Awards for Chinese Films have been jointly called the Golden Rooster and Hundred Flowers Awards for Chinese Films, and the first Golden Rooster and Hundred Flower Film Festival of China was held in the same year. Since 2005, the Golden Rooster Awards based on professional evaluation system and the Hundred Flowers Awards based on audience voting system have been held in turns, the former in odd numbered years and the latter in even numbered years.

(3) 中国电视金鹰奖

中国电视金鹰奖如图5-5(c)所示,是由中国文学艺术界联合会和中国电视艺术家协会共同主办的电视奖项,创办于1983年。它与中国电视剧飞天奖、上海电视节白玉兰奖并称为中国电视剧三大奖。

The China TV Golden Eagle Awards, as shown in Figure 5-5(c), are television awards jointly hosted by the China Federation of Literary and Art Circles and the China Television Artists Association. They were founded in 1983. The other two major Chinese TV series awards are Flying Apsaras Awards and the Magnolia Awards of Shanghai TV Festival.

2) 国外电影奖

美国电影艺术与科学学院奖又名奥斯卡金像奖,是由美国电影艺术与科学学院主办的电影类奖项,创办于1929年。该奖项是美国历史最为悠久、最具权威性和专业性的电影类奖项,也是全世界最具影响力的电影类奖项。

The Academy Awards, known as the Oscars, are film awards sponsored by the Academy of Motion Picture Arts and Sciences, founded in 1929. They are the oldest, most authoritative and professional film awards in the United States, and the most influential film awards in the world.

奥斯卡金像奖是美国电影界的最高奖项,与艾美奖(电视类奖项)、格莱美奖(音乐类奖项)、托尼奖(戏剧类奖项)并称美国演艺界四大奖。

The Academy Award is the highest award in American film industry. The Emmy Awards (television awards), the Grammy Awards (music awards), the Tony Awards (drama awards) and the Academy Awards are called the four awards (EGOT) in the American performing arts industry.

奥斯卡金像奖共设置22个常设奖项和3个非常设奖项,此外美国电影艺术与科学学院还设置了独立于奥斯卡金像奖的3个荣誉奖项。奥斯卡金像奖每年举办一届,一般于每年2月至4月在美国洛杉矶的好莱坞杜比剧院举行颁奖典礼,在全球超过200个国家和地区进行电视或网络直播。

The Academy Awards have 22 permanent awards and 3 non-permanent awards. In addition, the Academy of Motion Picture Arts and Sciences has also set up 3 honorary awards that are independent of the Academy Awards. The Academy Awards are held once a year, usually from February to April in Hollywood Dolby Theatre in Los Angeles, the United States. More than 200 countries and regions around the world live broadcast the award ceremony on TV or online.

No.	奖项	Awards
1	最佳影片	Best Picture
2	最佳导演	Best Directing
3	最佳男主角	Best Actor in a Leading Role
4	最佳女主角	Best Actress in a Leading Role
5	最佳男配角	Best Actor in a Supporting Role
6	最佳女配角	Best Actress in a Supporting Role
7	最佳原创剧本	Best Writing(Original Screenplay)
8	最佳改编剧本	Best Writing(Adapted Screenplay)
9	最佳摄影	Best Cinematography
10	最佳剪辑	Best Film Editing
11	最佳声音效果	Best Sound Effects
12	最佳视觉效果	Best Visual Effects
13	最佳化妆与发型设计	Best Makeup and Hairstyling
14	最佳服装设计	Best Costume Design
15	最佳艺术指导	Best Production Design
16	最佳原创配乐	Best Music(Original Score)
17	最佳原创歌曲	Best Music(Original Song)
18	最佳原创音乐剧	Best Music(Original Musical)
19	最佳动画长片	Best Animated Feature Film
20	最佳动画短片	Best Short Film(Animated)
21	最佳真人短片	Best Short Film(Live Action)
22	最佳纪录长片	Best Documentary(Feature)
23	最佳纪录短片	Best Documentary(Short Subject)
24	最佳国际影片	Best International Feature Film

活动5

教学内容	描述影视作品及文学作品
教学目标	锻炼实用英语表达能力,提升跨文化交际能力
教学途径	翻译练习由学生分组讨论完成,教师讲解,课件分享

参考资料

翻译下列句子。

（1）这部大片的票房创了历史新高。
（2）这部动作片由一位当红演员领衔主演，一炮打响。
（3）中国四大名著全部被改编为电视连续剧了。
（4）我喜欢这部科幻片是因为其情节引人入胜，主题发人深省。
（5）这部动画片迎合了儿童和青少年的心理和审美。
（6）这部电影改编于同名传记文学，男主角的演技堪称一流。
（7）这部武侠小说充满令人紧张得透不过气的悬念。
（8）这部现实题材小说揭示了人性黑暗的一面。

参考答案

（1）The box office of this blockbuster hit a record high.

（2）This action movie is starred by a popular actor, which is a big hit.

（3）The four great classics in Chinese literature have all been adapted into TV series.

（4）I like this science fiction film for its fascinating plot and thought-provoking theme.

（5）This animation movie caters to children's and teenagers' psychology and aesthetic taste.

（6）The movie is adapted from the biography of the same name, and the leading actor's acting can be rated as first-class.

（7）The martial arts novel is full of breathtaking suspense.

（8）This novel with its realistic theme reveals the dark side of human nature.

活动 6

教学内容	阅读任务：弗朗西斯·培根《论读书》
教学目标	欣赏文学经典之作，领悟其中思想内涵，培养发散思维，激发学习动机
教学途径	课后自学

参考资料

弗朗西斯·培根（Francis Bacon，1561年1月22日—1626年4月9日），英国文艺复兴时期的散文家、哲学家。

《论读书》是一篇论说散文。全文虽短，却字字珠玑。这篇文章不仅在用词方面多采用庄重典雅的古语词、大词，着重体现作者的冷静、理性，语言富有卓见，蕴含哲理，而且句子富有节奏感，读起来朗朗上口。句式多采用并列式，体现语言及语义的平衡美。培根善用排比和比喻，深入浅出地说明道理。文中格言警句层出不穷，除过渡句外，几乎句句是警句，言简意赅，很有说服力。这些论说文的特色在原文中体现得非常明显，堪称论说文的典范。

Of Studies

Studies serve for delight, for ornament①, and for ability. Their chief use for delight, is in privateness and retiring; for ornament, is in discourse; and for ability, is in the judgment, and disposition② of business. For expert men can execute, and perhaps judge of particulars, one by one; but the general counsels, and the plots and marshalling③ of affairs, come best, from those that are learned. To spend too much time in studies is sloth④; to use them too much for ornament, is affectation; to make judgment wholly by their rules, is the humor of a scholar. They perfect nature, and are perfected by experience: for natural abilities are like natural plants, that need pruning⑤, by study; and studies themselves, do give forth directions too much at large, except they be bounded in by experience. Crafty men contemn studies, simple men admire them, and wise men use them; for they teach not their own use; but that is a wisdom without them, and above them, won by observation. Read not to contradict and confute⑥; nor to believe and take for granted; nor to find talk and discourse; but to weigh and consider. Some books are to be tasted, others to be swallowed, and some few to be chewed and digested; that is, some books are to be read only in parts; others to be read, but not curiously; and some few to be read wholly, and with diligence and attention. Some books also may be read by deputy, and extracts made of them by others; but that would be only in the less important arguments, and the meaner sort of books, else distilled books are like common distilled waters, flashy things⑦.

Reading makes a full man; conference⑧ a ready man; and writing an exact man. And therefore, if a man write little, he had need have a great memory; if he confer little, he had need have a present wit; and if he read little, he had need have much cunning, to seem to know, that he doth not. Histories make men wise; poets witty; the mathematics subtle; natural philosophy deep; moral grave; logic and rhetoric able to contend⑨. Abeunt studia in mores⑩: Studies pass into the character. Nay, there is no stand or impediment in the wit, but maybe wrought out by fit studies; like as diseases of the body, may have appropriate exercises. Bowling is good for the stone and reins; shooting for the lungs and breast; gentle walking for the stomach; riding for the head; and the like. So if a man's wit be wandering, let him study the mathematics; for in demonstrations, if his wit be called away never so little, he must begin again. If his wit be not apt to distinguish or find differences, let him study the Schoolmen; for they are cymini sectores⑪. If he be not apt to beat over matters, and to call up one thing to prove and illustrate another, let him study the lawyers' cases. So every defect of the mind, may have a special receipt⑫.

词句注释

① ornament—n. 装饰；装饰物
② disposition—n. 处置
③ marshalling—n. 处理
④ sloth—n. 懒惰
⑤ pruning—n. 修剪；剪枝
⑥ confute—vt. 驳斥，驳倒
⑦ flashy things—索然无味的东西
⑧ conference—n. 谈话，会谈

⑨ contend—vt & vi. 辩论
⑩ Abeunt studia in mores—拉丁文,学问塑造气质(Studies influence manners)
⑪ cymini sectores—善于区分细节的人(splitters of hairs)
⑫ receipt—n. 处方

中文译文：

论读书

读书足以怡情,足以博才,足以长才。其怡情也,最见于独处幽居之时;其博才也,最见于高谈阔论之中;其长才也,最见于处世判事之际。练达之士虽能分别处理细事或一一判别枝节,然纵观统筹、全局策划,则舍好学深思者莫属。读书费时过多易惰,文采藻饰太盛则矫,全凭条文断事乃学究故态。读书补天然之不足,经验又补读书之不足,盖天生才干犹如自然花草,读书然后知如何修剪移接;而书中所示,如不以经验范之,则又大而无当。有一技之长者鄙读书,无知者羡读书,唯明智之士用读书。然书并不以用处告人,用书之智不在书中,而在书外,全凭观察得之。读书时不可存心诘难作者,不可尽信书上所言,亦不可只为寻章摘句,而应推敲细思。书有可浅尝者,有可吞食者,少数则须咀嚼消化。换言之,有只需读其部分者,有只需大体涉猎者,少数则须全读,读时须全神贯注,孜孜不倦。书亦可请人代读,取其所作摘要,但只限题材较次或价值不高者,否则书经提炼犹如水经蒸馏,淡而无味矣。

读书使人充实,讨论使人机智,笔记使人准确。因此不常做笔记者须记忆特强,不常讨论者须天生聪颖,不常读书者须欺世有术,始能无知而显有知。读史使人明智,读诗使人灵秀,数学使人周密,科学使人深刻,伦理学使人庄重,逻辑修辞之学使人善辩:凡有所学,皆成性格。人之才智但有滞碍,无不可读适当之书使之顺畅,一如身体百病,皆可借相宜之,运动除之。滚球利睾肾,射箭利胸肺,慢步利肠胃,骑术利头脑,诸如此类。如智力不集中,可令读数学,盖演题须全神贯注,稍有分散即须重演;如不能辨异,可令读经院哲学,盖是辈皆吹毛求疵之人;如不善求同,不善以一物阐证另一物,可令读律师之案卷。如此头脑中凡有缺陷,皆有特药可医。

(王佐良 译)
来源:百度百科

第七节 教育与个人命运

一、内容概要

本文是议论文,标题为"教育决定你的未来",作者通过自身辍学、复学、努力拼搏、完成学业的坎坷经历,分享了他对教育决定未来,教育改变命运的深刻理解。告诫年轻人要珍惜时光,不负青春,努力学习,否则会落得老大徒伤悲的结局。

The text titled "Education is Your Future" is written in an argumentative style. Through his own experience of dropping school, returning to school and struggling hard for better education, the author shares with his readers his profound understanding that education determines the future life, and that education changes personal destiny. He prompts young people to cherish time, live up to their youth, and study hard. Otherwise, they will end up with great sadness.

二、教学活动 OKR 设计

目标(O)	关键成果(KR)	
教育与个人命运(Education and Personal Destiny)		
1) 引导学生思考如何规划大学生活,应设定什么目标; 2) 了解并学会运用学习策略; 3) 了解并学会制定学习目标; 4) 扩充有关教育相关词汇、短语及表达,提升实用英语交流能力; 5) 分享对四年大学生活和学校的期待,启发思考,活跃思维,提升写作交流能力。	课前	问卷调查:我的大学生活规划
	课中	1) 学习策略的分类; 2) 目标设定的 SMART 原则; 3) 接受高等教育的目的和意义; 4) 高等教育类实用英语表达
	课后	写作任务:我心目中的好大学

三、教学实施

活动 1

教学内容	问卷调查:我的大学生活规划
教学目标	采访调研五位同学,了解同学们是否对大学生活有规划、有目标,同时进行自我反思和自我激励
教学途径	课前开展调研活动,通过班级微信群以及课堂汇报的形式,展示调研结果

参考资料

调查问卷表

My Planning for the University Life

No.	List three goals you plan to accomplish in the university life	List the ways you realize the goals that you have set
Student 1		
Student 2		
Student3		
Student 4		
Student 5		
Report:		

活动 2

教学内容	学习策略的分类
教学目标	了解并学会运用学习的认知策略、元认知策略以及资源管理策略,助力对所学知识的巩固拓展,促进对知识内容的内化和深化
教学途径	老师讲解,课件分享,学生讨论

参考资料

学习策略的分类如图 5-6 所示。

```
Learning Strategy
▸ 认知策略(cognitive strategy)
  ▸ ——针对学习内容采用的学习策略。
    ▸ 例如：重复、标识重点、做笔记、编顺口溜、画表格、思维导图等。
▸ 元认知策略(meta-cognitive strategy)
  ▸ ——针对学习者自身的学习行为采用的监督和管理策略。
    ▸ 例如：计划、目标、监控、调节。
▸ 资源管理策略(resource management strategy)
  ▸ ——针对学习时间、环境、社会资源、学习工具而实施的策略。
    ▸ 例如：时间分配、场所选择、求助、线上线下学习平台利用。
```

图 5-6 学习策略的分类

活动 3

教学内容	目标设定的 SMART 原则
教学目标	了解并学会运用学习目标设定的 SMART 原则，提高学习成效
教学途径	老师讲解，课件分享，学生讨论

参考资料

图 5-7 所示为目标设定的 SMART 原则。

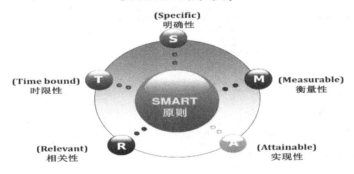

图 5-7 目标设定的 SMART 原则

活动 4

教学内容	接受高等教育的目的和意义
教学目标	思考接受高等教育的目的和意义，珍惜时光，努力提升个人综合素质
教学途径	头脑风暴，小组讨论，班级分享

参考资料

Objectives and significance of receiving higher education：

(1) To have a better understanding of the society;

(2) To learn to cope with other people;

(3) To enrich experience and knowledge;

(4) To learn to live and think independently;

(5) To be more grateful to parents;

(6) To realize that no pains, no gains;

(7) To learn to face challenge and competition;

(8) To become more perseverant, ambitious, co-operative, self-disciplined;

(9) To be more mature, rational, practical, realistic and tolerant;

(10) To be well developed morally, intellectually and physically.

接受高等教育的目的和意义：

(1) 更好地了解社会；

(2) 学会与人相处；

(3) 丰富阅历，增长知识；

(4) 学会独立生活，独立思考；

(5) 更加感恩父母；

(6) 认识到一分耕耘，一分收获；

(7) 学会面对挑战和竞争；

(8) 变得更坚韧、更有抱负、更有合作精神、更自律；

(9) 变得更成熟、更理性、更务实、更包容；

(10) 德、智、体得到全面发展。

活动 5

教学内容	高等教育类实用英语表述
教学目标	扩充教育相关词汇、短语及表达，提升实用英语交流能力
教学途径	老师讲解，课件分享，小组交流

参考资料

拓展练习

(1) 熟记下列短语

① institutions of higher learning/education　　高等学府

② undergraduate and postgraduate students　　本科生和研究生

③ alumni　　校友

④ alma mater　　母校

⑤ bachelor's degree　　学士学位

⑥ master's degree　　硕士学位

⑦ doctorate/doctoral degree/PhD　　博士学位

⑧ state key university　　全国重点大学

⑨ thesis defense/defend one's thesis　　论文答辩

⑩ compulsory/required courses　　必修课

⑪ optional/selective courses　　　　　选修课
⑫ make-up examination　　　　　　　补考
⑬ open-book examination　　　　　　开卷考试
⑭ close-book examination　　　　　　闭卷考试
⑮ compulsory education　　　　　　　义务教育
⑯ pre-school education　　　　　　　学前教育
⑰ primary education　　　　　　　　　初等教育
⑱ secondary education　　　　　　　　中等教育
⑲ higher/tertiary education　　　　　　高等教育
⑳ vocational education　　　　　　　　职业教育

（2）英汉翻译练习

① This is a key university directly under the Ministry of Education, entitled to confer the bachelor's, master's and doctoral degrees. It is also one of the first universities authorized by the state to establish centers for post-doctoral studies.

② The university has long been a renowned institution of higher learning, with strong teaching staff and prestigious academic strength, and it is now well on its way to becoming a world-class quality university.

③ The university is an important base for bringing up senior professionals of science and technology, and promoting the progress of Chinese science and technology as well.

④ The library has a collection of 900,000 volumes and subscribes to over 1,000 Chinese and overseas periodicals.

⑤ We should try hard to bring glory and honor to the alma mater.

参考译文：

① 这是一所直属教育部的重点院校，具有学士、硕士和博士学位授予权，而且是首批国家授权建立博士后流动站的院校之一。

② 这所大学已经发展成为师资力量雄厚、学术声誉远扬的著名学府，并正在向世界高水平大学迈进。

③ 该校是培养高级科学技术人才和促进中国科学技术进步的重要基地之一。

④ 学校图书馆现有藏书 90 万册，订购有中外期刊 1,000 余种。

⑤ 我们应当努力为母校增光。

▶ 活动 6

教学内容	写作任务：我心目中的好大学
教学目标	分享对四年大学生活和学校的期待，启发思考，活跃思维，提升写作交流能力
教学途径	课后作业通过英语批改网提交，根据提示自我修正，教师随后手动批阅

参考资料

My Understanding of a Good University

Every one of us wants to go to a good university for further education. Different people may have different ideas as to the criteria of a good university.

In my opinion, a good university should, first of all, have distinguished professors and qualified teachers, for the most important criterion of a good university is its researching and teaching quality, which is vital to the professional growth of college students.

Secondly, a good university should be well equipped with necessary facilities for studying, teaching and researching, such as multi-media classrooms, computer centers, laboratories, library, etc, which can greatly improve the efficiency and level of studying and teaching.

Thirdly, a good university should have an ideal environment and provide the students with satisfactory living and entertaining conditions. For example, a beautiful campus, spacious dining halls, good accommodation, gymnasiums, recreation centers are all indispensable to a good university, for they can ensure a rich, lively and healthful college life.

Last but not the least, a good university should be equipped with effective rules and regulations, as well as highly efficient management, which is a guarantee of the smooth running of the university.

我心目中的好大学

每个人都希望去一所好大学继续深造。至于说到好大学的标准,仁者见仁,智者见智。

我认为一所好的大学首先应该有优秀的教授和合格的教师,因为一所好大学最重要的标准是它的科研和教学质量,这对大学生的专业成长至关重要。

其次,一所好的大学应该配备必要的学习、教学和研究设施,如多媒体教室、计算机中心、实验室、图书馆等,这可以大大提高学习和教学的效率和水平。

第三,一所好的大学应该有一个理想的环境,并为学生提供满意的生活和娱乐条件。例如,美丽的校园、宽敞的餐厅、良好的住宿条件、健身房、娱乐中心都是一所好大学不可或缺的,因为它们可以确保丰富多彩、活泼健康的大学生活。

最后,好的大学应该设立有效的规章制度,拥有高效的管理水平,这是一所大学顺利运行的保证。

第八节 奥运会与体育精神

一、内容概要

本文是记叙文,标题为"在逆境中拼搏",讲述了奥运会史上最伟大的女子短跑运动员之一——威尔玛·鲁道夫——在逆境中奋力拼搏,依靠顽强的意志力最终实现梦想的故事。她曾经是一名靠支架行走的小儿麻痹患者,最终成为夺得三枚奥运金牌的运动员。

The text, titled "Against the Odds" written in a narrative style, tells the story of Wilma Rudolph, one of the greatest female sprinters in the history of the Olympic Games, who fought hard in adversity and realized her dream with her strong willpower. She used to be a polio patient who had to walk on a scaffold, finally became an athlete who won three Olympic gold medals.

二、教学活动 OKR 设计

奥运会与体育精神（Olympics and Sportsmanship）		
目标(O)	关键成果(KR)	
1) 普及、宣传奥运知识； 2) 拓展运动类词汇量； 3) 了解奥运会比赛知识； 4) 思考中国举办奥运会的目的、意义和收获； 5) 分享个人健身方式，树立健身意识； 6) 提升探究性学习能力	课前	查阅并了解奥运会的相关知识
	课中	1) 看图识别运动项目； 2) 中国举办奥运会的意义； 3) 运动器械和器材
	课后	写作任务：我最喜爱的运动

三、教学实施

▶▶活动 1

教学内容	查阅并了解奥运会的相关知识
教学目标	了解奥运会所倡导的体育精神：平等尊重、和平友谊、拼搏奋进
教学途径	课前查阅资料，分享有关英语视频

参考资料

1) 奥林匹克宗旨（The Olympic Aim）

The Aim of the Olympic Games is to promote the all-round development of human physiology, psychology and social morality, promote mutual understanding among people of all countries, popularize Olympism in the world and maintain world peace.

奥运会的宗旨是促进人的生理、心理和社会道德全面发展，促进各国人民的相互理解，在全世界普及奥林匹克主义，维护世界和平。

2) 奥林匹克标志（The Olympic signs）

The Olympic Games has a series of unique and distinctive symbolic signs, such as the Olympic logo, motto, Olympic flag, anthem, emblem, medal, mascot, etc. These signs have rich cultural meanings and vividly reflect the value orientation and cultural connotation of the Olympic ideal.

奥林匹克运动会有一系列独特而鲜明的象征性标志，如奥林匹克标志、格言、奥运会会旗、会歌、会徽、奖牌、吉祥物等。这些标志有着丰富的文化含义，形象地体现了奥林匹克理想的价值取向和文化内涵。

3) 奥林匹克五环（The Olympic Rings）

The Olympic rings are the official trademark of the International Olympic Committee (IOC). The colors of the interlinked Olympic rings were chosen by the IOC, to represent the union of the 5 continents, Oceania, Africa, America, Asia and Europe and further signify the meeting of the world athletes at the Olympic Games. The plain white background of the Olympic flag is symbolic of peace throughout the games.

奥林匹克五环是国际奥委会（IOC）的官方商标。相互连接、环环相扣的奥林匹克五环的颜色由 IOC 选定，代表大洋洲、非洲、美洲、亚洲和欧洲五大洲的联盟，代表世界各地的运动员在奥运会上的相遇。奥林匹克会旗的纯白背景象征着整个运动会的和平。

The five colors of the rings, from left to right, are blue, black and red across the top, with yellow and green along the bottom; these colors can be found on most flags of the world and officially hold no other particular meanings, although some people believe each color represents a particular continent. Blue represents Europe. Yellow represents Asia. Black represents Africa. Green represents Oceania. Red represents America.

环的五种颜色从左到右，顶部为蓝色、黑色和红色，底部为黄色和蓝色。这些颜色常常出现在世界上大多数旗帜上，虽然官方没有说明其特殊意义，但有些人认为每种颜色代表一个特定的大陆。蓝色代表欧洲；黄色代表亚洲；黑色代表非洲；绿色代表大洋洲；红色代表美洲。

4) 奥林匹克信条（The Olympic Creed）

The Olympic creed, first stated in 1896 by the founder of the modern Olympic Games, Baron Pierre de Coubertin, is expressed as follows: The most important thing in the Olympic Games is not to win but to take part, just as the most important thing in life is not the triumph but the struggle. The essential thing is not to have conquered but to have fought well.

奥林匹克信条于 1896 年由现代奥林匹克运动会之父皮埃尔·德·顾拜旦男爵首次提出，信条如下：奥运会最重要的不是胜利而是参与，正如生活中最重要的事情不是胜利而是奋斗。重要的不在于征服，而在于努力拼搏。

5) 奥林匹克格言（The Olympic Motto）

The Olympic motto "Citius, Altius, Fortius" is Latin, literally meaning "Faster, Higher, Braver". However, the universally accepted meaning is "Swifter, Higher, Stronger".

奥林匹克格言是"Citius, Altius, Fortius"，在拉丁语中的字面意思是"更快、更高、更勇敢"。然而，普遍接受的含义是"更快，更高，更强"。

6) 奥运誓言（The Olympic Oath）

One athlete from the host country takes an oath at the Opening Ceremony on behalf of all the competing athletes. The Olympic oath is a gesture of sportsmanship that was first given at the 1920 Olympic Games. The words of the Olympic oath are:

"In the name of all competitors, I promise that we shall take part in these Olympic Games, respecting and abiding by the rules which govern them, in the true spirit of sportsmanship, for the glory of sport and the honor of our teams."

A similar oath is also taken by a coach or team official at each Games.

奥运会主办国的一名运动员代表所有参赛运动员在开幕式上宣誓。奥林匹克誓言是一种体育精神，首次在 1920 年奥运会上发出。其内容如下：

"我代表全体运动员承诺，为了体育的光荣和本队的荣誉，我们将以真正的体育精神，参加本届运动会比赛，尊重和遵守各项规则。"

在每次比赛中，教练或团队官员也会进行类似的宣誓。

7) 2022 年北京冬奥会标志：冬梦（The symbol of the 2022 Beijing Winter Olympic Games: Winter Dream）

(a) 会徽

(b) 吉祥物

图 5-8 北京冬奥会会徽和吉祥物

The emblem of the 2022 Beijing Winter Olympic Games, Winter Dream, is the symbol used at the 24th Winter Olympic Games. It is mainly composed of three parts: the emblem graphic, the character logo and the Olympic five ring logo. The main shape of the graphic is similar to the calligraphy of the Chinese character "Winter", and the main color is blue.

北京2022年冬奥会会徽(冬梦),是第24届冬季奥林匹克运动会使用的标志,主要由会徽图形、文字标志、奥林匹克五环标志三个部分组成,图形主体形似汉字"冬"的书法形态,主色调为蓝色。

The upper part of the emblem shows the shape of a skater, and the lower part shows the shape of a skier, reflecting the concept of the two major sports of ice and snow held in China. The dancing lines in the middle are smooth and full of rhythm, representing the undulating mountains, the stadium, the ice and snow slide and ribbons, which adds a visual sense of festive celebration.

北京2022年冬奥会会徽的上半部分展现滑冰运动员的造型,下半部分表现滑雪运动员的英姿,体现中国举办的冰、雪两大运动的理念。中间舞动的线条流畅且充满韵律,代表举办地起伏的山峦、赛场、冰雪滑道和飘舞的丝带,增添了节日欢庆的视觉感受。

来源:百度百科

活动2

教学内容	看图识别运动项目
教学目标	拓展运动类词汇量,了解奥运会比赛知识,树立健身意识
教学途径	课堂讨论,看图说话,头脑风暴

参考资料

1) 根据图 5-9 中的图标识别相应的运动项目

图 5-9 运动项目图标

❖━━━ 参考答案 ━━━❖

① 击剑 fencing　② 拳击 boxing　③ 网球 tennis　④ 篮球 basketball
⑤ 自行车 cycling　⑥ 足球 football　⑦ 径赛项目 track event　⑧ 射击 shooting
⑨ 水球 water polo　⑩ 跳水 diving　⑪ 皮划艇 canoeing　⑫ 游泳 swimming

2) 北京 2022 年冬奥会体育图标(图 5-10)

图 5-10　北京 2022 年冬奥会体育图标

> 活动 3

教学内容	中国举办奥运会的意义
教学目标	深刻理解国家为世界体育运动发展做出的努力和贡献,增强民族自信心
教学途径	头脑风暴,小组讨论,观点分享

参考资料

The Significance for China to Host Olympic Games

By hosting the Olympic Games, China has demonstrated its responsibility as a great country, further stimulated the national spirit and patriotism, and demonstrated the strength of a great nation.

Culturally speaking, hosting the Olympic Games contributes to cultural exchange and integration, spreads China's splendid civilization and culture, enhances friendship and promotes world peace.

Economically, hosting the Olympic Games can attract investment, increase employment rate, improve infrastructure and transportation construction.

In terms of environment, hosting cities witnesses the impressive improvement in pollution and noise control, urban greening and the environmental management.

As to the national sports culture, the nationwide physical fitness campaign is widely launched and supported by the public, which greatly improve the psychological and physical quality of the whole nation.

Politically, China has established a good international image and enhanced the national prestige and status.

中国举办奥运会的意义

通过主办奥运会,中国展示了大国风范,进一步激发了民族精神和爱国主义情怀,展示了国家的实力。

从文化层面上讲,举办奥运会有助于文化交流与融合,促进中国灿烂的文明与文化的传播,增进友谊,促进世界和平。

在经济层面上,举办奥运会可以吸引投资,提高就业率,改善基础设施和交通建设。

在环境方面,主办城市在污染和噪声控制、城市绿化和环境管理方面得到显著改善。

在体育方面,全民健身运动得到广泛开展和公众支持,极大地提高了全民族的心理和身体素质。

在政治层面上,中国树立了良好的国际形象,提高了国际声誉和地位。

> 活动 4

教学内容	运动器械和器材
教学目标	拓展运动类词汇量,加深对运动知识的了解,树立健身意识
教学途径	头脑风暴,小组讨论,观点分享

参考资料

What sport equipment is used in the following sports? (下列运动项目使用的运动器材是什么?)

NO.	Sport Event 运动项目	Sport equipment 体育器材
1	Badminton 羽毛球	
2	Table tennis 乒乓球	
3	Golf 高尔夫球	
4	Baseball 棒球	
5	Weightlifting 举重	
6	Fencing 击剑	
7	Archery 射箭	
8	Shooting 射击	
9	Indoor jogging 室内跑步	
10	Pull up 引体向上	

———— 参考答案 ————

NO.	Sport Event 运动项目	Sport equipment 体育器材
1	Badminton 羽毛球	racket 球拍, shuttlecock 羽毛球
2	Table tennis 乒乓球	bat 球拍, ball 球
3	Golf 高尔夫球	golf club 杆; golf ball 球
4	Baseball 棒球	baseball bat 棒, baseball glove 手套
5	Weightlifting 举重	barbell 杠铃; dumbbell 哑铃
6	Fencing 击剑	sword 剑
7	Archery 射箭	arrow and bow 箭和弓
8	Shooting 射击	rifle 步枪, pistol 手枪
9	Indoor jogging 室内跑步	treadmill 跑步机
10	Pull up 引体向上	horizontal bar 单杠

活动 5

教学内容	写作任务:我最喜爱的运动
教学目标	加深对体育运动的热爱,提升强身健体的意识和技能
教学途径	在作文批改网上提交作文,并根据智能评语自行修改、完善,教师随后批阅

参考资料

My Favorite Sport

Everyone has their own ideas regarding favorite sport. As far as I am concerned, football is undoubtedly my best liked sport. In fact, I always try to spend at least three afternoons every week on playing football with my friends, pals and schoolmates. I am almost addicted to playing football. I like football because of the following reasons.

To start with, football is one of the major international sports and attracts many talented players to play in different competitions worldwide, which is a big feast to fans like me. Not only can I admire and learn playing skills from superstars, but I can also have a better understanding about the importance of teamwork, team glory and perseverance.

What's more, by playing with others, I gradually develop higher sense of self discipline and awareness of competition, I realize that behind every success, there are tears, toils and pains. As the saying goes, there is no royal road to success.

Thirdly, playing football is a very healthy way to entertain ourselves, kill time or establish friendship. Instead of staying indoors alone, with a mobile phone in your hand, it is much more active and interesting to play outdoors together with others.

For better health and a stronger body, join us and play football together!

我最喜爱的运动

  对喜欢的运动，每个人都有自己的想法。就我而言，足球无疑是我最喜欢的运动。事实上，我每周总是努力花至少3个下午和我的朋友、伙伴和同学一起踢足球。我几乎迷上了踢足球。我喜欢足球是出于以下原因。

  首先，足球是最重要的国际体育项目之一，吸引了许多有天赋的球员参加世界各地的比赛，这对像我这样的球迷而言是一场盛宴。我不仅可以欣赏和学习超级明星的踢球技巧，还可以更好地理解团队合作、团队荣誉和坚韧不拔的毅力的重要性。

  更重要的是，通过与他人踢球，我逐渐树立了更强的自律意识和竞争意识，意识到每一次成功的背后都有泪水、付出和痛苦。正如俗话说的那样：成功路上无捷径。

  第三，踢足球是娱乐自己、消遣时间或建立友谊的一种非常健康的方式。与其独自待在室内，手里拿着一部手机玩，不如与其他人一起在户外踢球，这是一种更积极、更有趣的娱乐方式。

  为了获得更健康和更强壮的体魄，加入我们吧！咱们一起踢足球！

第六章 "英语精读"(Ⅱ)课程教学活动设计

【课程目标】

作为少数民族本科预科英语基础课程,按照大纲要求,英语精读课致力于复习、巩固、深化学生在中学已经学过的英语知识与技能,通过开展多样化的英语技能训练,如英语构词、短语搭配、句型操练、话题讨论、英汉互译、阅读理解、写作训练等教学活动,实现对中学英语基础知识的补习和对大学英语知识和技能的培训。

英语精读课注重培养少数民族学生的学习能力和综合素质,引导少数民族本科预科生学习掌握和运用现代教育技术和多媒体资源,自主开拓学习渠道,丰富学习资源,提升自主学习的意识和能力;使他们通过一年的学习,适应本科大学阶段大学英语学习模式,掌握英语语言学习策略。对教材相关背景知识的拓展学习,不仅能使学生对英语国家的社会与文化有客观全面的了解,也能引导学生树立"学好英语,讲好中国故事"的意识和责任感,树立正确的英语学习态度和观念,为学生跨文化交际能力的提高奠定基础。

同时,本课程注重将"铸牢中华民族共同体意识"贯穿教学,培养学生的家国情怀、国际视野和文化自信,引导学生树立正确的三观。

【课程使用教材】

《英语》(一年制下册),王笑施主编,人民出版社,2017.

第一节 健康与长寿

一、内容概要

本文是议论文,标题为"长寿之道",介绍了世界上一些山区长寿老人的生存环境,分析了促成健康长寿的重要原因。

The text titled "Living a Long Life", written in an argumentative style, introduces the long-lived people in mountainous areas in the world, and analyzes the factors that may account for their sound health and longevity.

二、教学活动 OKR 设计

健康与长寿(Health and Longevity)		
目标(O)		关键成果(KR)
1) 培养学生的爱国情怀,感受社会主义制度的优越性; 2) 学好英语,讲好中国故事,传承中国文化; 3) 树立正确健康意识,崇尚健康生活方式; 4) 拓展词汇,提升交流技能	课前	1) 查阅资料,了解并比较中美两国在新冠疫情中的患病和死亡人数统计数据,深刻理解国家"人民生命至上"的担当和为民情怀; 2) 结合中国主办冬奥会开幕式展示的二十四节气,分享相关英语视频及文字材料
	课中	头脑风暴,观点分享: (1) 中国传统文化中的长寿象征物; (2) 中英文中对不同年龄段的称谓; (3) 居家健身的方式
	课后	写作任务:健康是幸福之源

三、教学实施

▶▶活动 1

教学内容	查阅资料,比较中美两国在新冠疫情中的患病和死亡人数统计数据
教学目标	深刻理解党和政府"人民生命至上"的担当和为民情怀;培养学生的爱国情怀和民族自豪感,提升信息素养,树立自主学习意识
教学途径	课前查阅资料,自主学习

参考资料

1) 新冠疫情在美国已导致 100 多万人病亡。
Covid 19 pandemic has claimed over one million lives in the United States.
来源:http://news.youth.cn/gj/202205/t20220516_13697468.htm

2) 美国感染者累计超 9 807 万例,比前一日新增 4 万例,全球居首。
The cumulative number of infected people in the United States exceeded 98.07 million, an increase of 40,000 over yesterday, ranking first in the world.
来源:http://content-static.cctvnews.cctv.com/snow-book/index.html?item_id=16820861408476880280&toc_style_id=feeds_default&share_to=wechat

3) 中国大陆 31 个省市区累计确诊感染人数:273 262 人,死亡人数 5 226 人。
The total number of confirmed infections in 31 provinces and cities in Chinese Mainland is 273,262, with 5,226 people losing their lives.

来源:https://china.caixin.com/m/2022-11-14/101965039.html

> **活动 2**

教学内容	二十四节气
教学目标	拓展文化知识,利用学习资源,学好英语,讲好中国故事,传承中国文化
教学途径	结合北京冬奥会开幕式展示的二十四节气,通过班级微信群、班级公共邮箱,分享文本、视频学习资源

参考资料

1) 二十四节气(24 Solar Terms)

2022 年北京冬奥会开幕日恰逢"立春",这是一年 24 个节气中的第一个节气。"立春"被用来做倒计时仪式前的最后一秒,反映了中国人对时间的理解。24 个节气如下所示:

The opening day of the 2022 Beijing Winter Olympics coincides with the "Beginning of Spring", which is the first of the 24 solar terms of the year. It is used to count down the last second before the ceremony, reflecting Chinese people's understanding of time. The 24 Solar Terms are as follows:

立春 Beginning of Spring (1st solar term)

雨水 Rain Water (2nd solar term)

惊蛰 Awakening of Insects (3rd solar term)

春分 Spring Equinox (4th solar term)

清明 Pure Brightness (5th solar term)

谷雨 Grain Rain (6th solar term)

立夏 Beginning of Summer (7th solar term)

小满 Grain Buds (8th solar term)

芒种 Grain in Ear (9th solar term)

夏至 Summer Solstice (10th solar term)

小暑 Minor Heat (11th solar term)

大暑 Major Heat (12th solar term)

立秋 Beginning of Autumn (13th solar term)

处暑 End of Heat (14th solar term)

白露 White Dew (15th solar term)

秋分 Autumnal Equinox (16th solar term)

寒露 Cold Dew (17th solar term)

霜降 Frost's descent (18th solar term)

立冬 Beginning of Winter (19th solar term)

小雪 Minor Snow (20th solar term)

大雪 Major Snow (21st solar term)

冬至 Winter Solstice (22nd solar term)

小寒 Minor Cold (23rd solar term)

大寒 Major Cold (24th solar term)

2) 推荐英文纪录片:四季中国(Seasons of China)(图 6-1)

图 6-1 四季中国

活动 3

教学内容	中国传统文化中的长寿象征物
教学目标	提高跨文化交流能力,树立传播中国传统文化的意识和语言技能
教学途径	课堂话题讨论,头脑风暴,看图说话

参考资料

中国文化中的长寿象征物如图 6-2 所示。

 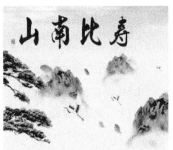 

(a) 松与鹤(pine tree and crane)　　(b) 南山(Southern Mountain)　　(c) 寿龟(turtle / tortoise)

(d) 寿菊(chrysanthemum)　　(e) 寿桃(peach)　　(f) 寿鹿(deer)

图 6-2 中国文化中的长寿象征物

活动 4

教学内容	中英文对不同年龄段的称谓
教学目标	通过英汉语言对比,欣赏汉语言文字的博大精深,感受语言之美
教学途径	课文讲解环节,拓展知识,扩充英汉相关词汇

参考资料

不同年龄段称谓（Special expressions for different age groups）

(1) 英语

babyhood 婴儿期　　　　infancy 幼儿期
childhood 儿童期　　　　teens 青少年期
adolescence 青春期　　　youth 青年期
adulthood 成年期　　　　twilight years 暮年期

(2) 汉语

20 岁—弱冠　　　30 岁—而立　　　40 岁—不惑　　　50 岁—知天命
60 岁—顺耳(花甲)　70 岁—古稀　　80、90 岁—耄耋　100 岁—期颐

子曰：吾十有五而志于学,三十而立,四十而不惑,五十而知天命,六十而耳顺,七十而从心所欲不逾矩。

来源:《论语·为政》

活动 5

教学内容	居家健身的方式
教学目标	树立健康意识,崇尚健康的生活方式,提升语言交流能力
教学途径	课堂话题讨论,头脑风暴,扩展英语运动类词汇

参考资料

室内强身健体方式(Indoor physical exercises)：

practice yoga 练瑜伽　　　　　　practice Tai Chi/martial arts 打太极/练武术
arm-wrestling 掰手腕　　　　　　practice planks 平板支撑
treadmill 跑步机　　　　　　　　exercise bike 健身脚踏车
do push-ups 俯卧撑　　　　　　　do sit-ups 仰卧起坐
pull ups/chin ups 引体向上　　　squat 深蹲
dumb bell 哑铃　　　　　　　　　wrestling/boxing 摔跤/拳击
rope skipping 跳绳　　　　　　　kick shuttlecocks 踢毽子

活动 6

教学内容	写作任务:健康是幸福之源
教学目标	树立正确的健康观和生命观,植入"健康生活,利己利家,利国利民"的理念
教学途径	课后作业在作文批改网提交,并根据智能评语自行修改、完善,教师随后批阅

参考资料

Why do people say that 'health is the source of happiness'? The following points can illustrate the reasons.

With good health, we can do many meaningful things with ease and pleasure. For instance, we can make a living on our own, support ourselves and our family. What's more, we can work more efficiently and energetically. In addition, we can enjoy travelling, doing sports, eating and drinking whatever we like.

Not only can we do more for family members and people around us, but we can also serve the society better and realize personal value, which gives us a sense of responsibility, a sense of pride and a sense of achievement.

In brief, health is not a personal matter, it is related to the happiness of the whole family, and public health issue is definitely closely associated with national strength and welfare. Namely, good health condition is a blessing for individuals, for the family and for the society.

为什么说"健康是幸福的源泉"？以下观点可以说明原因。

有了健康，我们可以轻松愉快地做许多有意义的事情。例如，我们可以独立谋生，养活自己、维持家人生计。而且，我们可以更有效率、充满活力地工作。此外，我们可以享受旅行、从事运动、享受美食。

我们不仅能为家庭成员和身边的人做更多的事，还能更好地为社会服务，从而实现个人价值，这给了我们责任感、自豪感和成就感。

简言之，健康不是个人的事，它关系到家庭的幸福，而大众健康问题与国家实力和福利密切相关。也就是说，良好的健康状况是个人、家庭和社会的福祉。

第二节 传统节日与文化

一、内容概要

本文是记叙文，标题为"水手的礼物"，以书信的形式，讲述了除夕夜在一家寒酸破旧的小饭馆里发生的故事。一位水手通过向孤独无助的陌生人赠送礼物的小小善举，感化了那些本来表现得愤怒、冷漠、孤寂的就餐者，最终大家都慷慨地表达、分享、接受彼此的热情、善意和关爱，成为眼中有光、心中有爱、行中有善的人。

The text titled "A Sailor's Gift" is written in a narrative style and in the form of a letter. It tells a story that happened in a shabby and poorly-decorated restaurant on the New Year Eve. A sailor, by giving gifts to lonely and helpless strangers, warmed up the diners who were originally angry, indifferent and lonely. In the end, they generously expressed, shared and accepted each other's hospitality, kindness and love, and turned into people with bright light in their eyes, love in their hearts and kindness in their behaviors.

二、教学活动OKR设计

传统节日与文化(Traditional Festivals and Culture)		
目标(O)		关键成果(KR)
1) 培养学生的爱国情怀和民族自豪感，增强四个自信； 2) 学好英语，讲好中国故事； 3) 爱的教育； 4) 拓宽视野，活跃思维； 5) 拓展词汇，提升交流技能	课前	分享英语视频：中国重要传统节日介绍
	课中	1) 中国经典文学作品的英语翻译； 2) 与爱和奉献有关的英汉谚语； 3) 中国诗歌欣赏与翻译
	课后	翻译练习：清明节

三、教学实施

>>> 活动 1

教学内容	分享英语视频:中国重要传统节日介绍
教学目标	传播中国文化,树立民族自豪感,提升信息素养,树立自主学习意识
教学途径	通过班级微信群、班级公共邮箱分享学习资源,课前自主观看学习

参考资料

1) MOOC 系列英语课程:英语话中国传统节日(图 6-3)

图 6-3　MOOC 系列英语课程:英语话中国传统节日

来源:中国大学 MOOC,河南理工大学,英语话中国传统节日

2) 课件分享:中国传统节日(图 6-4)、传统节日活动和饮食文化(图 6-5)

图 6-4　中国传统节日

图 6-5 中国传统节日活动和饮食文化

活动 2

教学内容	中国经典文学作品的英语翻译
教学目标	学好英语,讲好中国故事,树立传播中国传统文化的意识和语言技能
教学途径	课堂话题讨论,看图说话,课件分享

参考资料

课件分享:中国文化国学经典(图 6-6)

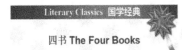

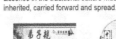

　　(a) 四书　　　　　　　　(b) 五经　　　　　　(c)《三字经》和《弟子规》

图 6-6 中国文化国学经典

活动 3

教学内容	与爱和奉献有关的英汉谚语
教学目标	接受爱的教育,崇尚并追求真善美;培养发散思维
教学途径	话题讨论,头脑风暴

参考资料

课件分享:表达爱的语言(图 6-7)

图 6-7　表达爱的语言

活动 4

教学内容	中国诗歌欣赏与翻译
教学目标	感受汉英语言之美、文字之美,欣赏翻译名家的文学造诣和深厚功底
教学途径	课堂课件展示,通过讨论、评论、比较几个翻译版本的语言特点和风格

参考资料

看"清明时节"图(图 6-8),赏"清明"诗,评论、比较 3 个翻译版本的语言特点和风格。

图 6-8　清明时节

清明

唐·杜牧

清明时节雨纷纷,
路上行人欲断魂。
借问酒家何处有?
牧童遥指杏花村。

(1) 吴钧陶英译版(韵式 aaba)

　　It drizzles thick and fast on the Pure Brightness Day,
　　I travel with my heart lost in dismay.
　　"Is there a public house somewhere, cowboy?"

He points at Apricot Village faraway.

（2）许渊冲英译（韵式 aabb）

A drizzling rain falls like tears on the Mourning Day,
The mourner's heart is going to break on his way.
Where can a wine shop be found to drown his sad hours?
A cowherd points to a cot 'mid apricot flowers.

（3）杨宪益英译（无韵译法）

It drizzles endless during the rainy season in spring,
Travelers along the road look gloomy and miserable.
When I ask a shepherd boy where I can find a tavern,
He points at a distant hamlet nestling a midst apricot blossoms.

来源：https://language.chinadaily.com.cn/a/202004/04/WS5e87dc13a3101282172845f8.html

活动 5

教学内容	翻译练习：清明节
教学目标	提高跨文化交流能力，树立传承和传播中华民族文化的意识和责任感。将学过的词汇和句子结构灵活运用于书面和口头表达，提升语言输出能力
教学途径	提交纸质版课后作业，教师批阅并讲评

参考资料

汉译英作业：

清 明 节

清明是中国二十四节气之一，也是一个古老的传统节日。清明节在农历三月（公历 4 月 5 日左右），正是春光明媚、令人陶醉之时，是空气洁净的季节，因此叫作"清明节"。

人们有在清明节扫墓、祭祖、踏青、插柳的习俗。国人有敬老的传统，对去世的先人更是缅怀和崇敬。因此，每到清明节，人们都要到郊外去祭扫祖先的坟墓，为坟墓除去杂草，添加新土，在坟前点上香，摆上食物和纸钱，以表示对祖先的思念和敬意。这叫扫墓。

清明时节，山野小草变绿，河边柳树长叶，正是户外游玩的好时候。古时，人们要折根柳枝戴在头上，用以驱邪避灾、求安祈福。

现在，殡葬方式有了很大改变。在取消土葬、实行火葬后，田野里的坟墓越来越少了。但是，清明节祭祖、踏青是中国人的传统习俗。人们会怀念祖先，也会去观赏蓝天、绿树、青草和鲜花。

参考译文：

Pure Brightness Day

Pure Brightness Day, one of the 24 Seasonal Division Points, is also an ancient traditional festival in China. It falls in the third lunar month or around April 5th in the solar calendar, when the spring scene is radiant and enchanting and the air is clean—hence, its name.

On the day, people have the custom to sweep a grave, offer sacrifices to ancestors, take an outing in the countryside and wear a willow twig on the head. The Chinese have the tradition to cherish the memory of their forefathers and respect them. Thus, when the day comes, people will go to the countryside to hold a memorial ceremony at their ancestors' graves. They get rid of weeds growing around the grave, add new earth, burn incense and offer food and paper coins to show their remembrance and respect for their ancestors. This is called "visiting a grave" or "sweeping a grave".

At this time, the grass in the countryside is turning green, willows along rivers have put forth new buds; it is a good time for an outing. In ancient times, people used to wear a willow twig on their hair at this time because it was supposed to be able to drive away disasters. Thus, people wear willow twigs to pray for safety and happiness.

Nowadays, great changes have taken place in regard to funerals. Since cremation has been carried out and burial has been abolished, there are fewer and fewer graves in the fields. But it remains a custom for the Chinese to offer sacrifices to their ancestors and go for a walk in the countryside, remembering their forefathers, breathing fresh air and appreciating the blue sky, green trees, grass and flowers.

第三节 男女平等

一、内容概要

本文是议论文,标题为"女同胞们团结起来,为口袋权力而战"。作者以幽默调侃的语气,论述了衣服口袋的数量与财富、地位和事业成功的正相关关系,指出女性服装口袋远远少于男性服装,这是女性在职场事业受阻的重要原因,号召姐妹们团结起来,为争取更多服装口袋权力而战。

The text titled "Pockety Women Unite", written in an argumentative style, discusses, in a humorous tone, the positive correlation between the number of clothing pockets and wealth, status as well as career success. The author points out that the number of women's clothing pockets is no match for that of men's clothing pockets, which is a major reason why women's rising path in the workplace is blocked. She calls on females to unite and fight for more clothing pockets.

二、教学活动 OKR 设计

男女平等(Gender Equality)		
目标(O)		关键成果(KR)
1) 普法教育:从法律相关条文了解我国男女平等的基本国策;	课前	阅读任务:我国法律在男女平等方面的有关规定
2) 了解认识当今社会仍存在的性别歧视现象及其危害; 3) 从男女平等理念入手,引导教育学生在人际交往中秉持平等、尊重、包容、温良、互助等品质; 4) 提升服装审美观眼光,打造更好的个人形象;	课中	头脑风暴,观点分享: (1) 家庭生活和职场中的性别歧视现象; (2) 选择着装时应考虑哪些因素; (3) 不同季节人们常穿的服装
5) 扩充有关服饰的词汇,提升实用英语交流能力	课后	阅读任务:性别平等的目标

三、教学实施

>> 活动1

教学内容	阅读任务：我国法律在保护男女平等方面的有关规定
教学目标	通过阅读法律相关条文，了解我国男女平等的基本国策；增强学法、守法和普法意识，拓展法律知识，提升思辨能力和解决问题的能力、树立正确的三观
教学途径	通过班级微信群、班级公共邮箱分享学习资源，课前自主阅读学习

参考资料

中国法律赋予妇女的权利

（1）政治权利：妇女享有与男子平等的政治权利。国家积极培养和选拔女干部。

（2）文化教育权益：国家保障妇女享有与男子平等的文化教育权利。学校在录取学生时，除特殊专业外，不得以性别为由拒绝录取女性或提高女性录取标准。

（3）劳动和社会保障权益：妇女享有与男子平等的劳动权利义务，实行同工同酬。女职工在怀孕期间不得降低基本工资或解除劳动合同。

（4）财产权益：妇女在农村土地承包经营、集体经济组织收入分配、土地征收或补偿、宅基地使用等方面享有与男子平等的权利。妇女享有与男子平等的财产继承权。

（5）人身权益：妇女的人身自由，生命健康权不受侵犯。禁止对妇女进行性骚扰。受害妇女有权向单位和有关机关投诉。

（6）婚姻家庭权益：女方在怀孕期间、分娩后一年内或终止妊娠后六个月内，男方不得提出离婚。限制男性在一定时期内的离婚请求权，有助于保护妇女和婴儿的身心健康。在离婚时共同财产分割问题上，规定了照顾女方的原则。禁止对妇女实施家庭暴力。

来源：《中华人民共和国妇女权益保障法》

Women's Rights under the Protection of the Chinese Law

（1）**Political rights**：Women enjoy equal political rights with men. The state actively trains and selects female leaders.

（2）**Rights and interests in culture and education**：The state guarantees that women enjoy equal rights with men in culture and education. When enrolling students, the school must not refuse to admit females or have different admission standards on the grounds of gender, except for special majors.

（3）**Work and social security rights and interests**：Women should have equal rights and obligations with men, and have equal pay for equal work. Female workers' basic wages cannot be reduced and their work contracts cannot be terminated during pregnancy.

（4）**Property rights and interests**：Women enjoy equal rights with men in rural land contract management, income distribution of collective economic organizations, land expropriation or compensation, and homestead use, etc. Women enjoy the equal right to inherit property.

（5）**Personal rights and interests**：Women's personal freedom and the right to life and health are inviolable. Sexual harassment is banned. Female victims have the right to file complaints to work places and relevant organizations.

(6) **Marriage and family rights**: During pregnancy, within one year after delivery or within six months after termination of pregnancy, the husband cannot apply for divorce. Restricting men's right to divorce within a certain period of time will help to protect the physical and mental health of women and infants. On the division of common property in divorce, follow the principle of protecting women's rights and interests. Family violence against women is strictly banned.

>> 活动2

教学内容	家庭生活和职场中的性别歧视现象
教学目标	了解并认识当今社会仍存在的性别歧视现象及其危害;从男女平等理念入手,引导教育学生人际交往中秉持平等、尊重、包容、温良、互助等品质
教学途径	课堂讨论,看图说话,头脑风暴

参考资料

场所	歧视现象
家庭	(1) 在农村,女童辍学率高于男童,因为一些家长认为教育对女孩毫无用处 (2) 女性分担的家务比男性多得多。传统观念认为,好女人应该扮演贤妻良母的角色 (3) 女儿往往无法继承父母的财产,因为她们一旦结婚就被视为局外人
职场	(1) 许多单位选择不雇用女性,理由是她们一旦怀孕或生育就不能高效投入工作 (2) 尽管表现好,能力优秀,但在晋升问题上,女性没有与男性处于平等地位 (3) 男女同工不同酬 (4) 女性可能在怀孕和分娩期间被单位解雇

Venue	Discrimination Phenomena
Family	(1) Girls' schooling dropout rate is higher than boys' in rural areas for the reason that some parents regard education as useless for girls. (2) Females share a lot more housework than males, which is the result of the traditional idea that a good woman should play the role of a devoted mother and wife. (3) Daughters, more often than not, cannot inherit parents' property, for they are considered outsiders once they get married.
Work place	(1) Many work places choose not to employ females on the grounds that they cannot be devoted and efficient workers once they are pregnant and give birth to babies. (2) Females workers do not stand at the equal position with males in terms of promotion despite their good performance and outstanding competence. (3) Female are not equally paid even though they do the same work as males. (4) They may lose their jobs during pregnancy and childbirth.

>> 活动3

教学内容	选择着装时应考虑哪些因素
教学目标	提升服装审美眼光,学习打造更好的个人形象
教学途径	课堂讨论,头脑风暴

参考资料

When it comes to choosing right clothes to wear, the following factors should be taken into account: style, color, pattern, material, size, etc. What's important is that the clothes we choose to wear should match our identity, occupation, age, figure, skin color, hair style, occasion and even personality.

For example, in the business setting, it is not appropriate to be dressed in clothes that are too casual, too fashionable, too dazzling in color and pattern, and too exposed. As a young student, there is no need to pursue luxury style, which will add extra financial burden to the family. In addition, the clothing colors should not be over three, which is more pleasing to the eyes. Another thing worthy of attention is that the clothing should neither be too tight and short, nor too loose and long.

In short, it's human nature to pursue beauty. But don't run after so-called fashion blindly. The clothing that suits you is what makes you charming and attractive.

在选择服装时,应考虑以下因素:款式、颜色、图案、材质和尺寸等。特别需要强调的是,我们穿的服装应符合我们的身份、职业、年龄、身材、肤色、发型、场合,甚至个性。

例如,在职场中,穿着过于随意、过于时尚、色彩和图案过于耀眼以及过于暴露的衣服都是不得体的。作为年轻学子,没有必要追求奢华风格,这会给家庭带来额外的经济负担。另外,身上衣服的颜色尽量不超过三种,这会更赏心悦目。还有一点需要注意,衣服既不能太瘦太短,也不可太肥太长。

简言之,追求美是人的天性,但不要盲目追求所谓的时尚。适合你的着装才会让你魅力四射。

>>> 活动 4

教学内容	不同季节人们常穿的服装
教学目标	扩充有关服饰的词汇,提升实用英语交流能力
教学途径	看图说话,小组交流

参考资料

人们常穿的四季服装如图 6-9 所示。

图 6-9 四季服装

Season	Clothing
Summer	dress, skirt, divided skirt, vest, T-shirt, short-sleeved shirt, short pants, sandals
Spring & Autumn	sweater, woolen sweater, scarf, overcoat, jacket, pullover, sneakers
Winter	down-filled coat, cotton-padded coat, shawl, boots, snow boots, gloves

季节	服装
夏季	连衣裙、半身裙、裙裤、背心、T恤、短袖衬衣、短裤、凉鞋
春秋季	毛衣/针织衫、羊毛衫、围巾、大衣、夹克衫、套头衫、旅游鞋/运动鞋
冬季	羽绒服、棉衣、披肩、靴子、雪地靴、手套

》》》活动5

教学内容	阅读任务：性别平等的目标
教学目标	1）认识性别歧视是全球问题，男女平权是国际社会的共识；保护女性权益，消除性别歧视任重道远 2）扩展词汇量，提升阅读和翻译技能
教学途径	课后练习，并提交纸质作业

参考资料

Goals for Gender Equality

(1) End all forms of discrimination against all women and girls everywhere.

(2) Eliminate all forms of violence against all females in the public and private spheres.

(3) Eliminate such harmful customs as child marriage, early marriage and forced marriage.

(4) Recognize and value unpaid care and domestic work and promote shared responsibility within the household and the family.

(5) Ensure female's full participation and equal opportunities for leadership at all levels of decision-making in political, economic and public life.

(6) Undertake reforms to give women equal rights to economic resources, as well as access to ownership and control over land and other forms of property, financial services, inheritance and natural resources.

(7) Enhance the use of enabling technology, in particular information and communications technology, to promote the empowerment of women.

(8) Adopt and strengthen sound policies and enforceable legislation for the promotion of gender equality and the empowerment of all women and girls.

来源：联合国《消除对妇女一切形式歧视公约》
(The Convention on the Elimination of All Forms of Discrimination against Women, CEDAW)

争取性别平等的目标

(1) 结束对世界各地对女性一切形式的歧视。

(2) 消除在公共和私人领域对女性一切形式的暴力。

(3) 消除一切有害习俗，如童婚、早婚和强迫婚姻。

(4) 承认并珍惜无偿护理和家务劳动，促进家庭和家庭内部的共同责任。

(5) 确保女性充分参与政治、经济和公共生活各级决策，并享有平等的机会成为领导者。

(6) 通过改革，赋予妇女获得经济资源的平等权利，以及获得对土地和其他形式财产、金融服务、遗产和自然资源的所有权和控制权。

(7) 加强利用扶持性技术，特别是信息和通信技术，促进赋予女性更多的权力。

(8) 通过和加强健全的政策和实施性立法，促进两性平等，赋予所有女性平等的权力。

第四节 饮食文化

一、内容概要

本文是一篇议论文,标题为"世界各地饮食",以中国、法国和地中海国家的饮食习惯和饮食结构为例,说明健康和寿命与饮食有密切的关系。文章指出过量摄入高脂肪、高热量的食物对健康非常有害,并推荐了一些低热量、低脂肪、富含维生素和其他营养成分的健康食物。

The text titled "Diets of the World", written in an argumentative style, takes China, France and Mediterranean countries as examples to show that health and life span are closely related to dietary habits and structure. The author points out that excessive intake of high-fat and high-calorie food is very harmful to health, and recommends some healthful foods that are low in calorie and fat but rich in vitamins and other nutritious elements.

二、教学活动 OKR 设计

饮食文化(Diet Culture)		
目标(O)	关键成果(KR)	
1) 了解并比较中西餐饮文化; 2) 传达健康饮食理念; 3) 学好英语,讲好中国故事; 4) 宣传节约粮食的理念,抵制舌尖上的浪费	课前	搜集、分享与饮食相关的英汉谚语和俗语
	课中	1) 课堂提问,基于常识,列出你认为最有益于健康的食物; 2) 介绍西餐知识,比较中西餐饮文化差异; 3) 中国传统菜肴翻译原则
	课后	写作任务:光盘行动

三、教学实施

活动 1

教学内容	搜集、分享与饮食相关的英汉谚语和俗语
教学目标	从英汉谚语中了解不同文化环境下人们的饮食理念和饮食习惯的异同,领悟其中的生活智慧和健康理念
教学途径	查阅资料,自主学习,每位同学通过班级微信群接龙分享一条谚语,并用英语表达自己对谚语的理解

参考资料

英语谚语:

(1) Diet cures more than doctors. 食疗胜于医疗。

(2) Leave off with an appetite. 吃得七分饱,就该离餐桌。

(3) A close mouth catches no flies. 病从口入,祸从口出。

(4) Eat at pleasure, drink with measure. 随意吃饭,适度饮酒。

(5) One man's meat is another man's poison. 萝卜青菜,各有所爱。

(6) An apple a day keeps a doctor away. 一天一苹果,健康不求医。

(7) In wine there is truth. 酒后吐真言。

(8) Hunger is the best sauce. 饥不择食。

汉语谚语：

(1) 冬吃萝卜夏吃姜,不用医生开药方。

(2) 早吃好,午吃饱,晚吃少。

(3) 贪吃又贪睡,添病又减岁。

(4) 餐前一口汤,胜过良药方。

(5) 众口难调。

(6) 食多伤身。

(7) 食不言,寝不语。

(8) 饭后百步走,活到九十九。

活动2

教学内容	课堂提问：基于常识,列举出你认为最有益于健康的食物
教学目标	了解并拓展食品保健知识,树立健康饮食观
教学途径	课堂讨论,头脑风暴

参考资料

No.	Healthy Food	Nutrition & Effect
1	tomato	Rich in Vitamin C, protecting the heart
2	spinach	Rich in Vitamin B & fiber, protecting eyesight, reducing weight
3	nut	Rich in protein, trace elements, minerals, improving immunity
4	cauliflower/broccoli	Rich in carotene and vitamin C, reducing the risk of breast cancer and colon cancer
5	oat	Reducing Cholesterol and blood pressure
6	salmon	Preventing blockage of blood vessels, and Alzheimer
7	garlic	Protecting the heart, having disinfection effect
8	blue berry	Having antioxidant effect, improving memory
9	green tea	Reducing the risk of heart disease, refreshing minds
10	red wine	Rich in amino acids, vitamins and minerals, reducing the risk of vascular sclerosis

序号	健康食品	营养及功效
1	番茄	富含维生素C,保护心脏
2	菠菜	含丰富维生素B和纤维,保护视力,瘦身佳
3	坚果	富含蛋白质、微量元素、矿物质,提高免疫力
4	花菜/西兰花	富含胡萝卜素和维生素C,防止乳腺癌、直肠癌
5	燕麦	降低胆醇,降血压
6	鲑鱼	防止血管阻塞,防止阿尔兹海默症
7	大蒜	保护心脏,有杀菌功效
8	蓝莓	抗氧化作用,改善记忆力
9	绿茶	降低心脏病发病风险;有提神醒脑效果
10	红酒	富含氨基酸、维生素和矿物质,防止血管硬化

活动 3

教学内容	介绍西餐知识,比较中西餐饮文化差异
教学目标	拓展饮食文化知识,提升跨文化意识和交流能力
教学途径	课堂讨论,看图说话,课件展示

参考资料

Put the following menu items in the order of serving.(请将以下西餐菜品按照就餐先后排序)

A. dessert   B. main course   C. appetizer(starter)
D. drink(coffee)   E. soup   F. side dish

1. ____ 2. ____ 3. ____ 4. ____ 5. ____ 6. ____

用图 6-10 展示答案。

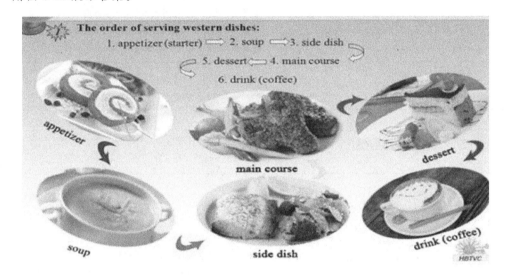

图 6-10 西餐文化

活动 4

教学内容	中国传统菜肴翻译原则
教学目标	学好英语,讲好中国故事,提升跨文化交流能力
教学途径	课堂讲解,课件展示,翻译练习

参考资料

1) 实用烹饪词汇

(1) 烹饪方式(Cooking Method)

| fry 油煎 | deep fry 油炸 | steam 蒸 | stir-fry/saute 炒 | grill 烧,烤 | boil 煮熟 | roast 烘烤(肉) |
| bake 烘焙(面食类) | stew 焖 | simmer 炖 | toss 拌 | barbecue 露天烧烤 | | |

(2) 菜品形状(Shape)

| slice 切片 | mince 绞碎 | shred 切丝 | dice 切小块/小丁 |

2) 中国菜名翻译原则(Translation Principles for Chinese Dishes)

No.	原则(Principle)	案例(Case)
1	主料＋with＋配料	松仁香菇 Mushrooms with Pine Nuts 豆芽米线 Rice Noodles with Bean Sprouts
2	食材＋with/in＋汤汁	冰糖冰苦瓜 Bitter Gourd in Iced sweet Sauce 黄瓜海鲜汁 Cucumber in Seafood Sauce
3	做法＋食材	拌黑白木耳 Tossed Black and White Fungus 番茄炒鸡蛋 Sautéed Tomato and Eggs
4	做法＋食材＋汤汁	凉拌辣面 Tossed Noodles with Chili Sauce 红烧牛肉 Braised Beef in Brown Sauce
5	形状＋主配料	三角糖包 Triangle-Shaped Sweet Stuffed Bun
6	做法＋口感＋形状＋食材	葱爆羊肉片 Sautéed Sliced Lamb with Scallion 炒辣子牛肉丁 Sautéed Diced Beef with Pepper 拌黄瓜丝 Tossed Shredded Cucumber
7	食材＋地名＋Style	四川辣子鸡丁 Spicy Diced Chicken, Sichuan Style 北京炸酱面 Noodles with Soy Bean Paste, Beijing Style
8	被外界广泛接受的传统食品,使用汉语拼音	饺子 Jiaozi 馒头 Mantou 烧麦 Shaomai
9	已被英文字典收录的,保留其原有拼写方式	豆腐 Tofu 馄饨 Wonton 宫保鸡丁 Kung Pao Chicken
10	汉语拼音＋英文注释	锅贴 Guotie (Pan-Fried Dumplings) 油条 Youtiao (Deep-Fried Dough Sticks)

3) 英汉互译练习(Translate the following Chinese dishes)

英译汉	汉译英
(1) Instant Boiled Sliced Mutton ＿＿＿	(5) 鱼香茄子 ＿＿＿
(2) Steamed Chicken with Chili Sauce ＿＿＿	(6) 清蒸糖醋鱼 ＿＿＿
(3) Sautéed Chops with Sweet & Sour sauce ＿＿＿	(7) 羊肉炖香菇 ＿＿＿
(4) Sautéed Cabbage in Sour Sauce ＿＿＿	(8) 凉拌辣子土豆丝 ＿＿＿

━━━━ 参考答案 ━━━━

(1) 涮羊肉　　　(2) 口水鸡　　　(3) 糖醋排骨　　　(4) 醋溜白菜

(5) Sautéed Eggplant with Fish Flavor　　(6) Steamed Sweet and Sour Fish

(7) Stewed Mutton with Mushroom　　(8) Tossed Shredded Potato and Pepper

▶活动5

教学内容	写作任务:光盘行动
教学目标	尊重劳动成果,树立节约意识,宣传"爱惜粮食光荣 浪费粮食可耻"理念
教学途径	课后作业在作文批改网提交,并根据智能评语自行修改、完善,教师随后批阅

参考资料

Writing task: Clear Your Plate Campaign

写作任务：光盘行动

Directions: Write a composition titled "Clear Your Plate Campaign" based on the three pictures in Figure 6-11.

描述：根据图 6-11 中的三张图片，写一篇题为"光盘行动"的文章。

  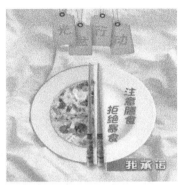

(a) Waste in Restaurants　　　(b) Waste on Campus　　　(c) Say No to Food Waste and Join in "Clear Your Plate" Campaign

图 6-11　杜绝浪费　光盘行动

As is shown in the first two pictures, food waste is by no means a rare phenomenon in our life. In Figure 6-11(a), a younger man dressed in black is offering a toast to a middle-aged man. Obviously, he has ordered a lot more dishes than they can consume in order to show his generosity and hospitality, and to please the man. From Figure 6-11(b), we can see the alarming food waste in the school canteen, where huge amount of food is left over and is disposed of.

The lesson in the first two pictures is self-evident. That is, Some people have no awareness of valuing the hard toil and sweat from farmers in the process of growing crops. Neither do they realize the food shortage problem and food supply crisis in the global context, as well as in some parts of our country.

Thanks to the appeal from the government, a campaign titled "Clear Your Plate" has been launched nationwide. Figure 6-11(c) exhibits the philosophy of the campaign—Say No to Food Waste and Join in "Clean Your Plate" Campaign. Namely, The whole society should make joint efforts to fight against food waste. If food waste is not prevented and controlled, starvation will be an inevitable threat to human existence.

To sum up, the awareness of saving food and grains should be deeply rooted in people's minds, in particular, in young people's minds. It's undoubtedly the social responsibility for every citizen to cherish the fruit of labor and save food and grains.

Clear the plate. Start from now and start from ourselves!

如前两张图片所示，食物浪费在我们的生活中绝非个别现象。在图 6-11(a) 中，一位身穿黑色衣服的年轻人向一位中年人敬酒。显然，为了表示慷慨和好客，取悦对方，他点的菜远远多于他们能吃下去的量。从图 6-11(b) 中，我们可以看到学校食堂食物浪费问题令人震惊，大量剩饭剩菜被处理掉。

前两张图片的含义是不言而喻的,即,有些人根本不珍惜农民在种植作物过程中的辛勤劳动和汗水。他们也没有意识到全球以及我国一些地区的粮食短缺问题和粮食供应危机。

在政府的号召下,一场名为"光盘行动"的运动已经在全国展开。图 6-11(c)展示了这场运动的理念——对食物浪费说"不",积极投身到这场运动中来。全社会应该共同努力,与浪费粮食的行为作斗争。如果不制止和遏制食物浪费,饥饿将不可避免地威胁人类的生存。

总之,节约粮食的意识应该深深扎根于人们,特别是年轻人的脑海中。珍惜劳动成果,节约粮食,无疑是每个公民的社会责任。

光盘行动,从现在开始,从我做起!

第五节 文化保护与传承

一、内容概要

本文是议论文,标题为"保护本土文化应得到全民关注",作者是美洲印第安文化博物馆馆长。作者介绍了他们通过组织和举办印第安文化展来保护、宣传和传承土著居民古老文化,并阐述了维护人类文明和文化多样性的意义。

The text titled "Preserving Native Culture Should be a National Concern" written in an argumentative style, by the curator of the Museum of American Indian Cultures. He introduces how they protected, publicized and inherited the ancient culture of indigenous people by organizing and holding Indian culture exhibitions, and expounds the significance of maintaining human civilization and cultural diversity.

二、教学活动 OKR 设计

文化保护与传承(Preserving and Carrying Forward Culture)		
目标(O)		关键成果(KR)
1) 树立热爱宣传和传承优秀民族文化的意识和责任感; 2) 活跃思维,开阔眼界; 3) 学好英语,讲好中国故事; 4) 学习中华优秀文化的英语表达	课前	查阅资料,分享至少一种源于你家乡或本民族的非物质文化遗产
	课中	头脑风暴、提问、讲解: 1) 中国国粹及其英语表达; 2) 颜色词的文化烙印和翻译; 3) 中国传统艺术剪纸、绘画、刺绣作品中的文化元素
	课后	写作任务:介绍一种中国特有的动物

三、教学实施

>>> 活动 1

教学内容	查阅资料,分享至少一种源于你家乡或本民族的非物质文化遗产
教学目标	树立热爱、宣传和传承优秀民族文化的意识和责任感,提升探究学习的能力
教学途径	课前探究学习,查阅资料,并通过班级微信群以及课堂汇报的形式展示调研结果

参考资料

The national intangible cultural heritage list is a list of intangible cultural heritage determined by the Ministry of Culture and Tourism and approved and published by the State Council of the people's Republic of China.

The State Council of the people's Republic of China has approved the naming of five batches of national intangible cultural heritage in 2006，2008，2011，2014 and 2021.

国家非物质文化遗产名录是由文化和旅游部确定、经中华人民共和国国务院批准并公布的非物质文化遗产名录。

中华人民共和国国务院先后于2006年、2008年和2011年、2014年、2021年批准了五批国家级非物质文化遗产名录。

来源：百度百科

活动 2

教学内容	中国国粹及其英语表达
教学目标	树立文化自信，拓展文化知识，提升传播中华文化的意识和语言技能
教学途径	看图说话，小组讨论，课堂提问，老师讲解

参考资料

Quintessence refers to the essence of a country's culture.

国粹，是指一个国家文化中的精华。

There are many forms of quintessence in China，among which Peking Opera，Chinese martial arts，Chinese calligraphy and traditional Chinese medicine(figure 6-12)，which are well-known at home and abroad，are known as the "four major forms of quintessence of China".

中国的国粹有很多，其中誉满中外的京剧、中国武术、中国书法、中国医学（图6-12）被世人称为中国的"四大国粹"。

(a) 京剧(Peking Opera)

(b) 中国医学(traditional Chinese medicine)

(c) 中国武术(Chinese martial arts)

(d) 中国书法(Chinese calligraphy)

图 6-12　中国四大国粹

Plus embroidery, porcelain, paper-cutting, Hanfu, tea culture and Go (figure 6-13) together, they are known as the top ten national essence.

另外，四大国粹与刺绣、瓷器、剪纸、汉服、茶文化、围棋（图6-13）加在一起被称为十大国粹。

(a) 围棋(Go)　　　　(b) 瓷器(porcelain)　　　　(c) 剪纸(paper-cutting)

(d) 茶文化(tea culture)　　(e) 汉服(Hanfu)　　　(f) 刺绣(embroidery)

图 6-13　中国文化精华

活动 3

教学内容	颜色词的文化烙印和翻译
教学目标	了解颜色词语蕴含的文化烙印,培养跨文化交际能力
教学途径	翻译练习,头脑风暴,小组讨论

参考资料

由于各民族文化风俗、地理位置、历史传统、宗教信仰、民族心理、思维习惯等方面的差异,颜色词语有时表现出各民族独特的"个性",带有显著的文化烙印。这就使得对颜色词语的翻译要充分考虑文化因素以及应用语境。

英译汉练习:

(1) September 9 in Chinese lunar calendar is an important red-letter day in China.

(2) The company is running in the red because of the lasting pandemic.

(3) John is in a blue mood, because he failed to get a single job offer.

(4) The green-eyed fellow did not like seeing your success.

(5) The third son is the black sheep of the family.

(6) Blue movies are strictly banned in this country.

(7) Doctors sometimes tell white lies to incurable patients.

(8) He was beaten black and blue by a boxer.

(9) He is a green hand in this field.

(10) He is too yellow to stand up and fight.

━━━━━━ 参考答案 ━━━━━━

(1) 农历九月九日是中国重要的节日。

(2) 由于持续的疫情,公司现在亏损运营。

(3) 约翰心情抑郁,因为他没有拿到工作录用函。

(4) 这个嫉妒心很强的家伙不愿意看到你的成功。

(5) 三儿子是家里的败家子。

(6) 这个国家严禁放映<u>色情</u>电影。
(7) 医生有时会对患不治之症的病人说善意的<u>谎言</u>。
(8) 他被一位拳击手打得<u>青一块紫一块</u>。
(9) 在这个领域他是<u>新手</u>。
(10) 他太<u>软弱</u>了,不敢挺身抗争。

活动 4

教学内容	中国传统艺术剪纸、绘画、刺绣作品中的文化元素
教学目标	了解中国传统艺术中的文化元素,培养文化自信,提升跨文化交际能力
教学途径	看图说话,头脑风暴,小组讨论

参考资料

在图 6-14 中的空里填写相应的词语。

图 6-14 传统艺术中的中国文化元素

——— **参考答案** ———

(1) 喜上眉梢 magpie on plum branches—symbol of good luck
(2) 富富有余,吉祥如意 fish and rooster—symbol of prosperity and good luck
(3) 连年有余 lotus and fish—symbol of wealth
(4) 龙凤呈祥 dragon and phoenix—symbol of love
(5) 富贵花开 peony in blossom—symbol of wealth and prosperity
(6) 鸳鸯戏水 mandarin ducks—symbols of faithful love

活动 5

教学内容	写作任务:介绍一种中国特有的动物
教学目标	提升传播中华文化的意识与能力;提高英语语言交流技能
教学途径	课后作业在作文批改网提交,并根据智能评语自行修改、完善,教师随后批阅

参考资料

1) 龙(Dragon)

Dragon, as shown in Figure 6-15, an animal in ancient Chinese mythology, is one of the symbols of the Chinese nation. It is said that dragons can fly, summon wind and call for rain, and so on. Together with phoenixes and unicorns, they are regarded as auspicious omens. In ancient times, they mainly symbolized imperial power; In modern times, the dragon symbolizes auspiciousness, jubilation, unity, progress and take-off, and dragon dance expresses people's good wishes.

龙,如图 6-15 所示,中国古代神话中的动物,是中华民族的象征之一。相传龙能飞行,会呼风唤雨等,与凤凰、麒麟等并称为祥瑞。在古代,龙主要寓意皇权;当今,龙象征着吉祥、喜庆、团结、进取、腾飞,舞龙表达着人们的美好愿望。

2) 凤(Phoenix)

Phoenix, as shown as figure 6-15, the king of birds, is the divine bird in ancient Chinese legend, and an imaginary animal that combines many animal characteristics. It symbolizes auspiciousness, immortality, love and imperial power. Like the dragon, it is also a symbol of the Chinese nation.

凤凰,如图 6-15 所示,是中国古代传说中的神鸟,是百鸟之王,是集合了多种动物特征于一体的想象中的动物,象征着祥瑞、永生、爱情和皇权。它与龙一样,也是中华民族的象征。

图 6-15 龙凤图

3) 大熊猫(Panda)

Panda

It's a rare bear-like animal with black and white hairs. It looks lovely with black hair only around eyes, on the four limbs and the tail, while the rest parts of the body are covered by white hair. It is very slow in movement because of its heavy weight.

Pandas live mainly in mountain areas in the southwest of China and they feed on bamboo.

I like pandas because they are the treasure of our country and the whole world. Because of their low breeding capacity and the changing living environment, they are on the verge of extinction. As a matter of fact, all Chinese people have great affection for pandas, and make great effort to provide them with a secure habitat and protect them from being hurt or killed. People often associate pandas with animal protection.

大熊猫

  大熊猫是一种珍稀的动物,外形像熊身上长有黑色和白色毛皮。大熊猫看起来很可爱,只有眼睛周围、四肢和尾巴上有黑色的毛发,而身体的其余部分被白色毛发覆盖。因为它太重了,所以移动速度很慢。

  大熊猫主要生活在中国西南部的山区,以竹子为食。

  我很喜欢熊猫,因为它们是我们国家和全世界的宝物。由于繁殖能力低,加之生存环境的变化,它们濒临灭绝。事实上,所有中国人都非常喜爱熊猫,并努力为它们提供安全的栖息地,保护它们免受伤害或杀戮。人们经常把熊猫与动物保护联系起来。

第六节 敬 老 爱 老

一、内容概要

  本文是记叙文,标题为"有一种美德叫奉献",作者讲述了自己的母亲克服重重困难,主动承担起赡养失能、年迈的外祖母的重任,歌颂了敬老爱老的奉献精神和美德,并决心以母亲为榜样,在母亲年迈时,也要尽赡养义务,为她养老送终。

  The text titled "the Virtue Called Devotion" is written in a narrative style. The author tells the story about her own mother who overcame many difficulties, and volunteered to take care of the aging grandmother. She praises the devotion and virtue of respecting and caring for the elderly, and makes up her mind to take her mother as a role model and fulfil the obligation of looking after the mother when she is getting old.

二、教学活动 OKR 设计

敬老爱老(Respect and Take Good Care of the Old)		
目标(O)		关键成果(KR)
1) 尊老、爱老、敬老教育; 2) 树立正确的生命观、健康观; 3) 弘扬责任、奉献与担当等美德; 4) 思考人口老龄化对个人、家庭和社会提出的挑战; 5) 了解国家针对老年群体制定的优惠政策,深刻领会国家和各级政府的爱民措施;让老年群体老有所养、老有所依、老有所乐和老有所安	课前	调研任务:在你的家乡,老年群体享受哪些优惠政策
	课中	话题讨论,头脑风暴,观点分享: (1) 家庭成员在物质和精神层面可以如何表达对老年人的关爱、关怀和关心; (2) 列举不同的养老方式,比较各自的利与弊; (3) 人口老龄化的原因以及老龄化带来的挑战
	课后	阅读任务:英国哲学家罗素的文章"如何变老"

三、教学实施

▶▶ 活动 1

教学内容	调研任务：在你的家乡，老年群体可以享受哪些优惠政策
教学目标	了解国家针对老年群体制定的优惠政策，深刻领会国家和各级政府的爱民措施；让老年群体老有所养、老有所依、老有所乐和老有所安
教学途径	课前调研，撰写调研结果，在班级微信群分享

参考资料

1) 老年群体可以享受的优惠政策

英语	汉语
1. Free public transportation	1. 免费乘坐公共交通
2. Free access to parks, museums, etc.	2. 免费进入公园、博物馆等
3. The lower prices for various services, such as haircut, catering, etc.	3. 优惠价格提供便民服务，如理发、餐饮等
4. Subsidies for the very aged people	4. 为高龄老人发放生活津贴

2) 积极应对人口老龄化规划

（1）The Communist Party of China Central Committee and the State Council have jointly unveiled a "medium-term and long-term plan for responding proactively to population aging". The plan requires establishing the basic institutional framework for tackling population aging by 2022; By the middle of the century, a mature institutional arrangement that meets the needs of a great modern socialist country should be put into place.

中共中央委员会、国务院联合印发了《国家积极应对人口老龄化中长期规划》。《规划》明确，到2022年，我国积极应对人口老龄化的制度框架初步建立；到本世纪中叶，与社会主义现代化强国相适应的应对人口老龄化制度安排成熟完备。

（2）We will work to ensure that our childbirth policy meshes with related economic and social policies, and carry out research on the population development strategy. As we respond proactively to population aging, we will adopt policies and foster a social environment in which senior citizens are respected, cared for, and live happily in their twilight years. We will provide integrated elderly care and medical services, and accelerate the development of aging-related programs and industries.

促进生育政策和相关经济社会政策配套衔接，加强人口发展战略研究。在应对人口老龄化的同时，构建养老、孝老、敬老政策体系和社会环境，推进医养结合，加快老龄事业和产业发展。

来源：中国日报网 2019-11-25

▶▶ 活动 2

教学内容	家庭成员在物质和精神层面可以如何表达对老年人的关爱、关怀和关心
教学目标	树立尊老、爱老、敬老意识，学习并传承奉献与担当等美德
教学途径	课堂话题讨论，头脑风暴，观点分享

参考资料

Topic	How can family members show care and love to the elderly?
Reference Answer	1. Remember their birthdays and give them well-chosen birthday gifts; 2. Buy delicious food and practical daily necessities; 3. Help them do housework, such as cleaning, cooking, washing, etc.; 4. Take them to go traveling, enjoying good time together; 5. Visit them often, especially on special days; 6. Talk with them face to face or via WeChat or telephone; 7. Send best wishes to them on the Double Ninth Festival, Mother's Day, Father's Day and other important days

话题讨论	家庭成员可以如何表达对老年人的关爱、关怀和关心？
参考答案	1. 记住他们的生日并赠送精美生日礼物； 2. 购买美味的食物和实用的日用品； 3. 帮助他们做家务，如打扫卫生、做饭、洗衣等； 4. 带着他们一起去旅行，休闲、娱乐； 5. 经常拜访探望他们，特别是在特殊的日子里； 6. 多与他们面对面交流或通过电话和微信等方式聊天； 7. 在重阳节、母亲节、父亲节等重要节日向他们致以最美好的祝愿

活动 3

教学内容	列举不同的养老方式，比较各自的利与弊
教学目标	思考人口老龄化对个人、家庭和社会提出的挑战
教学途径	课堂话题讨论，头脑风暴，观点分享

参考资料

Please list the ways of spending the twilight years, and compare the pros and cons between them.

Ways	Pros and Cons
Taken care of by family members	**Pros**: be better cared for, have a sense of security and comfort. **Cons**: heavy burden for the family, especially for those who have more than two elderly people to look after
Taken care of by the community nursing service	**Pros**: enjoy good community service, have a sense of intimacy and ease with people who are also neighbors. **Cons**: greater pressure for the community, and potential dispute risk when unexpected accidents happen to the elderly people
Taken care of by nursing homes for the old	**Pros**: provide professional service, lessen family burden in terms of physical consumption. **Cons**: have a sense of loneliness and alienation, higher financial expense for the family
Taken care of by house attendants	**Pros**: feel at ease in their own homes, more focused and efficient customized service. **Cons**: higher financial expense, higher risk of being abused by unqualified attendant

请列举不同的养老方式，并对比各自的利与弊。

养老方式	利与弊
儿女赡养	**利**：子女在身边精心照顾，老人有安全感、舒适感 **弊**：家庭成员负担重，对于有两个以上老人需要照顾的家庭尤其如此
社区养老	**利**：社区服务周全，在老人熟悉的社区老人不会产生陌生感，还可以与街坊邻里和同龄老人交流 **弊**：社区负担重、责任大，若老人发生意外，容易引发双方纠纷
养老院养老	**利**：养老院有专业人员护理，为家庭减轻负担 **弊**：老人会有孤独感、陌生感，花费较高
雇保姆居家养老	**利**：老人在自己熟悉的环境中生活感觉更随意，更舒适。保姆一对一服务，更专注、更高效 **弊**：服务费用高，遇到不称职的保姆，老人有被虐待的风险

活动 4

教学内容	人口老龄化的原因以及老龄化带来的挑战
教学目标	关心人口老龄化问题，思考应对策略，弘扬敬老爱老传统美德
教学途径	课堂话题讨论，头脑风暴，观点分享

参考资料

1) 人口老龄化的原因以及人口老龄化带来的挑战

Reasons for Population Aging	Challenges Posed by Population Aging
1. Progress and development in medical service 2. Prevention and Control of natural disasters 3. Improvement of living standard 4. Prolongation of average life span 5. Enhanced awareness of health care 6. Avoidance of large-scale wars	1. Heavier burden for family elderly care 2. Heavier burden for the social elderly care service 3. Greater pressure for medical insurance for elderly care service 4. Shortage of labor forces in the job market

人口老龄化的原因	人口老龄化带来的挑战
1. 医疗服务的发展和进步 2. 自然灾害的有效防控 3. 生活水平的提高 4. 平均寿命的延长 5. 健康意识的增强 6. 大规模战争的避免	1. 家庭养老负担加重 2. 社会养老负担加重 3. 对养老服务的医疗保险压力增大 4. 就业市场上的劳动力短缺

2) 中国进入人口老龄化阶段的原因

The Reasons Why China Has Entered the Stage of Population Aging

中国进入人口老龄化阶段的原因

First, life expectancy has increased. Average life expectancy among the urban population has increased from about 40 years at the time of the founding of the PRC to 77.3 years in 2019, and it is expected to reach 79 years by 2030.

一是人口预期寿命延长。中国城镇人口平均预期寿命从新中国成立初的 40 岁左右，提高到 2019 年的 77.3 岁,2030 年预计达到 79 岁。

Second, the rate of population aging is accelerating. It is estimated that by 2022 and 2035, the total number of elderly people in the country will reach 260 million and 420 million, respectively, accounting for 20% and 30% of the total population, which means China is gradually progressing from the moderate to the advanced stage of population aging.

二是人口老龄化加速。预计到 2022 年和 2035 年,全国老年人口总量分别达到 2.6 亿人和 4.2 亿人,分别占总人口的 20%、30%,这意味着中国逐步进入中度、高度老龄化阶段。

Third, China's labor resource endowment has changed significantly. The working-age population has been declining since 2012, with an average annual decrease of more than 3 million. And the size of this decline is increasing. It is expected that the working-age population will fall by 35 million during the 14th Five-Year Plan period.

三是劳动力资源禀赋变化明显。中国劳动年龄人口数量从 2012 年开始呈现下降趋势,年均减少 300 万人以上,并且减少幅度在加大,预计"十四五"期间还将减少 3 500 万人。

Fourth, the average duration of working years has shortened. The average years of schooling completed by the working population have continued to increase. Whereas this figure was just over 8 years in 1982, it now stands at 10.8 years, while the average figure for new labor-force entrants has reached 13.8 years. This means the age at which working begins is being continuously pushed back.

四是平均工作年限缩短。劳动人口受教育年限不断增加,1982 年受教育年限超过 8 年,现在已达 10.8 年,新增劳动力平均受教育年限达到 13.8 年,开始工作的年龄不断推后。

In conclusion, the process of population aging in China is marked by certain characteristics—the country is growing old before it becomes rich, the aging process is accelerating; its scale is immense, and the rural elderly population is particularly large. These factors will exert a major and far-reaching influence on our economic and social development. Population aging has already caused a decline in the dependency ratio of the old-age insurance system, which has given rise to new challenges in ensuring its sustainable development. With the implementation of the national strategy to actively respond to population aging, however, we will take proactive steps to coordinate social security with the development of human resources and explore effective approaches and measures to improve the foresight and initiative of our work.

综上所述,中国人口老龄化呈现出"未富先老"、速度加快、规模庞大、农村老人占比高等特征,对经济和社会的发展带来重大而深远的影响。人口老龄化造成养老保险制度抚养比下降,制度的可持续发展面临新挑战。然而,通过深入实施积极应对人口老龄化国家战略,统筹社会保障与人力资源开发,探索有效路径和举措,提高工作预见性和主动性,未雨绸缪、积极应对。

来源:https://www.sohu.com/a/506326615_117159

活动 5

教学内容	阅读任务:英国哲学家罗素的文章"如何变老"
教学目标	通过阅读,思考应如何面对衰老和死亡,树立积极乐观的生活态度和生死观
教学途径	课后自主学习,分享读后感

参考资料

How to Grow Old(如何变老)

By Bertrand Russell(伯特兰·罗素)

Bertrand Russell is one of the most prolific thinkers in the field of modern philosophy. He was born in Victorian England, but he abandoned the traditional British idealism and chose logic. Later, he greatly influenced contemporary people's cognition of mathematics, language and even age. He wrote the famous article entitled "How to Grow Old", in which 81-year-old Russell used logical thinking to explain his outlook on life and health, which is very meaningful. Figure 6-16 shows the picture of Bertrand Russell.

伯特兰·罗素是现代哲学界最多产的思想家之一,他出生于维多利亚时代的英格兰,却摒弃了英国传统的理想主义,选择了逻辑学,随后极大地影响了当代人对数学、语言甚至年龄的认知。他写了题为《怎样变老》的著名文章,在文中,81岁的罗素利用逻辑思维诠释了他的人生观、健康观,娓娓道来,颇具深意。图 6-16 所示为伯特兰·罗素。

图 6-16　伯特兰·罗素

In spite of the title, this article will really be on how not to grow old, which, at my time of life, is a much more important subject. My first advice would be to choose your ancestors carefully. Although both my parents died young, I have done well in this respect as regards my other ancestors. My maternal grandfather, it is true, was cut off in the flower of his youth at the age of sixty-seven, but my other three grandparents all lived to be over eighty. A great-grandmother of mine lived to the age of ninety-two, and to her last day remained a terror to all her descendants.

虽然有这样一个标题,这篇文章真正要谈的却是怎样才能不老。在我这个年纪,这实在是一个至关重要的问题。我的第一个忠告是,要仔细选择你的祖先。尽管我的双亲皆属早逝,但是考虑到我的其他祖先,我的选择还是很不错的。是的,我的外祖父六十七岁时去世,正值盛年,可是另外三位祖父辈的亲人都活到八十岁以上。我的一位曾祖母活到九十二岁高龄,一直到死,她始终是让子孙们全都感到敬畏的人。

My maternal grandmother, after having nine children who survived, one who died in infancy, and many miscarriages, as soon as she became a widow devoted herself to women's higher education. She was one of the founders of Girton College, and worked hard at opening the medical profession to women. She used to relate how she met in Italy an elderly gentleman who was looking very sad. She inquired the cause of his melancholy and he said that he had just parted from his two grandchildren. "Good gracious," she exclaimed, "I have seventy-two grandchildren, and if I were sad each time I parted from one of them, I should have a dismal existence!" But speaking as one of the seventy-two, I prefer her recipe.

我的外祖母,一辈子生了十个孩子,活了九个,还有一个早年夭折,此外还有过多次流产。可是守寡以后,她马上就致力于妇女的高等教育事业。她是格顿学院的创办人之一,力图使妇女进入医疗行业。她总好讲起她在意大利遇到过的一位面容悲哀的老年绅士。她询问他忧郁的缘故,他说他刚刚离开两个孙儿孙女。"天哪!"她叫道,"我有七十二个孙儿孙女,如果我每次离开他们就要悲伤不已,那我早就没法活了!"但是,作为她的七十二个孙儿孙女的一员,我却要说我更喜欢她的见地。

After the age of eighty she found she had some difficulty in getting to sleep, so she habitually spent the hours from midnight to 3 a.m. in reading popular science. I do not believe that she ever had time to notice that she was growing old. This, I think, is the proper recipe for remaining young. If you have wide and keen interests and activities in which you can still be effective, you will have no reason to think about the merely statistical fact of the number of years you have already lived, still less of the probable brevity of your future.

上了八十岁,她开始感到有些难以入睡,便经常在午夜时分至凌晨三时这段时间里阅读科普方面的书籍。我想她根本就没有工夫去留意她在衰老。我认为,这就是保持年轻的最佳方法。如果你的兴趣和活动既广泛又浓烈,而且你又能从中感到自己仍然精力旺盛,那么你就不必去考虑你已经活了多少年这种纯粹的统计学事实,更不必去考虑你那也许不很长久的未来。

As regards health, I have nothing useful to say since I have little experience of illness. I eat and drink whatever I like, and sleep when I cannot keep awake. I never do anything whatever on the ground that it is good for health, though in actual fact the things I like doing are mostly wholesome.

至于健康,由于我这一生几乎从未患过病,也就没有什么有益的忠告。我吃喝均随心所欲,醒不了的时候就睡觉。我做事情从不以它是否有益健康为依据,尽管实际上我喜欢做的事情通常都是有益健康的。

Psychologically there are two dangers to be guarded against in old age. One of these is undue absorption in the past. It does not do to live in memories, in regrets for the good old days, or in sadness about friends who are dead. One's thoughts must be directed to the future, and to things about which there is something to be done. This is not always easy; one's own past is a gradually increasing weight. It is easy to think to oneself that one's emotions used to be more vivid than they are, and one's mind more keen. If this is true it should be forgotten, and if it is forgotten it will probably not be true.

从心理角度讲,老年需防止两种危险。一是过分沉湎于往事。人不能生活在回忆当中,不能生活在对美好往昔的怀念或对去世的友人的哀念之中。一个人应当把心思放在未来,放到需要自己去做点什么的事情上。要做到这一点并非轻而易举,往事的影响总是在不断增加。人们总好认为自己过去的情感要比现在强烈得多,头脑也比现在敏锐。假如真的如此,就该忘掉它;而如果可以忘掉它,那你自以为是的情况就可能并不是真的。

The other thing to be avoided is clinging to youth in the hope of sucking vigor from its vitality. When your children are grown up they want to live their own lives, and if you continue to be as interested in them as you were when they were young, you are likely to become a burden to them, unless they are unusually callous. I do not mean that one should be without interest in them, but one's interest should be contemplative and, if possible, philanthropic, but not unduly emotional. Animals become indifferent to their young as soon as their young can look after themselves, but human beings, owing to the length of infancy, find this difficult.

还有一件事老年人尽量不要做,即过度依赖年轻人,指望从他们的活力中汲取力量。长大成人以后,孩子们都想按照自己的意愿生活。如果你还像他们年幼时那样关心他们,你就会成为他们的包袱,除非她们是异常迟钝的人。我不是说不应该关心子女,而是说这种关心应该是含蓄的,假如可能的话,还应是宽厚的,而不应该过分地感情用事。动物的幼崽一旦自立,成年动物就不再关心它们了,人类则因其幼年时期较长而难于做到这一点。

I think that a successful old age is easier for those who have strong impersonal interests involving appropriate activities. It is in this sphere that long experience is really fruitful, and it is in this sphere that the wisdom born of experience can be exercised without being oppressive. It is no use telling grown-up children not to make mistakes, both because they will not believe you, and because mistakes are an essential part of education. But if you are one of those who are incapable of impersonal interests, you may find that your life will be empty unless you concern yourself with your children and grandchildren. In that case you must realize that while you can still render them material services, such as making them an allowance or knotting them jumpers, you must not expect that they will enjoy your company.

我认为,对于那些具有强烈爱好,其活动又都恰当适宜的人们,成功度过老年决非难事。只有在这个范围里,长寿才真正有益;只有在这个范围里,源于经验的智慧才能得到运用而不令人感到压抑。告诫已经成人的孩子别犯错误是没有用处的,因为一来他们不会相信你,二来错误原本就是教育必不可少的要素之一。但是,如果你是那种受个人情感支配的人,那么你就会感到不把心思都放在儿孙辈身上,生活会很空虚。假如事实确是如此,那么你必须明白,虽然你还能为他们提供物质上的帮助,比如支援他们一笔钱或者为他们编织毛线外套,但决不要期望他们会因为你的陪伴而感到快乐。

Some old people are oppressed by the fear of death. In the young there is a justification for this feeling. Young men who have reason to fear that they will be killed in a battle may justifiably feel bitter in the thought that they have been cheated of the best things that life has to offer. But in an old man who has known human joys and sorrows, and has achieved whatever work it was in him to do, the fear of death is somewhat abject and ignoble. The best way to overcome it—so at least it seems to me—is to make your interests gradually wider and more impersonal, until bit by bit the walls of the ego recede, and your life becomes increasingly merged in the universal life.

有些老人因害怕死亡而苦恼。年轻人害怕死亡是可以理解的。有些年轻人担心他们会在战斗中丧生,一想到会失去生活能够给予他们的种种美好事物,他们就感到痛苦。这种担心并不是无缘无故的,而是情有可原的。但是,对于一位经历了人世的悲欢、履行了个人职责的老人,害怕死亡就有些可怜且可耻了。克服这种恐惧的最好办法是——至少我是这样看的——逐渐扩大你的兴趣范围并使其不受个人情感的影响,直至将包围自我的围墙一点一点地离开你,而你的生活则越来越融合于大家的生活之中。

An individual human existence should be like a river—small at first, narrowly contained within its banks, and rushing passionately past rocks and over waterfalls. Gradually the river grows wider, the banks recede, the waters flow more quietly, and in the end, without any visible break, they become merged in the sea, and painlessly lose their individual being. The man who, in old age, can see his life in this way, will not suffer form the fear of death, since the things he cares for will continue. And if, with the decay of vitality, weariness increases, the thought of rest will not be unwelcome. I should wish to die while still at work, knowing that others will carry on what I can no longer do, and content in the thought that what was possible has been done.

每一个人的生活都应该像河水一样——开始是细小的,被限制在狭窄的两岸之间,然后热烈地冲过巨石,滑下瀑布。渐渐地,河道变宽了,河岸扩展了,河水流得更平稳了。最后,河水流入了海洋,不再有明显的间断和停顿,而后便毫无痛苦地摆脱了自身的存在。能够这样理解自己一生的老人,将不会因害怕死亡而痛苦,因为他所珍爱的一切都将继续存在下去。而且,如果随着精力的衰退,疲倦之感日渐增加,长眠并非不受欢迎的念头。我渴望死于尚能劳作之时,同时知道他人将继续我所未竟的事业,我大可因为已经尽了自己之所能而感到安慰。

来源:https://www.sohu.com/a/157434156_198998

第七节 尊重文化差异

一、内容概要

本文是议论文,标题为"入乡随俗",介绍了日本、瑞典、墨西哥和埃及四个国家特有的文化习俗及社交礼仪,对比了不同国家之间的文化差异。作者强调了树立跨文化意识、践行"入乡随俗"理念的必要性和重要性。

The text titled "Do in Rome as the Romans Do", written in an argumentative style, gives an account of the unique cultural customs and social etiquette in Japan, Sweden, Mexico and Egypt and compares the cultural differences between these countries. The author emphasizes the necessity and importance of developing cross-cultural awareness and practicing the concept of "when in Rome, do as the Romans do".

二、教学活动 OKR 设计

尊重文化差异(Respect Cultural Differences)		
目标(O)	关键成果(KR)	
1) 树立跨文化意识,提升跨文化交际能力; 2) 学习讲话的艺术; 3) 社交礼仪教育; 4) 尊重并包容文化差异; 5) 拓展文化知识,学习文化方面的英语表达	课前	分享英语慕课视频"跨文化交际"和学习强国平台的系列视频"外研在线"
	课中	头脑风暴,观点分享,话题讨论: 1) 英汉委婉语; 2) 中国送礼文化禁忌; 3) 文化内容翻译练习
	课后	写作任务:入乡随俗

三、教学实施

>> 活动 1

教学内容	英语慕课视频"跨文化交际"和学习强国平台的系列视频"外研在线"
教学目标	树立跨文化意识,提升跨文化交际能力
教学途径	课前通过微信群、QQ群或公共邮箱分享学习强国平台的外研在线和英语慕课视频"跨文化交际"

参考资料

1) 视频资源:跨文化交际(图 6-17)

(a)

(b)

图 6-17 跨文化交际

来源:中国大学 MOOC,外研在线,跨文化交际

2) 文化冲击(Cultural Shock)

(1) Cultural shock refers to feelings of uncertainty, confusion, or anxiety that people may experience when moving to a new country or surroundings.

文化冲击是指人们在迁移到新国家或环境时可能经历的不确定性、困惑或焦虑情绪。

(2) Cultural shock can occur when people move to a new city or country, go on vacation, travel abroad, or study abroad for school.

当人们搬到一个新的城市或国家、度假、出国旅行或留学时,可能会经历文化冲击。

(3) Cultural shock is normal and is the natural result of being in an unfamiliar environment.

文化冲击是正常的,是身处陌生环境的自然结果。

(4) Cultural shock is typically divided into four stages: the honeymoon, frustration, adaptation, and acceptance stage.

文化冲击通常分为四个阶段:蜜月期、挫折期、适应期和接受期。

(5) Over time, people can become familiar with their new surroundings as they make new friends and learn the customs, which contributes to appreciation of the new culture.

随着时间的推移,人们可以在结交新朋友和了解风俗习惯的过程中逐渐熟悉新环境,从而欣赏新的文化。

活动2

教学内容	英汉委婉语
教学目标	拓展语言文化知识,学会使用委婉语,提升跨文化交际能力
教学途径	小组讨论,课堂提问,老师讲解

参考资料

1) 委婉语(Euphemism)

Euphemism is an appropriate expression that people hope to find in communication. It not only enables both parties to successfully complete the communication, but also makes both parties feel that the communication is pleasant. Euphemism is a language phenomenon and an important means of communication used by people on certain occasions. People usually try to avoid using language that causes unhappiness or damages the relationship. Instead, they tend to use a circuitous language form to express ideas and exchange information. Euphemism is a social and cultural phenomenon, which has permeated every aspect of people's daily life and reflects a wide range of social phenomena or people's psychology, such as taboo, courtesy and politeness, etc.

委婉语是人们在交际和交流中希望找到的一种合适的表达方式,既使双方能够顺利完成交际,又使双方感到此次交际是愉快的。委婉语是一种语言现象,是人们在一定的场合用以交际的重要手段。人们通常尽力避免使用引起双方不快或损坏双方关系的语言,而是采用一种迂回曲折的语言形式表达思想、交流信息;委婉语是一种社会文化现象,已渗透于人们日常生活的方方面面,反映广泛的社会现象或人的心理:如禁忌问题、避讳问题、礼貌问题等。

2) 常用委婉语英汉对照

序号	回避的词汇	英语委婉语	汉语委婉语
1	老	senior, elderly	年长
2	生病	under the weather, not in good condition	不舒服
3	死	go to the heaven, go to a better world, pass away, be gone, breathe one's last	过世、离世、走了、离开了
4	被解雇	be given a pink slip, be given the walking ticket, be laid off	下岗
5	贫民窟	substandard housing	/
6	丑	plain-looking, homely-looking	长相说得过去
7	胖	plump, overweight	丰满、富态
8	瘦	slender, slim, lean, underweight	苗条、干练
9	去厕所	wash one's hand, go to the restroom	上洗手间、方便一下
10	怀孕	expect a baby, in the family way, in an interesting condition	/

活动3

教学内容	中国送礼文化禁忌
教学目标	了解礼品赠送文化习俗,学好英语,讲好中国故事
教学途径	练习、演练,头脑风暴,小组讨论

参考资料

Owing to the differences in cultural customs, language and culture, religious beliefs, national psychology and other aspects of various ethnic groups, gift giving shows the unique characteristics of various ethnic groups, with significant cultural imprints.

由于各民族文化风俗、语言文化、宗教信仰、民族心理等方面的差异，礼品赠送有时表现出各民族独特的个性，带有显著的文化烙印。

序号	中国送礼禁忌	
1	钟（送终）	clock（death）
2	梨（离别）	pear（departure）
3	伞（散伙、离散）	umbrella（separation）
4	刀、剑（暴力、凶险）	knife, sword（violence, danger）

活动 4

教学内容	文化内容翻译练习
教学目标	拓展文化类英语词汇，树立文化自信，增强文化传承意识和能力
教学途径	课堂练习，小组合作完成，教师讲评

参考资料

1) 文化指历史、地理、传统习俗、工具、生活方式、宗教信仰、文学艺术、规范、法律、制度、思维方式、价值观念、审美情趣、精神图腾，等等。

2) 人们的人生观、世界观、价值观无不刻上文化的烙印。

3) 语言与艺术深深扎根于文化，是文化不可或缺的组成部分。

4) 文化自信是一种更根本、更深沉、更持久的力量。

5) 中华文明是古代文明中唯一没有中断而延续至今的文明。

──── 参考答案 ────

1) Culture refers to history, geography, traditional customs, tools, lifestyles, religious beliefs, literature and art, norms, laws, systems, ways of thinking, values, aesthetic tastes, spiritual totems and so on.

2) People's outlook on life, world outlook and values are all engraved/imprinted with the brand of culture.

3) Language and art are deeply rooted in culture and are indispensable parts of culture.

4) Cultural self-confidence is a more fundamental, profound and lasting power.

5) Of all in ancient civilizations, Chinese civilization is the only one that has not been discontinued and has lasted to this day.

活动 5

教学内容	写作任务：入乡随俗
教学目标	思考如何提升对外交流中的跨文化能力
教学途径	课后作业在作文批改网提交，并根据智能评语自行修改、完善，教师随后批阅

参考资料

Do in Rome as the Romans Do

The famous saying, "Do in Rome as the Romans do", is universally accepted, which means local customs and traditions should be observed and respected when we pay a visit to or have a tour in a place whose culture is quite different from ours.

Let's take greeting manners as an example. In our own culture, we normally greet people with a smile or a handshake, while in some other cultures, a hug, a bow and a kiss on the cheek are widely practiced. It's necessary that local greeting manners be respected and followed if we want to establish good relationship or maintain friendship with local people.

Another case in point is the courtesy concerning gift presenting. In the Chinese culture, a gift clock to an elderly person is a taboo due to the identical pronunciation of "clock" and "the end of life" in the Chinese language. Nevertheless, such a taboo is totally strange to many foreigners, who might offend a Chinese person by choosing the wrong gift.

Judging from the examples given above, we may safely come to the conclusion that it is the lack of good understanding about local culture and customs that will result in misunderstanding or even conflicts.

In other words, only when we are aware of cultural differences and learn to appreciate cultural diversity can we develop cross-cultural awareness and become a citizen of the world in the real sense.

"入乡随俗"这句名言被普遍接受和认同,这意味着当我们去一个文化截然不同的地方参观或游览时,应该遵守和尊重当地的风俗和传统。

以问候方式为例。在我们的文化中,通常用微笑或握手来问候他人,而在其他一些文化中,拥抱、鞠躬和亲吻脸颊是普遍的做法。如果我们想与当地人建立良好关系或保持友谊,就必须尊重和遵守当地的问候方式。

另一个例子是关于礼物赠送的礼节。在中国文化中,给老人赠送时钟是一种禁忌,因为汉语中"时钟"和"生命的终结"发音相同。然而,这样的禁忌对许多外国人来说是完全陌生的,他们可能会因为选择错误的礼物而冒犯国人。

从上面的例子我们可以得出结论:对当地文化和习俗缺乏理解会导致误解甚至冲突。

换言之,只有当我们意识到文化差异并学会欣赏文化多样性时,才能培养跨文化意识,成为真正意义上的世界公民。

第八节 模范人物及事迹

一、内容概要

本文是记叙文,标题为"水中的人",描述了在一场暴雪造成的空难后,有几位幸存者在冰冷的河水中挣扎,而一架直升机前来营救他们。本来可以得到营救的银行职员阿兰德·威廉姆斯数次将营救直升机抛给他的生命绳索传给其他人,最终不幸遇难。

The text titled "The Man in the Water", written in a narrative style, gives an account of an air crash caused by heavy snow. Several survivors struggled in the icy river water while a helicopter came to their rescue. Arland William, a bank examiner, gave the lifeline that the helicopter dropped to him to other survivors several times before he was drowned.

二、教学活动 OKR 设计

模范人物及事迹(Role Models and Outstanding Deeds)		
目标(O)	关键成果(KR)	
1) 学习模范人物事迹； 2) 颂扬无私、奉献、忠诚等高尚品德； 3) 树立正确的三观； 4) 普及安全知识； 5) 树立安全意识	课前	分享文章(英汉对照版):2021年感动中国年度人物
	课中	1) 用英语介绍一位模范或英雄及其事迹。 2) 讨论:空难发生的原因。 3) 如何确保安全、愉快出行
	课后	写作任务:我最崇拜的模范人物

三、教学实施

活动 1

教学内容	分享文章(英汉对照版):2021年感动中国年度人物
教学目标	学习模范人物事迹,崇尚无私奉献、忠诚担当等高尚品德
教学途径	课前分享相关英汉双语文章和新闻报道

参考资料

十位励志榜样荣获 2021 年度感动中国人物

Ten Inspirational Role Models Honored in Annual Touching China Awards

A group of 10 high-profile figures and common citizens gifted with wisdom, bravery and tenacity, including Nobel Prize-winning physicist Yang Zhenning, China's legendary sprinter Su Bingtian, as well as China's space community(figure 6-18), were honored as inspirational role models in this year's Touching China Awards announced by China Central Television on Thursday.

在中国中央电视台周四举行的今年感动中国颁奖典礼上,包括诺贝尔奖获得者物理学家杨振宁、中国传奇短跑运动员苏炳添和中国航天人在内的 10 位备受瞩目的人物和普通公民(图 6-18),因其智慧、勇敢和顽强被授予鼓舞人心的榜样称号。

图 6-18　2021 年感动中国年度人物

Renowned Nobel Prize-winning physicist, Yang Zhenning, became the first Chinese-American scientist who applied to return to China after the US just lifted the ban on visits to China in 1971. Yang also sponsored hundreds of Chinese scholars to further their studies in the US through a committee for education exchanges that he established in New York. These talented people later became the backbone in the construction of China.

著名诺贝尔物理学奖获得者杨振宁成为美国1971年解除访华禁令后第一位申请回国的华裔美国科学家。杨振宁还通过他在纽约成立的教育交流委员会,资助数百名中国学者在美国深造。这些人才后来成为中国建设的支柱。

This year's Touching China awards also focused on China's space community for opening new horizons in the starry ocean of the cosmos, including building China's own space station, a smooth interplanetary travel and landing beyond the Earth-Moon system with the Mars probe, Tianwen-1, and the exploration of Mars.

今年的感动中国奖还聚焦于中国航天界在宇宙星海中开辟的新视野,包括建造中国自己的空间站,用火星探测器天问一号顺利进行行星际旅行、着陆到地月系统外以及探索火星。

In 2021, the war epic（史诗）film, *The Battle at Lake Changjin*, by renowned Chinese director Chen Kaige, took the Chinese audiences to the site of a battle during the War to Resist the US Aggression and Aid Korea（1950—1953）. Moviegoers learned about Zhu Yanfu, the only survivor of the battle and one of the nominees for this year's Touching China. The film depicts the brave fight of the Chinese People's Volunteers Army in a key campaign at Lake Changjin under freezing temperatures. Although Zhu survived, he remained in a coma for 93 days and lost both his hands and feet after 47 surgeries. However, when he went back to his hometown, he opened a school and gave lessons to local illiterate villagers for five years. At the age of nearly 60, he started to write, holding a pen in his mouth, about the stories of his comrade-in-arms who sacrificed their lives in the battle. It took him seven years to finish the book.

2021年,由中国著名导演陈凯歌执导的战争史诗电影《长津湖战役》将中国观众带到了抗美援朝战争(1950—1953年)的战场。观众了解了朱彦夫,他是这场战争的唯一幸存者,也是今年感动中国的提名者之一。这部电影描述了中国人民志愿军在寒冷的天气下,在长津湖的一次关键战役中的英勇战斗。朱彦夫虽然活了下来,但他昏迷了93天,在47次手术后失去了手脚。回到老家后,他开了一所学校,给当地不识字的村民上课,一干就是五年。年近花甲的他,嘴里叼着笔,开始写战友在战斗中牺牲的故事,整整花了七年时间才写完这本书。

This year's recipients of the awards also include Peng Shilu, first chief designer of China's nuclear submarine, Gu Songfen, chief designer of the J-8 and J-8 II fighter aircrafts, Zhang Shundong and Li Guoxiu, a couple with disabilities.

今年获奖的还有中国核潜艇第一总设计师彭士禄,歼8、歼8Ⅱ战斗机总设计师顾诵芬和一对残疾夫妇张顺东、李国秀。

来源:https://www.globaltimes.cn/page/202203/1253909.shtml

活动 2

教学内容	用英语介绍一位模范人物或英雄及其事迹
教学目标	学习模范人物光辉事迹,颂扬无私、奉献、忠诚等高尚品德
教学途径	话题讨论,分组交流,PPT演讲

参考资料

Zhang Dingyu, Hero Doctor Fighting ALS and Coronavirus

Perhaps no hero is coming to save Zhang Dingyu(figure 6-19), a 56-year-old doctor with an incurable disease. But over the past months, he has been a hero to many in Wuhan, the former epicenter of the novel coronavirus outbreak in China. Heading Wuhan Jinyintan Hospital, one of the major battlefields amid the epidemic, Zhang knows his clock is ticking. Having amyotrophic lateral sclerosis (ALS), he will progressively lose muscle strength, and eventually become paralyzed and unable to speak, move, swallow, or even breathe. But the ALS sufferer and his colleagues have treated and saved more than 2,800 COVID-19 patients, many of whom were severely and critically ill. Zhang has been awarded the national honorary title, "the People's Hero," for his outstanding contributions to the country's fight against the COVID-19 epidemic.

来源:http://www.xinhuanet.com/english/2020-09/11/c_139361321.htm

张定宇,与ALS和冠状病毒斗争的英雄医生

也许没有英雄会来救张定宇(图6-19),一位56岁患不治之症的医生。但在过去的几个月里,他一直是武汉许多人心目中的英雄。武汉曾是新型冠状病毒在中国暴发的中心。作为抗击疫情的主要战场之一,武汉金银潭医院的负责人,张定宇知道自己的生命时间在滴答作响。因患有肌萎缩侧索硬化症(ALS),他将逐渐失去肌肉力量,最终瘫痪,无法说话、无法移动、无法吞咽,甚至无法呼吸。但是,这位肌萎缩侧索硬化症患者和他的同事治疗并挽救了2,800多名新冠病毒感染者,其中许多患者病情严重或危重。张定宇因对国家抗击新冠疫情的杰出贡献而被授予"人民英雄"国家荣誉称号。

图6-19 张定宇医生

▶▶▶ **活动3**

教学内容	空难发生的原因
教学目标	普及飞行安全知识,树立出行安全意识
教学途径	话题讨论,分组交流,班级分享

参考资料

1) Man-made factors

Most aircraft crashes are caused by human factors, such as ground command errors, poor crew co-operation, inadequate maintenance inspection, and improper operation of the pilot.

1) 人为因素

大部分飞机空难都是人为因素造成的,其常见的人为因素有地面指挥失误、机组人员配合不协调、维修检测不严格、驾驶员操作失误等。

2) Meteorological factors

Weather is also another cause of plane crashes. There are unpredictable weather conditions such as thunder and lightning, air turbulence, heavy snow or dense fog. But this kind of probability is very low; usually the airport will delay or cancel flights in case of bad weather.

2) 气象原因

天气原因也是飞机失事的另一个原因,天有不测风云,如雷电、大气湍流、大雪、浓雾等。但这种概率是非常小的,一般遇到恶劣天气时机场都会延迟或取消航班。

3) Other factors

Machine failure such as engine, fuel tank, landing gear may cause disasters. Other reasons of air crashes include terrorist hijacking, plane collision, bird collision, being shot down by cannons, poor signals, etc.

3) 其他原因

引擎、燃料箱、起落架等机器故障可能会造成空难。以下原因也会造成空难事故:恐怖分子劫机、飞机相撞、飞鸟撞击、炮火击落、信号失灵等。

活动 4

教学内容	如何确保安全、愉快出游
教学目标	接受安全教育,树立出行安全意识
教学途径	话题讨论,分组交流,班级分享

参考资料

Tips for Guaranteeing a Safe Trip
安全出游小贴士

Avoid peak times and places.	避开出游高峰时间和地点;
Choose reputable hotels and travel agency.	选择信誉良好的酒店和旅行社;
Check emergency exit in the hotel.	检查宾馆的紧急出口;
Ensure that the vehicle is in good condition.	确保车辆状况良好;
Have a spare tire and jack in place.	准备好备用轮胎和千斤顶;
Be on the alert for dishonest service.	警惕不诚实的服务;
Take some medicine as precaution.	带些常备药;
Take care of belongings and money.	保管好钱物;
Check weather condition.	检查天气状况;
Don't eat unhygienic food.	饮食要健康卫生;
Don't climb mountains or swim alone.	不独自到野外爬山或游泳;
Respect local culture and customs.	尊重当地文化和风俗。

> 活动 5

教学内容	写作任务：我最崇拜的模范人物
教学目标	学习模范人物光辉事迹，树立无私、奉献、忠诚等高尚品德
教学途径	课后作业在作文批改网提交，通过智能系统和人工双重批阅

参考资料

Zhang Guimei, Role Model of the Times

Zhang Guimei, as shown in figure 6-20, the principal of Huaping High School for Girls, based in Lijiang city, Southwest China's Yunnan province, was granted the title "Role Model of the Times" in recognition of her dedication to the education for girls from poor families.

图 6-20　张桂梅校长

Zhang Guimei has been rooted in the frontline of frontier education for more than 40 years. With the help of the Party, the government and all sectors of society, she promoted the founding of a high school that enrolls poor girls for free in order to change the current situation of girls dropping out of school in poverty-stricken areas.

Since the establishment of the school in 2008, she has helped more than 1,800 girls go out of the mountains to enter universities, change the fate of girls in poverty-stricken areas with knowledge, and block intergenerational transmission of poverty with education; She teaches and educates people, builds moral character, guides students to establish lofty ambitions from childhood, advocates women's self-respect, self-confidence, self-reliance.

She is tenacious, pure, lighting up the life dream of thousands of rural girls with love and wisdom, demonstrating the noble ethics and responsibility of contemporary teachers, and is affectionately called "Mother Zhang" by children. She was elected as the representative of the 17th National Congress of the Communist Party of China, and won the honorary titles of "National Excellent Teacher", "National Model of Teaching and Education", and "National May

1st Labor Medal".

时代楷模张桂梅

为表彰其为贫困家庭女孩教育所做的贡献,云南省丽江市华坪女子高级中学校长张桂梅(图6-20)被授予"时代楷模"称号。

张桂梅扎根边疆教育一线40余年。为了改变贫困地区女孩失学辍学现状,在党和政府以及社会各界的帮助下,她推动创建了一所免费招收贫困女生的高中。

2008年建校以来,她已帮助1 800多位女孩走出大山、走进大学,用知识改变贫困山区女孩命运,用教育阻断贫困的代际传递;她教书育人、立德树人,引导学生从小树立远大志向,倡导女性自尊、自信、自立自强。

她坚忍执着,用爱心和智慧点亮万千乡村女孩的人生梦想,展现了当代人民教师的高尚师德和责任担当,被孩子们亲切地称为"张妈妈"。她曾当选党的十七届全国人民代表大会代表,荣获"全国优秀教师""全国教书育人楷模""全国五一劳动奖章"等荣誉称号。

来源:http://global.chinadaily.com.cn/a/202012/14/WS5fd6a49aa31024ad0ba9b875.html

第七章 "英语听说"(Ⅰ)课程教学活动设计

【课程目标】

作为少数民族本科预科英语基础课,按照大纲要求,预科英语听说课程旨在为学生学习大学英语课程打好基础。课程目标是通过形式广泛、内容丰富的课堂教学与学生的课外学习和实践活动相结合,使学生的听说能力达到高中英语课程九级标准,也为培养学生的英语交际能力奠定一个良好的基础;同时,引导学生形成一定的跨文化交际意识和基本的跨文化交际能力,进一步拓宽国际视野,增强爱国主义精神和使命感,形成健全的情感、态度、价值观,为未来发展和终身学习奠定良好的基础。"英语听说"课程注重培养少数民族预科学生的学习能力和综合素质,引导少数民族预科学生学习、掌握和运用现代教育技术和多媒体资源,自主开拓学习渠道,丰富学习内容,提升自主学习的意识和能力,使他们通过一年的预科学习,适应本科阶段的大学英语学习模式,掌握英语学习策略。本课程通过对教材相关背景知识的拓展学习,不仅能使学生对英语国家社会与文化有客观全面的了解,也能引导学生提高"学好英语,讲好中国故事"的意识和责任感,树立正确的英语学习态度和观念,为学生跨文化交际能力的提升奠定基础。本课程还注重将铸牢中华民族共同体意识贯穿教学,培养学生的家国情怀、国际视野和文化自信,树立正确的人生观、价值观和世界观。

【课程使用教材】

《交互英语听说教程:学生用书》(上册),托娅主编,人民出版社,2017.

第一节 家 庭

一、内容概要

本单元主要介绍家庭成员的称谓、家庭的类型、孩子的成长以及家人之间的爱和亲情。

This unit mainly introduces the expressions of family members, different family types, the growth of children and the love and close tie between family members.

二、教学活动 OKR 设计

家庭(Family)		
目标(O)		关键成果(KR)
1) 培养学生的尊老爱幼、孝老爱亲的传统家风； 2) 弘扬中华民族家庭美德，树立良好家风，培养学生的家国情怀； 3) 学好英语，讲好中国故事； 4) 拓展词汇，提升交流技能	课前	1) 要求学生查阅资料，了解中国传统文化中重阳节的相关知识； 2) 讨论电影《流浪地球》中的中国传统道德观念及家庭观
^^	课中	头脑风暴，观点分享： 1) 家庭是人生的第一所学校； 2) 幸福家庭的特征
^^	课后	口语练习：新闻读后感——杭州某小区推行"孝心车位"，子女回家看望老人可免费停车

三、教学实施

▶ 活动 1

教学内容	中国传统文化中重阳节的相关知识
教学目标	传承尊老、敬老中国传统美德，提升信息素养，树立自主学习意识
教学途径	课前查阅资料，自主学习

参考资料

Talk about Chong Yang Festival in English by using the following expressions.

插茱萸	wearing cornel twigs
赏菊	appreciating chrysanthemum flowers
吃重阳糕/花糕/菊糕/五色糕	eating Double Ninth cake/flower cake/chrysanthemum cake/five-color cake
饮菊花酒	drinking chrysanthemum flower wine
登高	climbing heights
合家团聚	family get-togethers, family reunion

来源：http://language.chinadaily.com.cn/2016-10/09/content_26999477.htm

▶ 活动 2

教学内容	电影《流浪地球》中的中国传统道德观念及家庭观
教学目标	利用电影资源，了解中国传统家庭观，传承中国文化
教学途径	课堂话题讨论

参考资料

本科幻影片改编自刘慈欣的同名小说,故事背景设定在2075年,讲述了太阳即将毁灭,太阳系已经不适合人类生存,而面对绝境,英雄们开启"流浪地球"计划,试图带着地球一起逃离太阳系,寻找人类新家园的故事。

The science fiction film is adapted from Liu Cixin's novel of the same name. The story is set in 2075, when the sun is about to be ruined, and solar system is no longer suitable for human existence. In the face of desperate situations, human heroes start the "Wandering Earth" plan, try to take the earth away from the solar system, and find a new home for human beings.

影片在惊险刺激的情节中融入了中国文化美德,如对家庭和社会的责任、谦卑、自我牺牲和忠诚等美德,这是崇尚个人英雄主义的西方大片里很少触及的价值观。

In the thrilling plots, the movie displays such Chinese cultural virtues as duty, humility, self-sacrifice, and loyalty, both to family and society as a whole, which is seldom shown in western blockbusters.

来源:https://language.chinadaily.com.cn/a/201902/09/WS5c5e2baea3106c65c34e8708.html

活动3

教学内容	1) 家庭是人生的第一所学校;2) 幸福家庭的特征
教学目标	树立正确的家庭观,深刻理解"家和万事兴"的理念
教学途径	课堂话题讨论,头脑风暴

参考资料

1) 家庭是人生的第一所学校(Family is the first school of life)

家庭是社会的基本单元,是人生的第一所学校。不论时代发生多大变化,我们都要重视注重家风、注重家教,使千千万万个家庭成为国家发展、民族进步、社会和谐的重要基点。

Family is the basic cell of society and the first school of our life. No matter how time has changed, family values and family education must be stressed so that families become an essential part for national development, ethnical progress and social harmony.

参考词语及表述:

家和万事兴　Harmony in a family makes everything successful

兴家立业　make one's family prosper and establish a career

齐家治国　regulate one's family and rule the country

来源:https://language.chinadaily.com.cn/a/201908/13/WS5d520904a310cf3e355655d7.html

2) 幸福家庭的特征(Features of happy families)

Happy families have some common features. For example, mutual respect, mutual understanding and mutual support are indispensable to the happiness of a family. What's more, both parents and kids have some say in family issues. The family atmosphere is democratic, harmonious and inclusive. Not only can family members share happiness together, but they can also share sadness together. They encourage and support each other when faced with hard times. In a happy family, parents are role models for their kids and they try their best to ensure the healthy growth of their kids. Young family members show care and respect to the elderly members.

In short, a happy family is always filled with joy, warmth, love and trust.

活动 4

教学内容	新闻读后感——杭州某小区推出"孝心车位",子女回家看望老人可免费停车
教学目标	利用学习资源,学好英语,讲好中国故事,弘扬优秀敬老传统美德
教学途径	口语练习,以小组形式自主学习讨论

参考资料

浙江省杭州市一个大型居民区为看望老人的子女预留车位,方便子女定期看望父母。

A large residential community in Hangzhou, Zhejiang Province, has begun to reserve parking spaces for people visiting their elderly parents, making it easier for children to drop by on a regular basis.

参考词汇与短语

心理健康状况	mental health status	老龄化	population aging
生育率	fertility rate	空巢老人	empty nesters
车位不足	insufficient parking space	占车位	occupy a parking space

来源:http://language.chinadaily.com.cn/a/201708/03/WS5b2cbe33a3103349141de439.html

第二节 友 谊

一、内容概要

本单元主要介绍了如何去建立、珍惜和维护真正的友谊。

The unit is about the ways to establish, cherish and maintain friendship.

二、教学活动 OKR 设计

友谊(Friendship)		
目标(O)	关键成果(KR)	
1) 友谊和交往的教育; 2) 树立正确的交友观,学会相处之道; 3) 学好英语,讲好中国故事; 4) 拓展词汇,提升交流技能	课前	分享"习近平:在北京冬奥会、冬残奥会总结表彰大会上的讲话"
^	课中	头脑风暴,观点分享: 1) 分享与友谊有关的英汉成语和谚语; 2) 和朋友在一起时,你喜欢做什么
^	课后	口语讨论:友谊的重要性

三、教学实施

活动 1

教学内容	习近平:在北京冬奥会、冬残奥会总结表彰大会上的讲话
教学目标	培养爱国情怀和民族自豪感,提升信息素养,树立自主学习意识
教学途径	课前分享文章,查阅双语资料,自主学习

参考资料

　　自信开放,就是雍容大度、开放包容,坚持中国特色社会主义道路自信、理论自信、制度自信、文化自信,以创造性转化、创新性发展传递深厚文化底蕴,以大道至简彰显悠久文明理念,以热情好客展现中国人民的真诚友善,以文明交流促进世界各国人民相互理解和友谊。

　　Being confident and open means being inclusive. They remained confident in the path, theory, system and culture of socialism with Chinese characteristics. They passed on the country's profound cultural heritage by innovative transformation and development. They substantiated the country's time-honored civilization through simple manners and in simple words. They showed the sincerity and friendliness of the Chinese people with hospitality. They promoted mutual understanding and friendship among different peoples through exchanges.
(*Note*：they 代指 Chinese athletes)

来源：https://language.chinadaily.com.cn/a/202204/08/WS625383f9a310fd2b29e5624d.html

活动 2

教学内容	与友谊有关的英汉成语和谚语
教学目标	拓展文化知识,利用学习资源,传承中国传统交友文化
教学途径	分享文本以及视频学习资源

参考资料

1) 短语与例句

(1) "重修旧好"：汉语成语,意思是恢复旧情,重归于好,恢复以往的友谊,可以翻译为"become reconciled 或 patch up broken relations"等。

例句1：约翰与吉姆重修旧好。

John patched things up with Jim.

例句2：10年前两国曾进行过边境战争,但现在正在重修旧好。

The two countries fought a border war a decade ago, but now they are mending fences.

(2) 君子之交淡如水

君子之交淡如水,亦作"君子之交淡若水",语出《庄子·山木》："谓贤者之交谊,平淡如水,不尚虚华。"意思是因君子之间心怀坦荡,所以无须存有戒备之心。不用讲究太多礼节及客套语,不用太过谦卑,互相不苛求,可以轻松自然,心境如水一样清澈透明。其英文可以译作："The friendship between gentlemen is as pure as crystal"或"A hedge between keeps friendship green"。

例句：他们的友谊能维持这么长时间,是因为他们尊重彼此的隐私。君子之交淡如水。

译：The reason their friendship has lasted as long as it has is that they respect each other's privacy. A hedge between keeps friendship green.

2) Wise sayings about friendship

(1) Books and friends should be few but well chosen.

(2) A friend in need is a friend indeed.

(3) A good friend is my nearest relation.

(4) A hedge between keeps friendship green.

(5) To have a friend, be a friend.

(6) Life without a friend is like death without a witness.

(7) The best mirror is an old friend.

(8) Who seeks a faultless friend remains friendless.

(9) It is better to weep with wise men than to laugh with fools.

(10) When one friend washes another, both become clean.

>>>活动 3>

教学内容	和朋友在一起时,你喜欢做什么
教学目标	锻炼口语表达,学习相处之道
教学途径	课堂话题讨论,头脑风暴

参考资料

Outdoor entertainment	Indoor entertainment
going camping, going for a picnic, going hiking, playing ball games, climbing mountains, going sightseeing, having a walk in the park, go fishing, go boating	Playing the guitar, listening to music, playing computer games, watching movies, singing karaoke, working out in the gym, chatting, eating yummy food, playing chess
室外娱乐	室内娱乐
露营、野餐、远足、打球、爬山、观光、公园散步、垂钓、划船	弹吉他、听音乐、玩游戏、看电影、唱卡拉OK、在健身房锻炼、聊天、吃美食、下棋

>>>活动 4>

教学内容	友谊的重要性
教学目标	树立正确的友谊观和交友观,提升思辨能力
教学途径	课后话题讨论,观点交流

参考资料

1) Friendship is quite important because humans are social creatures and need companionship to get rid of loneliness.

2) Friendship can bring a sense of security and a sense of belonging, for friends help and support each other in times of difficulty.

3) Friendship can bring love and warmth, for friends share sadness and happiness with each other.

第三节 食 物

一、内容概要

本单元主要讲了中国各地的美食、餐具和烹饪方式,以及世界不同国家和地区的餐桌礼仪等。

The unit is about food, food utensils and cooking styles in different parts of China. It also introduces the table manners of different countries and regions.

二、教学活动 OKR 设计

食物（Food）		
目标（O）		关键成果（KR）
1）了解饮食文化，增强文化自信； 2）引导学生了解并热爱中国饮食文化，培养传播和传承文化的自觉性； 3）拓展饮食类英语词汇，提升交流技能	课前	查阅资料，观看视频《舌尖上的中国》，了解饮食文化，列举中华美食
	课中	1）情景英语对话：预订餐厅。 2）你认为在学校教青少年烹饪有必要吗
	课后	口语讨论：描述最喜欢的食物

三、教学实施

活动 1

教学内容	《舌尖上的中国》与饮食文化
教学目标	树立文化创新意识，培养民族自豪感，提升信息素养和自主学习意识
教学途径	课前查阅资料，观看视频，自主学习

参考资料

1）舌尖上的中国（A Bite of China）

如图 7-1 所示，《舌尖上的中国》是由陈晓卿执导，中国中央电视台出品的一部美食类纪录片。该节目围绕中国人对美食和生活的美好追求，讲述了中国各地的美食生态。

As shown in figure 7-1, *A Bite of China*, directed by Chen Xiaoqing, is a food and diet documentary produced by CCTV. The program revolves around the Chinese people's pursuit of delicious food and a better life, and gives a vivid account of the food ecology in various parts of China.

图 7-1 纪录片《舌尖上的中国》

2）饮食文化（Food Culture）

（1）饮食文化是中国文化的一部分。舌尖上的中国，不仅是在介绍中国传统的美食，也是在介绍美食所承载的文化。美食是我们的祖先经过千锤百炼之后留给我们伟大的财富。美食传递了人们对自然的无限敬意和感恩。

Diet culture is a part of Chinese culture. *A Bite of China* is not only to introduce the traditional Chinese food, but also to introduce the culture carried by the food. Good food is the great wealth that our ancestors left. Diet is a reflection of people's respect and appreciation for nature.

（2）日常生活中，人们不会把饮食当作其文化的一部分。但是中国饮食能深深地影响世界上其他国家的文化。

It is not every day that people treat what they eat as part of their culture in daily life. But Chinese food has deeply touched almost every other culture around the globe.

（3）保留传统文化和吸收外来文化，这两者之间没有冲突。

There is no conflict between preserving our own cultural heritage and absorbing nutrients from other cultures.

来源：https://cs.xhd.cn/zxgg/520543.html

活动 2

教学内容	情景英语对话：餐厅预定
教学目标	学习餐厅预订的英语表达方式，提高跨文化交际能力
教学途径	通过角色扮演开展情景对话练习

参考资料

Tom is making a reservation in Hope Restaurant on the phone. He has a conversation with a waiter.

Waiter: Hello, this is Hope Restaurant. May I help you?

Tom: I'd like to reserve a table for six.

Waiter: Six. And what time, Sir?

Tom: About 7:30 p.m.

Waiter: No problem, Sir. Your name please?

Tom: Tom Smith. And we'd like a table with a view of the beach, please?

Waiter: I'm sorry, we have so many guests this evening. The beach view tables have all been booked up.

Tom: I see. That's all right. Thank you.

Waiter: My pleasure, sir.

活动 3

教学内容	你认为在学校教青少年烹饪有必要吗
教学目标	增强劳动教育意识，提升劳动美学欣赏力，热爱劳动
教学途径	课堂话题讨论，头脑风暴

参考资料

Q　Do you think it would be useful to teach teens cooking in school?

A　In my point of view, it is definitely helpful to teach teens cooking in school. Cooking gives teens a sense of accomplishment and a sense of pride, especially when it's done for others. When people taste their food and praise their cooking skill, teens will have a sense of pride and a sense of satisfaction. Also, it helps teens learn how to socialize with people, and it provides an opportunity for them to share experience and fruit of work. There are other reasons. Everyone should have something in their life that they can create with their own two hands. Cooking can teach teens the lesson that no pains, no gains. In addition, cooking can be a lot of fun.

>>> 活动4

教学内容	口语讨论:描述最喜欢的食物
教学目标	学习美食制作过程,拓展饮食烹饪类词汇
教学途径	课后讨论,合作学习

参考资料

How to Make Jiaozi

My favorite food is jiaozi. As we all know, Jiaozi is the most representative food in China. We often eat Jiaozi during New Year. Jiaozi, dumpling with meat and vegetable filling, is very popular at the Spring Festival and at other festivals. It tops the list of delicious food for people in Northern China, where people eat Jiaozi at midnight on the Eve of the Spring Festival and for breakfast on the first day of the Spring Festival.

To make Jiaozi, first of all, chop the meat into pieces and mash them, then add salt, sesame oil, soy sauce, ginger and the vegetables. Mix thoroughly the ingredients and meat filling. Add two spoonful of water if necessary. In a big bowl, add water to flour gradually. Mix and knead by hand to form soft dough, then cover it with towel and put it aside for about an hour. Then scatter some dry flour on the board, knead and roll it into a sausage-like a dough about 5 centimeters in diameter, then chop it into small pieces. Press each piece with your hand and then use the rolling pin to flatten the dough to get a dumpling wrapper. Finally, hold the dumpling wrapper with your palm and put the filling in the center and wrap into a half-moon shape and seal the edges.

The next step is easy. Put the dumpling into boiling water. When it is well cooked, it is ready to be served. Hope you enjoy the delicious Jiaozi.

如何制作饺子

我最喜欢的食物是饺子。众所周知,饺子是中国最具代表性的食物。我们经常在新年吃饺子。肉和蔬菜馅的饺子在春节和其他节日非常受欢迎。在中国北方,饺子是最美味的食物,在那里,人们在除夕的午夜吃饺子,在春节当天的早餐吃饺子。

包饺子时,首先把肉切成块,剁碎,然后加入盐、芝麻油、酱油、姜和蔬菜。将食材和肉馅充分搅拌。如有必要,可加两匙水。用一个大碗和面,向面粉中逐渐加水。用手搅拌面粉,并将其揉成柔软的面团,然后用毛巾盖上,放置约一小时。在木板上撒一些干面粉,把面团揉成香肠状直径约5厘米的面团,然后切成小块。用手压每一块,用擀面杖把面团擀平,得到饺子皮。最后,用手掌拿好饺子皮,把馅放在中间,包成半月形,封住边缘。

下一步很简单,把饺子放入沸水中。当它煮熟时,就可以上桌了。希望你喜欢美味的饺子。

词汇注释:

chop 剁,切碎　　　　sesame oil 芝麻油　　　soy sauce 酱油　　　　ginger 姜
knead 糅合,揉捏　　　dough 生面团　　　　　towel 毛巾　　　　　　scatter 撒,播撒
flour 面粉　　　　　　diameter 直径　　　　　dumpling wrapper 饺子皮

拓展英语表达:

spicy food 辛辣食物　　　　make my mouth water 流口水
eat like a horse 很能吃　　　eat like a bird 吃得少
flavor 味道　　　digestible 好消化的　　　slice 切成片　　　dice 切成丁
whisk 搅打　　　peel 削皮　　　　　　　grate 磨碎　　　　crush 压碎

第四节　爱好与兴趣

一、内容概要

本单元主要讲了在业余时间,不同的人有不同的爱好与兴趣,爱好和兴趣给人带来了不同的益处。

This unit is mainly about the fact that different people have different hobbies and interests in their spare time, which may benefit people in different ways.

二、教学活动 OKR 设计

爱好与兴趣(Hobbies and Interests)		
目标(O)		关键成果(KR)
1) 了解不同的兴趣爱好以及它们的益处,培养健康、有益的兴趣爱好; 2) 思考如何选择和开展积极、健康、有益的兴趣爱好; 3) 拓展词汇,提升交流技能	课前	分享视频:邮票
	课中	1) 了解不同的兴趣和爱好; 2) 选择兴趣爱好时应该考虑的因素
	课后	话题讨论:现代社会人们如何过周末

三、教学实施

▷▷活动1

教学内容	分享视频:邮票
教学目标	了解邮票的发展历史;提升信息素养,树立自主学习意识
教学途径	课前欣赏视频,自主学习

参考资料

For a long time, stamps stuck strictly to the "great man" theme, but in 1893 postmaster General John Wanamaker started a revolution of his own. He issued a series of stamps to commemorate the World's Fair, which was known as the Columbia Exposition. The Columbia Exposition stamps were a breakthrough; they told a story on the stamps. They told about the discovery of America. Congress passed a joint resolution calling these kind of imagines stamps outrageous. Despite congressional disapproval, Wanamaker's gamble paid off. He proved that stamps could do much more than movie mail, they could delight the public.

拓展英语表达：

miniature sheet 小型张　　　　first day cover 首日封
personalized stamp 个性化邮票　special stamp 特殊邮票
souvenir stamp/commemorative stamp 纪念邮票

来源：王小平，《邮政英语》

》》活动2》

教学内容	了解不同的兴趣和爱好
教学目标	了解不同的兴趣、爱好，让生活更加丰富多彩
教学途径	听录音，同桌对话，回答问题，以及小组讨论

参考资料

1) read novels
2) play cards with friends in a tea shop
3) play computer games online
4) have a heart to heart chat with friends
5) get outside of the city for a day
6) sit in a coffee shop and chat with friends
7) spend time with friends just hanging out
8) go window shopping
9) collect stamps/coins
10) go to the gym
11) go for a walk in the garden
12) play basketball/football/volleyball
13) go to the cinema/theatre
14) listen to music
15) sing karaoke

》》活动3》

教学内容	选择兴趣爱好时应该考虑的因素
教学目标	思考如何选择和开展积极、健康、有益的兴趣爱好
教学途径	课堂话题讨论，头脑风暴

参考资料

When choosing to pursue a hobby, you should consider the following factors.

(1) Whether you have enough time to pursue it.
(2) Whether you have enough money to pursue it.

(3) Whether you have enough energy to pursue it.
(4) Whether it can do good to your mental and physical health.
(5) Whether it can benefit you in knowledge, skills, experience, etc.
(6) Whether it will not affect other people in a negative way.
(7) Whether you are not distracted from your work or studies.

>>活动4

教学内容	话题讨论:现代社会人们如何过周末
教学目标	了解不同的休闲方式,让自己在空闲时间更好地放松
教学途径	课后讨论,拓展知识,扩充英汉相关词汇

参考资料

In the modern society, the pace of life is becoming faster and faster and people are experiencing more and more stress in their work. So they are eager to take the opportunity of the weekend to relax and get ready physically and mentally for another busy week.

People can do a lot of things for relaxation. Most people get up late on Saturdays and Sundays just to indulge in the luxury that they deny themselves on weekdays. Some people like to go fishing, swimming or hiking. Some like to play ball games while others like to spend quiet weekend by themselves, reading stories and listening to music. Women would like to go shopping of course. I prefer to go to the theatre and cinema with friends or visit friends and relatives.

第五节 职 业

一、内容概要

本单元主要介绍了各种各样的工作,做不同工作的人有着不同的工作体验。所有的工作都有好、坏两个方面。

This unit mainly introduces a variety of jobs, which provide people with different work experiences. There are both pros and cons about all kinds of jobs.

二、教学活动OKR设计

职业(Occupation)		
目标(O)	关键成果(KR)	
1) 了解不同的职业,拓宽视野,掌握背景知识; 2) 学习制定职业规划,学以致用; 3) 思考工作对于个人、家庭以及社会发展的意义,树立正确的职业观; 4) 关注职场技能,提升个人能力	课前	查阅并学习有关求职的英语表达
	课中	头脑风暴,观点分享: 1) 情景英语对话:职业规划。 2) 人为什么要工作
	课后	口语任务:工作关系以及实习的重要性

三、教学实施

>> **活动 1**

教学内容	查阅并学习有关求职的英语表达
教学目标	提升信息素养和自主学习意识
教学途径	课前查阅资料,自主学习

参考资料

1) Anything particular appeals to you?　　　　　　有什么你特别感兴趣的工作吗?
2) Are you familiar with that sort of work?　　　　你熟悉那种工作吗?
3) Have you done anything like that before?　　　你以前做过这类工作吗?
4) I wonder if you'd mind starting next month.　　不知你能不能下个月开始工作。
5) I'm quite satisfied with your qualifications.　　我对你的资格条件相当满意。
6) The pay is good.　　　　　　　　　　　　　　报酬优厚。
7) We do have the vacancy.　　　　　　　　　　我们的确有这个空缺。
8) You're just the sort of person we need.　　　　你正是我们需要的那种人。
9) How do you like your new job?　　　　　　　你认为你的新工作怎么样?
10) I like writing, but I wouldn't take it as my career. 我喜欢写作,但不愿以此为职业。

>> **活动 2**

教学内容	情景英语对话:职业规划
教学目标	学习职业规划的英语表达,提高实用英语交际能力
教学途径	角色扮演,开展对话练习

参考资料

1) Dialogue One

Charles: You are in the fourth grade now, and will graduate from the university next year. Do you have any plan for the future?

Forman: I want to be a graduate student, but I don't know whether I could pass the entrance exam or not. So I will also set out to find a job.

C: Have you ever done some career planning?

F: No, I haven't yet.

C: Well, career planning is important. You should have a clear career path to follow.

F: Can you give me some advice?

C: Yes. First, you should decide what kind of career you really want, get a clear career path, and then do your best to fulfill your plan.

F: Do I have to decide it so early?

C: It is not early for you to plan your career now. You can't waste your time doing nothing but only wandering about. If you want to find a job as a professor or other positions which require a higher degree, you should focus on the graduate entrance exam; if you want to find a job which puts working experience before diploma, you should start job hunting now and put further study aside as something that you can consider some other time.

F: I think you are right. I'll think it over. Thank you very much.

2) Dialogue Two

Sherry: I heard that you have a friend who is a career counselor.

Jerry: Yes, I have learned a lot from him.

S: Really? Could I ask you something about career planning?

J: Sure.

S: How can I choose a job which will fit me?

J: Well, you must learn about yourself first, for example, your personality, your interests, your skills, and so on. Then you can use some self-assessment tools or career tests which can be found online, or simply turn to a career counselor for help.

S: Then what to do next?

J: Then you can look at the results of the self-assessment or career tests and omit those jobs which you find not appealing.

S: And then?

J: Then you can look at the job description and requirement, salary, promotion opportunities and those kinds of things, which you can find online, or ask from your friends or relatives.

S: Wow, that's not easy at all!

>>> 活动3

教学内容	人为什么要工作
教学目标	思考工作对于个人、家庭以及社会发展的意义,树立正确的职业观
教学途径	课堂话题讨论,头脑风暴

参考资料

1) Some Reasons

To earn a living	为了谋生
To lead solve financial problems	为了解决经济问题
To provide good education to kids	为了子女能接受良好的教育
To realize personal value	为了实现个人价值
To make contribution to the society	为社会做贡献
To have a sense of achievement and pride	为获得成就感和自豪感
To seek companionship and friendship	为了建立友谊
To lead a rich and meaningful life	为了使生活丰富多彩、富有意义
To be connected with the society	为了接触社会
To face challenges	追求挑战
To satisfy psychological need	满足心理需求

2) Why Do People Work?

Work is indispensable to man's existence. It provides the material things that people need——the goods and services that make our civilization possible. It goes without saying that man cannot survive without food, clothing and shelter which are the fruits of his work.

However, more and more psychologists have come to realize that work is more than a necessity for most people. For instance, a desire for recognition, a feeling of competition, a sense of responsibility, a wish to conform to custom and tradition, a pleasure in craftsmanship are additional reasons for working. It is the source of happiness and creativity. A moderate amount of work is beneficial to man's health, too. People who are engaged in outdoor physical work often enjoy a longer life expectancy. Above all, work offers ambitious people chances to realize their values. In this sense, we should regard work not only as means of making a living, but also means of enriching our life.

活动 4

教学内容	口语任务:工作关系以及实习的重要性
教学目标	思考步入职场需要提升的技能,提高思辨能力
教学途径	同学间讨论,分享观点,互相学习,共同进步

参考资料

1) Work Relationship

Handling work relationships in the professional world is always the biggest hurdle for anyone who is beginning to enter the real-world workforce. Working people have to build relationship with people of all types. This is a change from college life, where students tend to hang out with people who they want to or who are at their same age.

The goal of college is to enrich knowledge and cultivate thinking capacity in a broad sense. College exposes students to multiple subjects and encourage creative thinking. In a professional world, in contrast, learning opportunity is narrowed to practical skills required to complete the task at hand.

2) The Importance of Internship

(1) Internship enables college students to gain first-hand experience of working in the real world.

(2) Internship teaches college graduate about the specific industries they are interested in.

(3) A student is able to get a chance to decide whether they wish to continue pursuing their dream career or explore an alternative career path.

(4) Internship is the ultimate opportunity for college graduates to build their social network and establish acquaintances and relationship for their future professional life.

(5) Internship is the perfect way to polish your resume through professional experiences, which increases the chances of a recruiter choosing your resume out of hundreds of candidates.

(6) College graduates are given the chance to show their talents in front of their potential employer, which might turn into a full-time job.

2) 实习的重要性

(1) 实习可以让大学生在真实职场环境下,获得真正的工作经验。

(2) 实习期间,大学毕业生们能更深入了解他们感兴趣的行业。

(3) 实习生有机会决定到底是继续追寻梦想的职业还是尝试其他的就业机会。

(4) 实习是大学毕业生建立社交网络、积攒人脉的好机会,这有助于将来的职业生涯发展。

(5) 实习经历在求职者的简历上有锦上添花的作用,有这样的实习工作经历,在招聘官选简历的时候,你的简历会有更大的概率被选中。

(6) 在实习期间,实习生有机会在领导面前展现才能,(如果表现很优秀)这份实习工作很有可能会变成正式的工作。

第八章 "英语听说"(Ⅱ)课程教学活动设计

【课程目标】

作为少数民族本科预科英语基础课,按照大纲要求,预科英语听说课程旨在为学生学习大学英语课程打好基础。课程目标是通过形式广泛、内容丰富的课堂教学与学生的课外学习和实践活动相结合,使学生的听说能力达到高中英语课程九级标准,也为培养学生的英语交际能力奠定一个良好的基础;同时,引导学生形成一定的跨文化交际意识和基本的跨文化交际能力,进一步拓宽国际视野,增强爱国主义精神和使命感,形成健全的情感、态度、价值观,为未来发展和终身学习奠定良好的基础。"英语听说"课程注重培养少数民族预科学生的学习能力和综合素质,引导少数民族预科学生学习、掌握和运用现代教育技术和多媒体资源,自主开拓学习渠道,丰富学习内容,提升自主学习的意识和能力,使他们通过一年的学习,适应本科阶段的大学英语学习模式,掌握英语学习策略。本课程通过对教材相关背景知识的拓展预科学习,不仅能使学生对英语国家社会与文化有客观全面的了解,也能引导学生提高"学好英语,讲好中国故事"的意识和责任感,树立正确的英语学习态度和观念,为学生跨文化交际能力的提升奠定基础。本课程还注重将铸牢中华民族共同体意识贯穿教学,培养学生的家国情怀、国际视野和文化自信,树立正确的人生观、价值观和世界观。

【课程使用教材】

《交互英语听说教程:学生用书》(下册),托娅主编,人民出版社,2017.

第一节 礼仪礼节

一、内容概要

本单元主题为礼仪礼节,介绍了中西方文化背景下不同场合的一些礼仪礼节,包括用餐礼节、打电话礼节、课堂礼节、面试礼节等。学生们通过这个单元的学习,不仅能学习了解不同场合的礼仪礼节,而且能在现实生活中运用这些礼仪礼节使自己的言谈举止符合社会规范。

The theme of this unit is manners, which introduces some etiquette and manners on different occasions under the background of Chinese and Western culture, including dining etiquette, telephone etiquette, classroom etiquette, interview etiquette, etc. Through this unit, students can not only learn about the etiquette on different occasions, but also apply the etiquette to real life to make their speeches and behaviors conform to social norms.

二、教学活动 OKR 设计

礼仪礼节(Manners)		
目标(O)		关键成果(KR)
1) 了解不同文化的礼仪礼节,学习不同场合的礼仪礼节,培养学生文明有礼的好习惯; 2) 学好英语,讲好中国故事; 3) 礼仪教育	课前	查阅资料:查阅并分享相同场景下中西方文化中的礼仪礼节的异同
	课中	1) 面试时的礼仪和禁忌; 2) 微信社交礼仪
	课后	学习一些中西方礼仪方面的谚语和俗语

三、教学实施

≫活动1

教学内容	查阅并分享相同场景下中西方文化中的礼仪礼节的异同
教学目标	了解不同文化的礼仪礼节,学习不同场合的礼仪礼节,养成文明有礼的好习惯
教学途径	课前查阅资料,自主学习

参考资料

1) 交际语言的差异(Differences in communicative language)

日常打招呼,中国人大多使用"吃了吗?""上哪儿呢?"等,这体现了人与人之间的一种亲切感。可对西方人来说,这种打招呼的方式会令对方感到突兀、尴尬,甚至不快,因为西方人会把这种问话理解成为一种"盘问",感到对方在询问他们的私生活。在西方,日常打招呼他们常常说一声"Hello",或按时间来打招呼,说声"早上好""下午好""晚上好"就可以了。而英国人见面则多谈论天气,如"今天天气不错啊!""够冷的,是吧?"。

In daily greetings, most Chinese people say "have you eaten?" or "where are you going?" and so on, which reflects a kind of cordiality between people. But for westerners, this kind of greeting will make them feel unexpected, embarrassed and even unhappy, because westerners will regard this kind of questioning as a kind of "cross examination" and feel that the speaker is inquiring about their private life. In the west, they only say "hello" "hi" or "good morning" "good afternoon" "good evening" according to the time. British people tend to talk about weather and say something like "it's a nice day today!" "cold, isn't it?".

2) 餐饮礼仪的差异(Differences in catering etiquette)

中国人有句话叫"民以食为天",由此可见饮食在中国人心目中的地位。中国菜肴注重色、香、味、形、意俱全,既要好吃,又要好看。西方的饮食比较讲究营养的搭配和吸收,关注健康,似乎不太讲究味的享受。

在餐饮氛围方面,中国人在吃饭的时候都喜欢热闹,很多人围在一起吃吃喝喝,说说笑笑,大家在一起营造一种热闹温暖的用餐氛围。而西方人在用餐时,大多喜欢幽雅、安静的环境,他们在餐桌上很注意自己的礼仪,比如,在进餐时不能发出响声。

There is a Chinese saying that "food is the top concern for the people". This shows the importance of food in the minds of the Chinese people. Chinese cuisine attaches importance to the color, aroma, taste, shape and meaning of dishes. The dishes should not only taste good, but also look nice. Western diet attaches greater importance to the diversity and absorption of nutrition. Westerners eat mostly for health, and it seems that they do not pay much attention to the enjoyment of taste.

In terms of dining atmosphere, Chinese people like to have a boisterous meal. Many Chinese people like eating, drinking, talking and laughing together to create a lively and warm dining atmosphere. Westerners like a quiet dining environment. They abide by etiquette over meal. For example, they cannot make slurping sounds when eating.

▶▶活动2

教学内容	面试时的礼仪和禁忌
教学目标	提高接受语言信息的能力;了解不同场合的礼仪礼节;锻炼语言输出能力
教学途径	听录音,看图说话,同桌对话,小组讨论等

参考资料

面试中的注意事项

(1) 该做的

A. 穿正装;

B. 保持微笑,和面试考官要有眼神接触;

C. 当和面试官握手的时候,适度用力以表诚意;

D. 清晰和详细地回答问题;

E. 淡定谈及自己的教育、工作经历和经验以控制场面;

F. 面试前多做准备,多练习;

J. 回答问题时,可以用一些手势,但动作幅度不要太大。

(2) 不该做的

A. 不要告诉面试考官你很紧张;

B. 不要总是左顾右盼,或低头看地板,或抬头看天花板;

C. 不要老重复某句话;

D. 当考官期望你进一步说明时,不要随便停下;

E. 不要害怕犯语法错误,即使出错,也应镇定从容地更正;

F. 当没听清问题时,不要匆忙回答,可要求考官重复。

Dos and Don'ts in an Interview

(1) Dos

A. Wear formal clothes;

B. Keep smiling and have eye contact with the interviewer;

C. When shaking hands with the interviewer, try to show your sincerity;

D. Answer questions in a clear and detailed way;

E. Speak calmly about your education and work experiences to control the scene;

F. Make good preparation and practice before the interview;

J. When answering questions, you can make some gestures but do not overdo it.

(2) Don'ts

A. Don't tell the interviewer that you are nervous;

B. Don't always look around or look down at the floor or look up at the ceiling;

C. Don't repeat the same sentence;

D. Don't stop when the interviewer expects you to explain further;

E. Don't be afraid of making grammatical mistakes, and correct them calmly if there are;

F. When you don't understand the question, do not respond hastily. Instead, ask the interviewer to repeat the question.

活动3

教学内容	微信社交礼仪
教学目标	提高文明素养,做文明礼貌的人
教学途径	课堂话题讨论,看图说话,头脑风暴

参考资料

使用微信社交时的礼仪

The Etiquette of Using WeChat

(1) 微信加好友时,自报家门是最基本的礼仪。

When adding friends on WeChat, making self-introduction is the most basic etiquette.

(2) 未经对方允许,不要将对方的微信名片推荐给其他人。

Do not recommend other people's WeChat card to others without their permission.

(3) 不要随意用语音聊天,尽量用文字输入。

Do not chat in voice at will; instead, use text.

(4) 收到信息后要及时回复,发送信息后要耐心等待回复。

Reply in time after receiving the message, and wait patiently for a response.

(5) 邀请人进微信群前要征得对方同意。

Get the consent before inviting people into a WeChat group.

(6) 转发信息前要核实信息的真伪。

Confirm the authenticity of the information before forwarding it.

(7) 分享自拍时要有节制。

Be moderate when sharing selfies.

活动 4

教学内容	学习一些中西方礼仪方面的谚语和俗语
教学目标	深入了解中西方文化的异同,提高跨文化交际能力
教学途径	课后自主搜集材料进行学习,分享到班级英语学习微信群里

参考资料

礼仪方面的中英文谚语、俗语(Proverbs and Idioms in Chinese and English about etiquette)

(1) 衣食足而后礼仪兴。

Meat is much, but manner is more.

(2) 入乡随俗。

Do in Rome as the Romans do.

(3) 己所不欲,勿施于人。

Do not do to others what you do not want.

(4) 能言是银,沉默是金。

Speech is silver; silence is gold.

(5) 听宜敏捷,言宜缓行。

Be swift to hear, slow to speak.

(6) 礼尚往来。

Propriety suggests reciprocity.

(7) 来而不往非礼也。

Courtesy on one side can not last long.

(8) 以德报德是常理,以德报怨大丈夫。

Good for good is natural, good for evil is manly.

(9) 姜还是老的辣。

Aged ginger is more pungent.

(10) 有礼貌的拒绝胜于无礼的应允。

A civil denial is better than a rude grant.

来源:赵罱,蔡新芝《英语畅谈中国文化风俗》

第二节 动 植 物

一、内容概要

本单元主题是动植物。通过学习动植物的词汇、表达、谚语、寓言以及故事等,学生可以了解不同文化中的一些动植物的象征意义。通过学习有关濒危动物的知识,学生可以提升爱护生态环境和保护野生动植物的意识。

The theme of this unit is animals and plants. Through learning the vocabulary, expressions, proverbs, fables and stories of some animals and plants, students can understand the symbolic significance of some animals and plants in different cultures. Through enriching the knowledge about endangered animals, students can enhance the awareness of protecting the ecological environment and wild animals and plants.

二、教学活动 OKR 设计

<table>
<tr><td colspan="3" align="center">动植物(Animals and Plants)</td></tr>
<tr><td align="center">目标(O)</td><td colspan="2" align="center">关键成果(KR)</td></tr>
<tr><td rowspan="3">1) 了解不同文化中动植物的象征意义；
2) 学习有关濒危动物的知识,培养爱护生态环境和保护野生动植物的意识；
3) 学好英语,讲好中国故事；
4) 生态环境保护教育</td><td>课前</td><td>要求学生自主学习,分享几个有关动物或植物的谚语</td></tr>
<tr><td>课中</td><td>1) 讨论中国文化的花中四君子及其象征意义；
2) 中国的十二生肖和西方的十二星座；
3) 讨论为什么有些野生物种会濒临灭绝</td></tr>
<tr><td>课后</td><td>口语练习:讲述某个动物的寓言故事</td></tr>
</table>

三、教学实施

▶▶活动 1

教学内容	分享几个有关动物或植物的谚语
教学目标	学习一些常用的有关动植物的谚语,提升语言素养,树立自主学习意识
教学途径	通过班级微信群、班级公共邮箱分享学习资源,课前自主学习

参考资料

动植物谚语列举

(1) Kill two **birds** with one stone. 一石二鸟；一举两得。

(2) A **bird** in the hand is worth two in the bush. 双鸟在林不如一鸟在手。

(3) **Birds** of a feather flock together. 物以类聚,人以群分。

(4) A **cat** has nine lives. 猫有九条命；吉人自有天相。

(5) **Cats** hide their claws. 知人知面不知心。

(6) A gloved **cat** catches no **mice**. 戴手套的猫逮不着耗子。

(7) Curiosity killed the **cat**. 好奇害死猫。

(8) Don't count your **chickens** before they're hatched. 不要过早乐观。

(9) He who has a mind to beat his **dog** will easily find a stick. 欲加之罪,何患无辞。

(10) Love me, love my **dog**. 爱屋及乌。

(11) Every **dog** has his day. 人人皆有得意时。

(12) Let sleeping **dogs** lie. 勿惹是生非。

(13) Never offer to teach **fish** to swim. 不要班门弄斧。

(14) Don't ride the high **horse**. 不要摆架子。

(15) Don't look a gift **horse** in the mouth. 馈赠之马,勿看牙口。

(16) An **apple** a day keeps the doctor away. 一天一苹果,健康不求医。

(17) Tall **trees** catch much wind. 树大招风。

(18) One **swallow** does not make a summer. 一花独放不是春。

(19) as fresh as a **daisy** 生动活泼

(20) the last **rose** of summer 夏天最后一朵玫瑰

(21) like a hot house **flower** 温室里的花朵

(22) come up **roses** 拨开云雾见太阳

(23) see through **rose**-colored glasses 乐观看问题

(24) a bed of **roses** 快乐人生

(25) To gild refined gold, to paint the **lily**. 画蛇添足

>>> 活动 2

教学内容	中国文化的花中四君子及其象征意义
教学目标	学好英语,讲好中国故事,传播中国文化,树立文化自信
教学途径	课堂话题讨论,头脑风暴

参考资料

图 8-1 所示为中国文化的花中四君子及其象征意义。

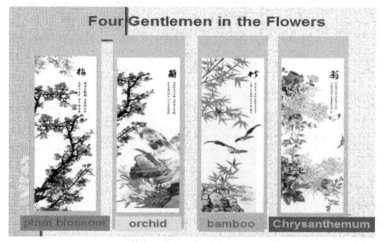

(a) 花中四君子:梅、兰、竹、菊

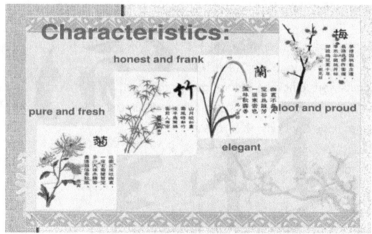

(b) 花中四君子象征意义

图 8-1 花中四君子及其象征意义

活动 3

教学内容	中国的十二生肖和西方的十二星座
教学目标	深入了解中西方文化的异同,提高跨文化意识和交际能力
教学途径	课堂话题讨论,头脑风暴,看图说话

参考资料

图 8-2 与图 8-3 分别展示了中国的十二生肖和西方的十二星座。

图 8-2 中国的十二生肖

图 8-3 西方的十二星座

中国传统文化中用十二种动物做生肖来记录年份。生肖的顺序是鼠、牛、虎、兔、龙、蛇、马、羊、猴、鸡、狗、猪。这十二种动物依次代表着各个年份,每十二年循环一次。

In traditional Chinese culture, the twelve animals are used to record years. Chronologically, the order of the zodiac animals is rat, ox, tiger, rabbit, dragon, snake, horse, goat, monkey, rooster, dog and pig. Each of these twelve animals represents one year respectively and circulates once every twelve years.

除了中国有十二生肖之外,其他国家也有生肖文化。例如,墨西哥的十二生肖与中国的生肖很相似,其中虎、兔、龙、猴、犬、猪与中国完全相同,其余六种则是当地的常见动物或古代常见动物。埃及与希腊的十二生肖(十二兽历)完全相同。它们是牧牛、山羊、狮、驴、蟹、蛇、犬、猫、鳄、红鹤、猿、鹰。

In addition to the Chinese zodiac signs, other countries also have zodiac culture. For example, the twelve zodiac animals in Mexico are very similar to those in China. Among them, the tiger, rabbit, dragon, monkey, dog and pig are exactly the same as those in China, while the other six are common local animals or ancient animals. Egypt and Greece have the same zodiac (twelve animal calendar). They are ox, goat, lion, donkey, crab, snake, dog, cat, crocodile, flamingo, ape and eagle.

中国人有十二生肖,西方人有黄道十二宫(十二星座)。例如,一月份出生的人属摩羯星座。其余按月依次为水瓶、双鱼、白羊、金牛、双子、巨蟹、狮子、处女、天秤、天蝎、射手星座。西方人认为,不同星座属相的人可能会有不同的性格、行为和命运,这与中国生肖文化有很多相似之处。事实上,中国的生肖文化是年生肖,西方的星座文化是月生肖。

Chinese people have 12 zodiac signs, while Westerners have 12 zodiac signs (12 constellations). For example, the people born from Dec. 22 to Jan. 19 belong to Capricorn. The rest are Aquarius, Pisces, Aries, Taurus, Gemini, Cancer, Lion, Virgo, Libra, Scorpio and Sagittarius in turn. Westerners believe that people with different zodiac signs may have different personalities, behaviors and fates, which are similar to the Chinese Zodiac culture. In fact, the Chinese Zodiac culture is a calendar of years, and the Western Zodiac culture is a calendar of months.

来源:赵罡,蔡新芝《英语畅谈中国文化风俗》

> 活动4

教学内容	为什么有些野生物种会濒临灭绝
教学目标	增强环境忧患意识,树立保护自然、保护动植物的责任感
教学途径	话题讨论,头脑风暴

参考资料

1) Some animals are killed and slaughtered for food or for commercial profits. For example, elephants are killed for ivory, tigers for skin, whale for food.

一些动物被人类宰杀以获取食物或商业利益。例如,为了象牙猎杀大象,为了虎皮猎杀老虎,为了食肉捕杀鲸鱼。

2) The natural environment and ecological balance are destroyed, which threatens the existence of many species. For example, pollution, green house effect, ozone layer depletion etc. are partly responsible for the extinction of many species.

自然环境和生态平衡遭到破坏,威胁到许多物种的生存。例如,污染、温室效应、臭氧层空洞等因素是许多物种灭绝的原因。

3) Many natural habitats of plants and animals have given way to man-made structures, such as highways, residential areas and farms, thus deprive the animals and plants of their living space.

许多植物和动物的自然栖息地被人造设施所取代,如高速公路、住宅区以及农场等,因此动植物的生存空间被剥夺。

活动 5

教学内容	讲述某个动物的寓言故事
教学目标	了解中西方文化寓言故事所蕴含的寓意,锻炼英语口语,提高文学分析能力和鉴赏能力
教学途径	口语练习:同学间分享寓言故事

参考资料

The Farmer and the Snake

by Aesop

A Farmer walked through his field in one cold winter morning. On the ground lay a Snake, stiff and frozen with the cold. The Farmer knew how deadly the Snake could be, and yet he picked it up and put it in his bosom to warm it back to life.

The Snake soon revived, and when it had enough strength, it bit the man who had been so kind to it. The bite was deadly and the Farmer felt that he would surely die. As he drew his last breath, he said to those standing around:

Learn lessons from my tragedy and do not take pity on a scoundrel!

农夫与蛇

《伊索寓言》

冬日的一个早晨,十分寒冷,一个农夫在他的田里走着。他发现田地上躺着一条蛇,被冻僵了。农夫很清楚这条蛇的致命性,但他还是把他捡了起来,放在自己温暖的怀里,好让它苏醒过来。

这条蛇很快活了过来,然而等到它力量恢复得差不多了,却恩将仇报,咬了农夫一口。被蛇咬的这一口足以致人于死地,农夫也很清楚自己必死无疑。在断气前,他对那些站在身边的人说:

汲取教训吧,不要对恶人大发慈悲!

第三节 幽 默

一、内容概要

本单元主题是幽默。通过学习一些幽默的表达、名言、故事,学生将了解不同文化、不同场景中幽默的运用,体会幽默在生活中的作用和文化内涵,引导学生树立乐观向上的精神,增加幽默感,提升人际交往能力,做快乐阳光的人。

The theme of this unit is humor. Through learning some humorous expressions, famous sayings and stories, students will have a better understanding about the application of humor in different scenes in different cultures, and about the role and cultural connotation of humor in life, thus develop a sense of humor, enhance communicative skills and try to be optimistic people.

二、教学活动 OKR 设计

幽默(Humor)		
目标(O)		关键成果(KR)
1) 了解幽默在生活中的调剂作用,并学习使用幽默,培养幽默感; 2) 用英语讲幽默故事或笑话; 3) 寓教于乐,快乐学习	课前	查阅资料:分享一个幽默对话、笑话或小故事
^	课中	1) 学习有关婚姻的机智幽默的妙语; 2) 用英语介绍中国的相声
^	课后	口语任务:同学间分享笑话或幽默小故事

三、教学实施

活动 1

教学内容	查阅资料:分享一个幽默对话、笑话或小故事
教学目标	体验快乐学习,提高英语学习兴趣,提升语言文化涵养,培养乐观精神
教学途径	课前自主学习,通过班级微信群、班级公共邮箱分享学习资源

参考资料

幽默对话或小故事

(1) —"Cold" and "hot", which runs faster?

—"Hot", because we always catch cold.

(2) —Did you have any difficulty with your French in Paris?

—No, but the French people did.

(3) —How can I tell a mushroom is poisonous or not?

—Just eat one before you go to bed. If you wake up next morning, it's not poisonous.

(4) **Traffic policeman**: Why do you think you could park your car there?

Driver: Because the big sign over there says, "Fine for parking."

(5) **Doctor**: Have you ever broken any bones?

Patient: Yes, I have. But only when I eat chicken.

(6) The champion athlete in bed with a cold was told that he had a temperature. "How high is it, doctor?" he wanted to know. "A hundred and four." "What is the world record?"

(7) The lecturer had been talking on evolution for two hours. Then he asked, "if we had tails like a monkey, where were they?" An old lady thought for a while and then said, "we have worn them off sitting here so long."

(8) "When I walk in here," ordered the manager, "I want to see nothing but people working! I hope everyone knows how this can be accomplished!" "Sure, boss," replied one of the workers, "call before you come."

活动 2

教学内容	学习有关婚姻的机智幽默的妙语
教学目标	欣赏英语双关语营造的幽默妙语,感受幽默带来的学习乐趣
教学途径	课堂讨论,朗读,讲解,表演

参考资料

有关婚姻的机智幽默的妙语

(1) Marriage is not a word. It is a **sentence**(句子;判刑)—a life sentence.

(2) Marriage is very much like a violin; after the sweet music is over, the **strings**(琴弦;绳索) are attached.

(3) Marriage is love. Love is blind. Therefore, marriage is an **institution**(制度,惯例) for the blind.

(4) Marriage is an institution in which a man loses his **Bachelor's**(学士学位的;单身汉的) Degree and the woman gets her **Master's**(硕士学位的;主人的).

(5) Marriage certificate is just another word for a work permit.

(6) Marriage requires a man to prepare 4 types of "Rings": The Engagement Ring, The Wedding Ring, The **Suffer-Ring**(谐音,=suffering 受苦), The **Endu-Ring**(谐音,=enduring 忍耐)

(7) A happy marriage is a matter of giving and taking; the husband gives and the wife takes.

(8) There was this man who **muttered**(咕哝地说) a few words in the church and found himself married. A few years later he muttered something in his sleep and found himself divorced.

(9) There was a man who said, "I never knew what happiness was until I got married…and then it was too late."

(10) Marriage is a **mutual**(相互的) relationship if both parties know when to be **mute**(沉默的).

活动 3

教学内容	用英语介绍中国的相声
教学目标	学好英语,讲好中国故事,传播中国文化,树立文化自信
教学途径	课堂话题讨论,头脑风暴

参考资料

Brief Introduction to Chinese Cross Talk
相声简介

Chinese Cross Talk (Xiangsheng) is a kind of folk rap arts. It takes the form of speaking, learning, teasing and singing to highlight its characteristics.

相声,一种民间说唱曲艺。它以说、学、逗、唱为形式,突出其特点。

There are three major sources of Chinese cross talk: Beijing Tianqiao, Tianjin Quanyechang and Nanjing Confucius Temple. The art of comic dialogue originated in North China and was popular in Beijing, Tianjin and Hebei. It spreads throughout the country and abroad. It began in the Ming and Qing Dynasties and flourished in contemporary times.

中国相声有三大发源地:北京天桥、天津劝业场和南京夫子庙。相声艺术源于华北,流行于京津冀，普及于海内外；始于明清，盛于当代。

Cross talk is mainly performed in the oral form of Beijing dialect. Its main stage property includes a folding fan, a handkerchief, and a piece of waking wood. The performance forms of Chinese crosstalk include stand-up cross talk, counterpart cross talk, group cross talk, etc. This form of art performance is rooted in the folk, originates from life, and is popular with the masses.

相声主要采用以北京话为主的口头方式表演。其主要道具有折扇、手绢、醒木。表演形式有单口相声、对口相声、群口相声等，是扎根于民间、源于生活、又深受群众欢迎的曲艺表演艺术形式。

》》》活动 4》

教学内容	讲笑话或幽默小故事
教学目标	放松心情，快乐学习，增进友谊；了解英语幽默文化，锻炼英语口语
教学途径	口语任务；课后分享笑话或幽默小故事

参考资料

1) I Don't Know Her

A couple walking in the park noticed a young man and a woman sitting on a bench, passionately kissing.

"Why don't you do that?" said the wife.

"Honey," replied her husband, "I don't even know that woman!"

2) Myself

In a madhouse, a mental patient was writing a letter. Seeing this, the curious nurse asked.

Nurse: Who are you writing to?

Patient: Myself.

Nurse: What are you writing?

Patient: You idiot! How do I know since I haven't got the letter.

3) We Should Go to See Another Doctor

A doctor wants to check if this little patient knows the names of certain parts of the body. So he points at the ear and asks, "Is this your nose?" The little boy turns to his mother. "Mother, I think we should go to see another doctor."

4) Stamp Letters

Mother: Why are you jumping up and down on that envelope?

Boy: Because my teacher told me that you have to stamp letters or else the post office won't deliver them.

5) "H" to "O"

Teacher: What is the chemical formula for water?

Sarah: H-I-J-K-L-M-N-O!!

Teacher: What are you talking about?

Sarah: Yesterday you said it's H to O!

6) Why Not?

Son: I can't go to school today.

Father: Why not?

Son: I don't feel well.

Father: Where don't you feel well?

Son: In school!

7) Father's Motto

Teacher: My children, remember this motto. Give others more and leave for yourself less.

Jack: It's just my father's motto!

Teacher: How noble your father is! What's his occupation?

Jack: He is a boxer.

8) What Should They Say

Three buddies die in a car crash, and they go to Heaven for an orientation.

They are all asked: "When you are in your coffin, friends and family are mourning upon you, what would you like to hear them say about you?"

The first guy says: "I would like to hear them say that I was a great doctor of my time, and a great family man."

The second guy says: "I would like to hear that I was a wonderful husband and school teacher which made a huge difference in our children's tomorrow."

The last one replies, "I would like to hear them say 'Look! He's moving!'"

9) Hearing Aid

A man realized he needed to buy a hearing aid, but he was unwilling to spend much money.

"How much do they run?" he asked the clerk.

"That depends," said the salesman. "They run from $2 to $2,000."

"Let's see the $2 model." He said.

The clerk put the device around the man's neck.

"You just stick this button in your ear and run this little string down to your pocket." he instructed.

"How does it work?" the customer said.

"For $2 it doesn't work," the salesman replied. "But when people see it, they'll talk louder."

来源:《英语沙龙》2005,1-12

第四节　事故与灾难

一、内容概要

本单元主题为事故与灾难,介绍事故与灾难以及预防事故与灾难的一些基本常识和技能等。学生们通过本单元的学习,不仅仅能学习了解事故和灾难的基本常识,而且能在生活中养成防范事故和灾难意识和习惯,做到防患于未然。一旦灾难来临,要保持头脑冷静,积极应对,把灾难带来的影响尽量降到最小。

The theme of this unit is accidents and disasters, introducing some knowledge about accidents and disasters and some common sense and skills for preventing accidents and disasters. Through this unit, students can not only gain basic knowledge of accidents and disasters, but also develop the awareness and habit of preventing accidents and disasters in life so as to take precautions before they happen. If a disaster comes, we should keep calm and respond promptly to minimize the impact of the disaster.

二、教学活动 OKR 设计

事故与灾难(Accidents and Disasters)		
目标(O)		关键成果(KR)
1) 介绍有关事故与灾难的知识,培养防灾意识,了解基本的防灾常识,掌握灾难生存技能； 2) 学好英语,讲好中国人战胜灾难的故事； 3) 养成防范事故和灾难的意识和习惯,做到防患于未然,在灾难来临时保持头脑冷静,积极应对,战胜灾难	课前	查阅资料：每个同学查阅并学习20个有关事故和灾难的词汇、表达
	课中	头脑风暴,观点分享： 1) 描述汽车交通事故； 2) 预防灾难和灾难生存技能
	课后	班级英语学习微信群接龙,分享急救方面的词汇和表达

三、教学实施

活动 1

教学内容	查阅并学习20个有关事故和灾难的词汇、表达
教学目标	学习掌握并熟练运用有关事故和灾难的词汇,扩展实用英语词汇量
教学途径	课前查阅资料,自主学习

参考资料

有关事故和灾难的词汇

(1) natural disasters 自然灾害
(2) earthquake 地震
(3) rainstorm 暴雨
(4) flood 洪水
(5) mud-rock flow 泥石流
(6) volcanic eruption 火山喷发
(7) tsunami 海啸
(8) avalanche 雪崩
(9) snowstorm 暴雪
(10) frost disaster 霜冻灾害
(11) sandstorm 沙尘暴
(12) drought 干旱
(13) tornado 龙卷风
(14) hurricane 飓风
(15) locust plague 蝗灾
(16) traffic accident 交通事故
(17) automobile rear end collision accident 汽车追尾事故
(18) automobile collision accident 汽车碰撞事故
(19) train collision accident 火车碰撞事故
(20) aircraft crash 飞机失事
(21) aircraft explosion 飞机爆炸
(22) ship collision accident 轮船碰撞事故
(23) shipwreck 轮船失事
(24) cruise ship sinking accident 邮轮沉没事故

(25) drowning accident 溺水事故　　(28) forest fire 森林火灾
(26) building collapse 楼房坍塌　　(29) gas leakage 燃气泄漏
(27) fire disaster 火灾　　　　　　(30) explosion in a chemical plant 化工厂爆炸

活动 2

教学内容	描述汽车交通事故
教学目标	掌握汽车交通事故的常用表达,提升英语语言实用技能
教学途径	头脑风暴,同桌对话,教师讲解

参考资料

描述汽车交通事故的表达

(1) I had a fender bender in the parking lot.
　　我在停车场出了点小车祸。
(2) There are no witnesses to the hit-and-run.
　　那起肇事逃逸事故没有目击者。
(3) I was involved in a pile-up on the freeway.
　　我在高速公路上遭遇了连环车祸。
(4) The car crash resulted in three fatalities.
　　这场车祸造成了三起伤亡。
(5) I have whiplash after being rear-ended by a truck.
　　被大卡车从后面撞击之后,我颈部扭伤了。
(6) Mike is in critical condition following a head-on collision.
　　在被迎头撞上后,迈克现在处于病危状态。
(7) I swerved to avoid hitting a dog.
　　为了不撞到狗,我紧急转向。
(8) The car skidded for several yards.
　　那辆车失控打滑了好几码。
(9) I slammed on the brakes but sideswiped another vehicle.
　　我紧急踩了刹车,但还是擦边撞到了另一辆车。
(10) My car was rear-ended by a van at the crossing.
　　在十字路口我的车被一辆小货车追尾了。
(11) There are some significant dents on the front bumper.
　　在前保险杠上有几个大凹痕。
(12) The truck was overturned.
　　那辆大卡车翻车了。

来源:赖世雄,吴纪维《美国人每天说的话》

活动 3

教学内容	预防灾难和灾难生存技能
教学目标	养成防范事故和灾难的意识和习惯,做到防患于未然;在灾难来临时保持头脑冷静,积极应对,战胜灾难
教学途径	课堂话题讨论,头脑风暴

参考资料

Disaster Survival Skills

Disasters take on many faces. A disaster can be an earthquake, a flood, a typhoon or a fire in your home. Besides luck, surviving a disaster involves your planning and preparation.

The immediate needs for you and your family are fresh air to breathe, clean water to drink, a warm and safe place to stay in, as well as nutritious and easy-to-prepare food to eat. In addition, you must be able to keep in touch with others.

So, keep some face masks. Store enough fresh water. Have the materials and skills to repair a damaged house. Maintain enough canned and packaged food and keep your mobile phone charged at all times. All these can make life easy and safe before rescue and help arrive.

Being able to get information during and after a disaster can let you know what is going on and what is being done. It can give you peace of mind as well as help you avoid more dangers. Internet may not be available if the power goes off. A battery and a radio will provide you with information when there is no electricity.

Have spare cash on hand, enough to last for a week or more. ATMs will not work without electricity, leaving you without cash.

During a disaster, the government may be busy coping with the crisis. The government help may not reach you and your family for days. Being able to meet your basic needs for at least a week is a sensible course of action.

灾难逃生术

灾难以多种面孔呈现,可能是一次地震、一次洪水、一场台风或是家里的一次火灾。除了运气之外,灾难逃生需要你做好计划和准备。

你和家人最直接的需求是可供呼吸的新鲜空气,可供饮用的洁净水,可供栖身的温暖而又安全的住所,以及可供食用且易于烹饪的营养食品。此外,你还需要与其他人保持联系。

因此,你要储备一些口罩、足够的淡水,还要具备修理破损房屋的材料与技能。保存足够的罐装食品和包装食品,让手机保持有电状态。所有这些都可以使你在外援到达之前的生活变得更容易、更安全些。

在灾难发生时以及灾难发生之后的时间里,能够获取(外界的)信息可以让你知道正在发生的事情和正在采取的措施。这可以使你获得一份安宁,也可以有助于你回避更多的危险。当停电时,互联网是无法使用的。一块电池,加上一台收音机,就能在断电时为你提供信息。

手头要准备够花一个星期左右的现金。自动提款机在没电的时候不能工作,那你就没钱可取。

在灾难发生的期间,政府可能忙于应对危机,对你和你家人的政府援助也许好几天后才能到,有能力满足自身一周的基本需求是明智之举。

来源:预科教材编写组《英语精读:两年制》(第四册)

活动 4

教学内容	分享急救方面的词汇和表达
教学目标	拓展学习急救方面的词汇和表达,提高英语语言实用技能
教学途径	课后自主搜集材料学习,发送到班级英语学习微信群

参考资料

急救方面的词汇和表达

(1) 急救 first-aid

(2) 急救箱 first-aid case；first-aid box

(3) 急救包 first-aid kit；first-aid pack

(4) 急救用品 first-aid appliance

(5) 急救人员 first-aid personnel；first aider

(6) 救护车 ambulance

(7) 急救站 first-aid station

(8) 采取急救措施 take first-aid measures

(9) 对事故中的伤员进行急救 to give first aid to the injured in the accident

(10) 伤口 wound；cut

(11) 流血 bleeding；bleed

(12) 绷带 bandage

(13) 昏迷 coma

(14) 休克 shock

(15) 人工呼吸 artificial respiration

(16) 心肺复苏 cardiopulmonary resuscitation

(17) 血压 blood pressure

(18) 脉搏 pulse

(19) 心跳 heartbeat

(20) 心率 heart rate

(21) 担架 stretcher

(22) 担架车 stretcher truck；hospital trolley

(23) 急救电话 emergency telephone

(24) 急诊 emergency

(25) 救援队 rescue team

第五节 旅　　游

一、内容概要

本单元主题为旅游，介绍旅游方面的知识以及在旅游过程中常用到的一些句型及表达。学生们通过这个单元的学习，不仅仅能学习了解旅游的基本常识，而且能在旅游过程中运用这些常识，使旅行、旅游平安顺利。旅游既能使人增长见识、开阔眼界，也能让人感受乐趣，享受生活。

The theme of this unit is tourism. It introduces some knowledge about tourism, as well as some sentence patterns and expressions commonly used in the process of tourism. Through the study of this unit, students can not only gain some basic knowledge of tourism, but also apply the knowledge in the process of tourism, so that their tourism can be safe and smooth. By traveling and touring, people can not only enrich their knowledge, broaden their horizon, but also have fun and enjoy life.

二、教学活动 OKR 设计

旅游(Tourism)		
目标(O)	关键成果(KR)	
1) 培养"读万卷书,行万里路"的意识; 2) 了解旅行的常识,在旅行前做好准备,旅行中随机应变,安全第一; 3) 培养对旅游的兴趣,享受旅游带来的快乐体验	课前	查阅资料:每个同学查阅并学习20个以上有关旅行和旅游的词汇或表达
	课中	头脑风暴,观点分享: 1) 学习中西方有关旅行和旅游的谚语和俗语; 2) 旅行常识和注意事项
	课后	学习有关旅行规划的表达

三、教学实施

活动 1

教学内容	查阅资料:每个同学查阅并学习20个以上有关旅行和旅游的词汇或表达
教学目标	了解有关旅行和旅游的词汇或表达,扩展实用英语词汇量
教学途径	课前查阅资料,自主学习

参考资料

有关旅行和旅游的词汇及表达

tour	tourism 旅游业 tourist 游客,观光者 tourist trap 坑游客的地方,敲游客竹杠的地方
travel	travel agency 旅行社 traveller's cheque(英式英语)/traveler's check(美式英语)旅行支票 travel-sickness 晕车,晕船,晕机
trip	a boat/coach trip 乘船/大巴旅行 a business trip 出差 go on a trip to the mountains 去山里旅行
journey	go on a long train journey 乘火车长途旅行 have a safe/smooth journey 一路平安,一路顺利
voyage	an around-the-world voyage 环球航行 a voyage in space 航天 voyager 航行者,远航探险者

>>> 活动 2

教学内容	中西方有关旅行和旅游的谚语和俗语
教学目标	了解旅行和旅游方面的成语、谚语和俗语,提升语言素养,树立自主学习意识
教学途径	课后自主搜集学习材料,分享到班级英语学习微信群里

参考资料

有关旅行和旅游方面的成语和谚语俗语

(1) 千里之行,始于足下。

A journey of a thousand miles begins with a single step. He who would climb the ladder must begin at the bottom.

(2) 行百里者半九十。

To cover 90 percent of one's destined distance brings the traveler no farther than the midway point—the last part of an endeavor is the hardest to finish.

(3) 行万里路,读万卷书。

Travel thousands of miles and read thousands of books.

(4) 三人行必有我师。

If three of us are walking together, at least one of the other two is good enough to be my teacher.

(5) 在家千日好,出门一日难。

There is no place like home.

(6) 金窝银窝不如自己家草窝。

East or west, home is best.

(7) 殊途同归。

All roads lead to Rome.

(8) 走得远,见识广。

He that travels far knows much.

(9) 独行者,走得快。

He who travels alone travels the fastest.

>>> 活动 3

教学内容	旅行常识和注意事项
教学目标	养成旅行前做好准备的习惯,防患于未然,树立安全出行意识
教学途径	课堂练习,话题讨论,头脑风暴

参考资料

Tips for Travelers

Directions: Join the items from the two columns with in case or so that to form sentences, as in the example.

Column A	Column B
1. Be careful in crowded areas or at night	A. they/get in touch with you/ emergency
2. Let your family know your travel plans	B. they/be replaced/more easily if lost
3. Take out travel insurance	C. something serious/go wrong/at/destination
4. Find out the local address of your country's embassy(大使馆)	D. any of your belongs/be lost or stolen
5. Make photocopies of your tickets and passport	E. there/be pickpockets or muggers about

Example：

1E—Be careful in crowded areas or at night in case there are pickpockets or muggers about.

2A—Let your family know your travel plans so that they can get in touch with you in an emergency.

来源：邹为诚，赵永青《搏流英语综合教程》

活动 4

教学内容	学习有关旅行规划的表达
教学目标	提高英语表达能力，提升高英语实用技能
教学途径	课后自主搜集材料学习，发送到班级英语学习微信群里

参考资料

有关旅行规划的表达

（1）What's your travel plan?

你的旅行计划是什么？

（2）I don't have any specific plan yet. I just want to go somewhere to relax.

我还没有什么具体的计划，我只是想去某个地方放松一下。

（3）I've got ten-day annual leave.

我有十天的年假。

（4）Do you have any suggestions for the coming vacation?

假期就要到了，你有什么建议吗？

（5）How about going to the seaside? It is a good place to relax yourself.

去海边怎么样啊？这是使你放松的好地方。

（6）I'll have two days to do sightseeing in that beautiful seaside city.

我将在那座美丽的海滨城市游览两天。

（7）I'll go on a tour in Europe during the first two weeks of July.

七月前两周我将去欧洲旅游。

（8）I'll stay four days in Nanjing to visit all the famous tourist attractions.

我将在南京待四天，参观所有著名的旅游景点。

（9）I've booked a room for three nights at the Jinling Hotel in the downtown area.

我已经在市中心的金陵饭店订了房间，住三个晚上。

（10）Shall we go alone or as a part of a group?

我们是单独去还是跟团去？

（11）I like the package tour of the travel agency, which is very convenient.

我喜欢旅行社的包价旅游，很省事。

(12) I think a guide will tell us all about the places of tourist interest.
　　我想导游会给我们详细介绍名胜古迹的。

(13) Let's go on a conducted tour.
　　让我们进行一次有导游的旅行吧。

(14) We plan to go mountain-climbing.
　　我们计划去爬山。

(15) I am going on a hiking trip with Jack.
　　我要和杰克一起去远足。